Strategisches Framing

Michael Oswald

Strategisches Framing
Eine Einführung

2., überarbeitete Auflage

Michael Oswald
Universität Passau
Passau, Deutschland

ISBN 978-3-658-36204-1   ISBN 978-3-658-36205-8 (eBook)
https://doi.org/10.1007/978-3-658-36205-8

Die Deutsche Nationalbibliothek verzeichnet diese Publikation in der Deutschen Nationalbibliografie; detaillierte bibliografische Daten sind im Internet über http://dnb.d-nb.de abrufbar.

© Der/die Herausgeber bzw. der/die Autor(en), exklusiv lizenziert durch Springer Fachmedien Wiesbaden GmbH, ein Teil von Springer Nature 2019, 2022
Das Werk einschließlich aller seiner Teile ist urheberrechtlich geschützt. Jede Verwertung, die nicht ausdrücklich vom Urheberrechtsgesetz zugelassen ist, bedarf der vorherigen Zustimmung des Verlags. Das gilt insbesondere für Vervielfältigungen, Bearbeitungen, Übersetzungen, Mikroverfilmungen und die Einspeicherung und Verarbeitung in elektronischen Systemen.
Die Wiedergabe von allgemein beschreibenden Bezeichnungen, Marken, Unternehmensnamen etc. in diesem Werk bedeutet nicht, dass diese frei durch jedermann benutzt werden dürfen. Die Berechtigung zur Benutzung unterliegt, auch ohne gesonderten Hinweis hierzu, den Regeln des Markenrechts. Die Rechte des jeweiligen Zeicheninhabers sind zu beachten.
Der Verlag, die Autoren und die Herausgeber gehen davon aus, dass die Angaben und Informationen in diesem Werk zum Zeitpunkt der Veröffentlichung vollständig und korrekt sind. Weder der Verlag noch die Autoren oder die Herausgeber übernehmen, ausdrücklich oder implizit, Gewähr für den Inhalt des Werkes, etwaige Fehler oder Äußerungen. Der Verlag bleibt im Hinblick auf geografische Zuordnungen und Gebietsbezeichnungen in veröffentlichten Karten und Institutionsadressen neutral.

Planung/Lektorat: Jan Treibel
Springer VS ist ein Imprint der eingetragenen Gesellschaft Springer Fachmedien Wiesbaden GmbH und ist ein Teil von Springer Nature.
Die Anschrift der Gesellschaft ist: Abraham-Lincoln-Str. 46, 65189 Wiesbaden, Germany

Für Ava

Vorwort

Das Framing ist ein schier unübersichtlich großes Forschungsgebiet. Zudem sind einzelne Framing-Konzepte und -Ansätze mitunter inkompatibel – zumindest werden sie als solche dargestellt oder verstanden. Dieses Buch ist daher nicht als Forschungsdiskurs gedacht; die in der Framing-Forschung existierenden Unklarheiten, Inkonsistenzen und Validitätsprobleme könnten kaum in einer Abhandlung geklärt werden. Schließlich haben sich verschiedene Ansätze des Framings teilweise so weit voneinander entfernt, dass sie nur noch den Begriff teilen. Für die praktische Anwendung des Framing-Ansatzes bedeutet dies Verwirrung und viele Angriffspunkte. Allerdings gibt es kaum einen Forschungsansatz, der so konkrete und überzeugende Ergebnisse in der Analyse strategischer Kommunikation liefern kann.

Aufgrund der vielen Unstimmigkeiten existiert keine ‚Framing-Theorie‘, sondern verschiedene Ansätze, die je nach Forschungsperspektive unterschiedlich eingesetzt werden können. Ein systematischer Vergleich der verschiedenen Framing-Ansätze wäre für ein Lehrbuch jedoch nicht zielführend, daher werden einige für das strategische Framing relevante Konzepte vorgestellt und durch jüngere Forschungserkenntnisse ergänzt. Das vorliegende Buch soll damit eine Orientierungshilfe in dem Dickicht bereitstellen, das die Framing-Forschung bis heute hervorgebracht hat. Auf diesem Weg soll Interessierten die Thematik nähergebracht werden, ohne dass sie hunderte Aufsätze konsultieren müssen. Bei der Anwendung der Ansätze sollte jedoch auf die ursprüngliche Literatur zurückgegriffen werden, da sie in dem vorliegenden Werk nur angerissen werden. Da es allerdings ohnehin als Problem gesehen werden kann, dass die Grundzüge des Framing-Ansatzes für jede Untersuchung erneut aufgerollt werden, soll hiermit die Möglichkeit geboten werden, jene Teilgebiete herauszugreifen, die gerade gebraucht werden. Allerdings gilt natürlich auch, dass nichts in diesem Buch in

Stein gemeißelt ist. Zu vielen Konzepten gibt es divergierende Alternativen oder Interpretationen. Daher werden im Folgenden die gängigsten und plausibelsten Framing-Ansätze vorgestellt, ohne einen Anspruch auf Vollständigkeit erheben zu wollen. Das Werk dient vielmehr für das Grundlagenverständnis und als Verweis auf tiefergehende Literatur.

Die Idee für dieses Werk ging schon im Jahr 2013 hervor als mich George Lakoff bei einem gemeinsamen Mittagessen dazu ermutigte, das Thema aus einer empirischen Sichtweise vorzustellen. Dieses Buch entstand jedoch größtenteils erst während eines *Visiting Scholarships* an der *Harvard University* im Jahr 2018. Für die zweite Auflage wurde das Skript komplett über den Frühling und Sommer 2021 überarbeitet. Danken möchte ich für die Hilfe bei der Ausarbeitung Sascha Görs und Michael Weigl, die diese Arbeit mit wichtigem Feedback unterstützten und durch zahlreiche Hinweise ergänzten. Ebenso gilt mein Dank den Studierenden des Seminars ‚Strategisches Framing' an der Universität Passau, deren Input zur Überarbeitung des Buches für die zweite Auflage wesentlich beitrug. Das Buch wurde durch die Kommentare bereichert, die Verantwortung für jedwede Defizite und Fehler liegt jedoch bei mir selbst. Abschließend gebührt der größte Dank meiner Familie, Levi, Ava und Valentina – für alles.

Ruderting
im August 2021

Michael Oswald

Inhaltsverzeichnis

1	**Einführung: Das Leiten der Diskussion**		1
2	**Frames und Framing**		11
	2.1 Das Denken in Frames: Wie Heuristiken das Denken leiten		11
		2.1.1 Belief-Systeme – kognitive Grundlagen menschlicher Natur	15
		2.1.2 Politische Implikationen von Heuristiken	18
	2.2 Kommunikations-Frames		23
		2.2.1 Die Konstruktion eines Kommunikations-Frames	24
		2.2.2 Ziele und Effekte von Kommunikations-Frames	30
		2.2.3 Rezeption und Diffusion von Frames	33
3	**Strategisches Framing**		39
	3.1 Zentrale Kommunikatoren		40
	3.2 Das Framing als politisch-dynamischer Prozess		45
	3.3 Die Erzeugung von Resonanz		49
	3.4 Techniken des Framing		58
		3.4.1 Die ursprünglichen Frame-Alignments	59
		3.4.2 Werte-Framing	63
		3.4.3 Frame-Amplification	67
		3.4.4 Emotionales Framing	70
		3.4.5 Reframings	73
		3.4.6 Frame-Transformationen	78
		3.4.7 Technik der Normalisierung	82
		3.4.8 Counter-Framings, Mediation & Frame-Contestation	85
		3.4.9 Frame-Bridging	93

	3.4.10	Einschub: Frame-Disputes	96
	3.4.11	Frame-Extension	99
	3.4.12	Frame-Shifting und Frame-Blending	101
	3.4.13	Semantisches Framing: Figurative und imaginäre Framing-Techniken	106
	3.4.14	Kulturelles Framing	113
	3.4.15	Anbindung an Master-Frames	119
	3.4.16	Strategisches Framing in sozialen Bewegungen	125
	3.4.17	Narratives Framing	137

4 Strategisches Medien-Framing ... 147
   4.1 Frame-Building, Frame-Setting & Frame-Sending ... 150
      4.1.1 Frame-Building ... 150
      4.1.2 Frame-Setting ... 156
      4.1.3 Framing-Sending ... 158
      4.1.4 Der Veggie-Day-Frame ... 161
   4.2 Game-Framed Nachrichten ... 165
   4.3 Wechselwirkungen zwischen Medien-Frames und der Politik ... 167
   4.4 Ideologisierte Medien ... 171
   4.5 Digitale und soziale Medien ... 177

5 Frames und Ideologien ... 183

6 Methoden der Frame-Analyse ... 191
   6.1 Die Inhaltsanalyse bei Framing-Untersuchungen ... 191
   6.2 Quantitative Verfahrung bei der Frame-Analyse ... 197
   6.3 Die Methode der Triangulation ... 198
   6.4 Die Codierung des Materials ... 199

Literatur ... 201

Einführung: Das Leiten der Diskussion

Im Jahr 1928 erzielte die *American Tobacco Company* satte Gewinne. Ihr Präsident George Washington Hill schielte jedoch auf ein Marktsegment, mit dem er seine Kundschaft potenziell verdoppeln könnte: Das Rauchen galt für Frauen seinerzeit als anstößig und jene, die öffentlich Zigaretten konsumierten, haftete ein zweifelhafter Ruf an. Mit dem Werbeslogan *Reach for a Lucky instead of a sweet* sollten Zigaretten den Frauen als figurbewusste Alternative attraktiv gemacht werden – mit wenig Erfolg. Die Bedeutung des Rauchens wandelte sich damit kaum, weder für die Frauen selbst, noch in gesamtgesellschaftlicher Hinsicht. Dies änderte sich erst nach einem PR-Stunt an Ostern 1929: Der PR-Manager Edward Bernays initiierte einen *Torches of Freedom March,* bei dem Zigaretten als ‚Fackeln der Freiheit' zelebriert wurden. Von da an wurden Zigaretten vermehrt als Symbol der Emanzipation verstanden und das Tabu des Rauchens wurde schließlich für amerikanische Frauen durchbrochen.

In dieser Werbestrategie war der Kontext, in den das Rauchen gesetzt wurde, entscheidend für den Erfolg oder Misserfolg. Mit beiden Ideen wurde suggeriert, wie Frauen über das Rauchen denken sollen. Die Zigarette als Süßigkeitenersatz erwirkte eine Konnotation mit Schlankheit. Ihre Charakterisierung als ‚Fackeln der Freiheit' erzählte wiederum eine ganz andere Geschichte, die eine tragende Bedeutung für Frauen in den USA hatte: Erst wenige Jahre zuvor hatten sie sich das Wahlrecht erkämpft und waren nun dabei, sich von weiteren gesellschaftlichen Fesseln zu lösen. Das für die Zigarettenindustrie bestehende Problem, dass das Rauchen gesellschaftlich nur für Männer als adäquat galt, wurde damit nicht nur umgangen, sondern geradezu als Grund genutzt, mit dem Rauchen anzufangen. Es bedeutete schließlich nicht nur eine neu gewonnene Freiheit, wie es im Werbeslogan suggeriert wird. Es ist förmlich das Zerschlagen einer weiteren gesellschaftlichen Fessel. Bernays hatte ein wichtiges Prinzip der strategischen Kommunikation verstanden: Die Form einer Aussage bestimmt den gedanklichen

Rahmen, in dem über Themen nachgedacht wird. Der erste Versuch – die Analogie der Süßigkeiten – war etwas plump; die Verbindung zur Freiheit knüpfte jedoch an Forderungen früher Frauenrechtsbewegungen an und die Zigarette avancierte zu einem Symbol gegen das Patriarchat. Inwiefern man ein Produkt erfolgreich vermarkten kann, hat also auch mit seinem Framing – seiner Kontextsetzung – zu tun. Letztendlich brachte die Politisierung der Zigarette den von der Firma erhofften Erfolg.

Heute wird in der Politik und den Medien kaum ein wissenschaftlicher Begriff so häufig genutzt wie jener des Framings – und dabei zugleich so falsch verstanden. Der abgebildete Tweet (Abb. 1.1) zeigt, dass sich noch heute bisweilen selbst Journalisten nicht im Klaren darüber sind, dass sie mit jedweder Berichterstattung Frames, also spezifische Deutungsrahmen, setzen. Egal, ob dies bewusst oder unbewusst geschieht. Dieses fehlende Verständnis ist nicht zuletzt deshalb äußerst fragwürdig, da wir tagtäglich vielen strategischen Frames ausgesetzt sind: in der Werbung, der Politik und gar in den Medien. Diese sollten von mündigen Bürgern als solche verstanden werden können. Heute gilt dies umso mehr, da die Politische Kommunikation im Zuge der Digitalisierung immens verändert wurde und in News-Channels oder Social Media oft wenig Objektivität bemüht wird.

Abb. 1.1 Hart aber fair (Tweet) (Twitter 2018)

1 Einführung: Das Leiten der Diskussion

Die Begriffe ‚Politische Kommunikation' und Objektivität werden selten in einem Satz ohne eine Negation verwendet. Wenn es eine objektive Politische Kommunikation überhaupt geben kann, ist sie rar. Für gewöhnlich bergen Aussagen in der Politik oder Abhandlungen politischer Themen durchaus eine gewisse Verzerrung der Realität. Dies muss nicht vorsätzlich geschehen: Selbst unter dem Anspruch einer neutralen Beschreibung schleicht sich bisweilen eine Form von Befangenheit ein. Sachverhalte werden schließlich schon unterbewusst aus der Perspektive beschrieben, aus der sie wahrgenommen werden. Außerdem vermischt sich die bloße Beobachtung mit den eigenen Werten – in der Regel bereits bevor wir dies selbst merken. Dies schlägt sich ebenfalls auf die resultierende Interpretation durch die Rezipienten und im Falle von Kommunikatoren schließlich auf die weiterverbreitete Information nieder.

Oft entstehen Frames also bereits durch inhaltliche Verzerrungen aufgrund einer unbewusst voreingenommenen Perzeption. Dabei fällen Kommunikatoren bereits auf Basis ihrer Wahrnehmung gewisse Urteile. Und generell steht beispielsweise jeder Medienbericht in einem gewissen Framing, da bei diesem immer eine Perspektive und ein Kontext gesetzt werden. Mitunter werden Sachverhalte jedoch auch bewusst nicht objektiv dargestellt und einige der stärksten Formen inhaltlicher Verzerrung entstammen dem Vorsatz. Viele Kommunikatoren setzen dabei ihre Information in einen bestimmten Deutungsrahmen, um gewisse Stimmungen erzeugen und zu verbreiten – sie ‚framen' das Thema gezielt. Es kommt also nicht nur zu befangenen Aussagen, weil sie Sachverhalte aus ihrer spezifischen Perspektive betrachten; sie wollen die Debatte um die jeweilige Angelegenheit leiten oder zumindest mitbestimmen. Aufgrund solcher häufig auftretender Intentionen wird das Framing als etwas Manipulatives oder vorsätzlich Irreführendes gedeutet. Dabei sind Frames zunächst einmal Teil jedes politischen Diskurses.

Dem Framing selbst haftet aufgrund seiner mitunter manipulativen Wirkung ein schlechter Ruf an. Allerdings kann die Nutzung dieser Kommunikationstechnik nicht grundsätzlich als (moralisch) gut oder schlecht bewertet werden. Einerseits ist sie äußerst vielfältig und reicht von einfachen Kommunikationsframes bis hin zu ausgefeilten Strategien, mit welchen beispielsweise Protestgruppen gesteuert oder ganze Befindlichkeiten oder Deutungsmuster in einer Gesellschaft verändert werden sollen. Andererseits ist sie ein Mittel, um bestimmte Positionen hervorzuheben und zugänglich zu machen. Dies können also legitime gesamtgesellschaftliche Anliegen, die Auslegung politischer Sachverhalte, aber auch manipulative Durchsetzungsversuche von Partikularinteressen sein. Um strategisch gesetzte Deutungsrahmen wissenschaftlich untersuchen zu können, wurde das Konzept der Framing-Analyse ausgearbeitet und der Ansatz bewies einen großen Nutzen in der jüngsten Kommunikationsforschung.

In einer Minimaldefinition entsteht ein Kommunikations-Frame, wenn nur ein spezifischer Teil eines Sachverhaltes kommuniziert und dieser Ausschnitt der Realität in einen bestimmten Kontext gesetzt wird. Man wählt also jene Elemente, die das eigene Argument stützen und beschreibt diese zusätzlich aus einer Perspektive heraus, die das Denken in die gewünschte Richtung leiten kann. Das Wort Kontext bedeutet Bezugsrahmen; mit einer Verschiebung dieses Rahmens – und damit des Bezuges – ändert sich auch die inhaltliche Bedeutung. Die hieraus resultierenden Interpretationsmuster bieten sodann neue Argumentationsweisen. Je nach Resonanz und Ressourcen werden diese genutzt und in Denk- und Kommunikationsreservoire aufgenommen. So lassen sich Debatten in gewisse Bahnen lenken und mitunter kann damit ein Einfluss auf die Öffentliche Meinung genommen werden. Der Framing-Ansatz bietet deshalb ein großes Potenzial, um politische Kommunikationsprozesse zu erklären.

Strategische Frames werden häufig genutzt, wenn sie eine für die Kommunikatoren zuträgliche Darstellung einer Situation oder die bestimmte Bewertung eines Zustandes ermöglichen. So soll eine erwünschte Interpretation der Sachlage in der Öffentlichkeit erreicht werden. Mittels Framing-Techniken können sogar Bedeutungen in einer Thematik verkehrt werden, während die Aussage trotzdem im Kern bei der Wahrheit bleibt. Das macht strategische Frames gegenüber der Desinformation (ugs. *Fake-News*) beständiger, denn diese sind einfach zu widerlegen. Die Auflösung eines guten Frames erfordert dagegen wesentlich mehr Aufwand.

Das Konzept des Framings hat verschiedene wissenschaftliche Wurzeln und wird der Forschungstradition entsprechend in jeder Strömung anders verwendet: In der Linguistik werden meist einzelne Wörter betrachtet, in der Psychologie werden Frames in der Regel als Denkmuster verstanden, in der Soziologie geht es meist um gesamte ‚Bewegungs-Frames'[1] und die Kommunikationswissenschaft stellt meist auf strukturelle Analysen ab. Gemein haben jedoch alle Gebiete das Interesse um die Wirkung und die Verwendung von Frames, auch wenn der Begriff zunächst für verschiedene Erscheinungen steht. Cacciatore et al. (2015) plädierten aus diesem Grunde dafür, dass der Terminus als solches aufgegeben werden solle und sich jeder Forschungsstrang auf die jeweiligen Wurzeln des Ansatzes besinnen müsse. Zunächst klingt das nach einem guten Vorschlag, denn den Framing-Begriff wird niemand auf einen Nenner bringen können, so dass er

---

[1] Frames von sozialen Bewegungen, die mitunter auch als Collective-Action-Frames verstanden werden (vgl hierzu Abschn. 3.4.14).

soziologisch, kognitionspsychologisch, linguistisch, politikwissenschaftlich oder auch kommunikationswissenschaftlich dasselbe bedeutet.

Nicht nur die einzelnen Wissenschaftsstränge teilen den Begriff des Framings, auch die Analysen sozialer Protestbewegungen oder die Kommunikation von Journalisten und Eliten, ist zudem in kleine Forschungsbereiche segmentiert. Versuche der Zusammenführung werden meist gar nicht erst unternommen. Diese einzelnen Teilbereiche liefern jedoch wichtige Erkenntnisse darüber, wie das strategische Framing in der Praxis wirkt und verwendet wird. Daher soll zumindest für das vorliegende Buch die Diskussion über verschiedene Verständnisse des Ansatzes und Ungereimtheiten, die zu sehr ins Detail gehen, vernachlässigt werden. Wer fragt schon nach der Farbe, Form, Beschaffenheit und Definition eines Hammers, wenn eine Hütte fertig gezimmert ist, die Arbeit solide und die Nägel von guter Qualität sind? Der Framing-Ansatz kann nämlich nicht nur spannende Resultate liefern – er ist auch hochgradig gesellschaftlich relevant.

Das strategische Framing hat mit dem Wandel zur digitalen Kommunikation massiv an Bedeutung gewonnen. Eliten und Organisationen verfügen aufgrund der neuen technischen Hilfsmittel über mannigfaltige Möglichkeiten, ihre Agenda zu setzen, zu framen und somit auch zu manipulieren (Entman und Usher 2018, S. 306). Freilich gilt dies auch für einzelne Personen, die heute in der Lage sind, eigene Frames zu verbreiten. So kann die Öffentliche Meinung auf zahlreichen Ebenen durch neue Deutungsrahmen verändert werden. Vor allem für Personen, die sich mit Politischer Kommunikation bis hin zu *Public Policy* beschäftigen, hat dies eine neue Relevanz für das Thema geschaffen, denn einige Framing-Effekt-Studien deuten darauf hin, dass ein Umschwung in der Öffentlichen Meinung auch die *Public Policy* verändern kann (Jacobs und Mettler 2011, S. 926).[2]

Einfache Kommunikations-Frames – im Englischen häufig *Audience Frames*, weil sie auf ein spezifisches Publikum zugeschnitten sind – dienen meist dazu, eine ungelegene oder unangenehme Realität in ein positives oder zumindest akzeptables Licht zu rücken. Der ehemalige SPD-Politiker Sebastian Edathy lancierte beispielsweise zur Behauptung, er sei pädophil, weil er im Besitz von Bildern nackter Minderjähriger war, den folgenden Frame: „Wenn in der Kunstgeschichte nur Pädophile die Bilder von Heranwachsenden angeschaut hätten, hätten diese niemals eine solche Verbreitung gefunden." Edathy nimmt dabei den unbestreitbaren Fakt, dass er diese Fotos besitzt, und setzt diesen in den Kontext der Kunst. So entsteht eine neue Interpretation der Umstände: In der Kunst werden

---

[2] Diese Aussage bezieht sich auf wissenschaftliche Auseinandersetzungen mit der Thematik. Ein Grundwissen über das Framing sollte aufgrund seiner großen Tragweite bei jedem Menschen vorhanden sein, der an der öffentlichen Diskussion teilhat.

Menschen häufig nackt abgebildet – dies sei in der Vergangenheit scheinbar auch bei Kindern ohne Probleme der Fall gewesen. Wenn derartige Abbildungen unter kultivierten Menschen, also bei Künstlern, Intellektuellen und Kunstliebhabern akzeptiert oder gar selbstverständlich seien, wäre auch der Besitz jener ‚Kunstbilder' legitim. Diesen Eindruck soll zumindest der Frame vermitteln. Edathy versucht sich mit dieser Interpretation in eine Reihe mit Kennern der Kunstgeschichte zu stellen und so seine Position als Besitzer der Fotos aufzuwerten. Der Frame ist einfach aufgebaut und leicht zu durchschauen, er eröffnet den Lesern seines Spiegel-Interviews jedoch eine andere Perspektive auf das vorliegende Problem. Für sie soll er einen neuen Zugang zum Thema bieten, der auch eine neue Bewertung zulässt.

Einen ähnlich einfachen Frame mit einem gewichtigen Inhalt wählte Wladimir Putin. Mit der folgenden Aussage wollte er die Annektierung der Halbinsel Krim positiv erscheinen und eine Ablehnung dieses Vorgehens moralisch verwerflich wirken lassen: „Ich bin mir sicher, dass die Deutschen uns bei der Wiedervereinigung unterstützen werden." Zum einen setzt er hierbei die völkerrechtswidrige Aneignung der Krim mit dem Freiheitsstreben des Volkes der ehemaligen DDR gleich; zum anderen verwebt er diesen Vergleich durch die Adressierung an die Deutschen mit einem kulturell zuträglichen Muster – dies ist ein wesentlicher Faktor für die Akzeptanz von Frames. Assoziativ liefert das in Deutschland überwiegend positiv konnotierte Wort ‚Wiedervereinigung' im Denken eine Parallele, bei der Russland für die Bürger der Krim dieselbe Erlösung ersucht, wie einst die Bundesrepublik Deutschland für die Bürger der DDR. Dies trägt genauso zur positiven Darstellung bei, wie auch die spezifischen Schlagworte selbst, die bei den Rezipienten eine ganze Assoziationskette auslösen können. Die Bedeutung solcher Begriffe muss nicht erklärt werden. Sie wird sofort verstanden, da der kulturell-historische Kontext den Menschen bekannt ist. Die Kultur ist daher für Frames generell ein zugkräftiges Mittel. Wörter mit kultureller Bedeutung leiten das Verständnis für die beschriebene Situation: Wer in der Regierung Deutschlands könnte schon gegen eine ‚Wiedervereinigung' stehen? Hierbei schwingt auch die Implikation mit, dass nur Verächter der Demokratie eine derartige Forderung aus dem Volk ablehnen würden. Ein solcher Frame scheint gegen jedwede Kritik am Geschehen erhaben. Das Beispiel zeigt, dass Frames nicht nur häufig auf eine spezifische Zielgruppe zugeschnitten sind – hier die Deutschen –, sondern dass auch oft der kulturell-historische Kontext bedient wird, da er eine bessere Rezeption des Inhalts verspricht (vgl. hierzu Abschn. 3.4.13).

Diese beiden Beispiele sind zwar einfach gestrickt und schnell durchschaut; sie liefern jedoch erste Eindrücke davon, wie Kommunikatoren ihre Darstellungen in einen Rahmen setzen, der die Bedeutung der Angelegenheit für ihr Publikum zumindest in Teilen verändern kann. Und mit geschickt geframten Aussagen können Menschen relativ einfach beeinflusst werden. Framing-Effekt-Studien zeigen, wie Individuen agieren, wenn sie mit entsprechenden Kommunikationsmustern konfrontiert werden. Die Annahme der *Rational-Choice*-Theorie, Menschen würden rational handeln, ist zwar nach wie vor weit verbreitet; eine Menge empirischer Studien deuten jedoch darauf hin, dass dies bei weitem nicht uneingeschränkt gilt (Druckman 2004, S. 671). Menschen lassen sich häufig von Framing-Prozessen leiten – ohne dies selbst zu ahnen. So können auch individuelle Entscheidungen durch bestimmte Kommunikationsmuster tangiert werden.

Die Beeinflussung durch Frames kann weitreichende Folgen haben. So hängen etwa Einstellungen zu umweltpolitischen Themen nicht nur von der persönlichen Meinung ab, sondern auch vom spezifischen Framing der Thematik (Nisbet 2009). Dies ist bei öffentlichen Diskussionen einfach zu erkennen. Beispielsweise stand der Abgas-Skandal um manipulierte Schadstoffwerte bei Diesel-Fahrzeugen in der deutschen Debatte fast ausschließlich im Kontext von finanziellen Fragen: Hier wurden lange Zeit die Finanzierung von Nachrüstungs-Optionen, Steuernachzahlungen oder auch monetäre Strafen für die beteiligten Unternehmen diskutiert. Durch diesen Fokus auf das Finanzielle geriet der eigentliche Grund für die notwendige Reduzierung von Stickoxidemissionen für einen großen Teil der Öffentlichkeit zunächst einmal außer Acht – entsprechende Grenzwerte sind eigentlich eine gesundheitspolitische Maßnahme. Fragen nach den gesundheitlichen Folgen dauerhafter Grenzwertüberschreitungen wurden jedoch in der öffentlichen Diskussion aufgrund des relativ konsonanten Framings weitgehend verdrängt – es wurden kaum alternative Interpretationen angeboten. Dies blieb so lange das Zentrum der öffentlichen Diskussion, bis Gerichte schließlich die ersten Fahrverbote verhängten und sich das Framing auch wandelte.

Aufgrund der starken Wirkung von Frames wird die Art, wie Rezipienten über ein bestimmtes öffentliches Thema denken oder ein Problem auffassen, wesentlich dadurch bestimmt, aus welcher Perspektive die Situation beleuchtet wird (Kinder und Sanders 1996, S. 164). Frames beeinflussen die Meinungen von Menschen freilich nicht per se, sondern nur unter bestimmten Bedingungen. Diese Rahmenbedingungen zu erkennen, ist die Grundlage für die Analyse von Framing-Strategien. Für dieses Verständnis soll die vorliegende Einführung einen Grundstein legen. Ein solcher Faktor, der das Auftreten von Framing-Effekten fördert, ist das konsonante Framing eines Themas durch die Massenmedien. Diskutieren Medien mit großer Reichweite Sachfragen in derselben Perspektive wie die Politik oder eine ganze Industrie, ohne dabei alternative Frames anzubieten, lässt dies wenig Raum für eine andere Perspektive auf das Thema. Auf diesem

Wege tritt lediglich eine Verstärkung des ursprünglichen Framings auf – in dem gewählten Beispiel eben der finanzielle Kontext. Strategisch gesehen war es für einige Akteure in der Abgas-Debatte vorteilhaft, dass das Framing in dieser Perspektive gehalten und nicht das wirkliche Problem diskutiert wurde. Als Effekt blieb die Gesundheitsbelastung durch den Feinstaub in den Städten lange Zeit von der öffentlich geführten Debatte abgekoppelt. Ohne die verhängten Fahrverbote hätte sich dies vermutlich auch nicht geändert.

Gerade weil durch Frames so einfach und subtil eine Wirkung erzielt werden kann, sind sie ein häufig genutztes Werkzeug in der Politischen Kommunikation. Der bereits genannte Vorteil gegenüber den *Fake-News* liegt auf der Hand: Wenn falsche Aussagen entlarvt werden, werden diese meist nur noch von einer uninformierten oder ideologisierten Klientel aufrechterhalten. Frames sind im Gegensatz dazu wesentlich stärker in ihrer Überzeugungsfähigkeit und auch beständiger. Framen ist nicht gleichbedeutend mit Lügen – zumindest sind Frames in der Regel keine blanken Lügen. Frames beziehen sich meist auf einen konkreten Teil der Realität. Sie sind damit meist an einen wahren Kern gekoppelt. Ein gut konzipierter Frame kann daher im Grunde nur durch eine argumentative Erklärung des gesamten Umstandes und nicht nur durch simple Fakten widerlegt werden. Die Auflösung solcher Kommunikationsmuster ist daher weitaus schwieriger als Belege für eine Falschaussage zu finden.

Auch wenn das Framing in der Politischen Kommunikation strategisch-manipulativ eingesetzt wird, kann es nicht grundlegend als positiv oder negativ klassifiziert werden. Zum einen lässt es sich kaum vermeiden, unbewusst Deutungsrahmen zu setzen. Zum anderen ist auch ein bewusstes Framing ein legitimes Mittel für Akteure, die ihren Standpunkt verdeutlichen wollen. Um diesen klar zu setzen, kann es sinnvoll sein, das Thema aus einer bestimmten Perspektive zu beleuchten und das eigene Anliegen zum neuen Hauptthema zu machen. Letzteres gilt jedoch nicht für Personen, die der Neutralität verpflichtet sind. Journalisten etwa sollten nur in Kommentaren ihre eigenen Ansichten in den Vordergrund stellen. Allerdings werden selbst in der vermeintlich ‚neutralen' Berichterstattung Sachfragen selten ohne einen bestimmten Kontext dargestellt. Ein bewusstes Framing kann selbst hier in Ausnahmen sinnvoll eingesetzt werden, um die Notwendigkeit gewisser Maßnahmen hervorzuheben.

Da Frame-Analysen in den letzten Jahren erfolgreich dafür eingesetzt wurden, Kommunikationsstrategien aufzuzeigen und deren Funktionsweise zu erklären, entwickelten sie sich zu einer Art Modethema in der Sozialwissenschaft – und auch darüber hinaus. Beispielsweise bietet die *Süddeutsche Zeitung* einen ‚Framing-Check' an und eine Beitragsserie hat sich scheinbar zum Ziel gesetzt, in nahezu jedes Wort einen Frame hineinzuinterpretieren – wohlgemerkt jedoch

1 Einführung: Das Leiten der Diskussion

ohne dabei das eigene Framing zu hinterfragen. Überinterpretationen und zwanghafte Versuche, überall einen Frame zu finden, führen auch dazu, dass hinter jeder Aussage eine strategische Absicht gemutmaßt wird. Doch weder sind sämtliche Aussagen von Politikern, Journalisten oder anderen Akteuren als Frames zu werten, noch sind diese zwingend vorsätzlich in Aussicht auf Zuspruch oder in Überzeugungsabsicht kreiert. Bisweilen ist es sogar schwierig zu erkennen, ob ein Frame strategisch intendiert ist, oder ob es sich etwa um unterbewusste Frames handelt. In nahezu jedem Medien-Bericht können diese zu einem gewissen Grad aufgezeigt werden. Frames werden oft implizit und als unbewusste Gewohnheit verwendet, wenngleich tatsächlich explizite Überzeugungsversuche mit der Digitalisierung immens zunahmen. Eine Analyse von – möglicherweise – unabsichtlichen Frames ist jedoch gleichermaßen notwendig, denn ihr Effekt ist ähnlich: Auch eine ungewollt verzerrte Darstellung kann einen großen Einfluss auf die Öffentliche Meinung entfalten.

Unbeabsichtigt lancierte Frames treten deshalb oft auf, weil dem Menschen gewissermaßen Heuristiken als ‚Denkschablonen' dienen. Sie sind Teil der Wahrnehmung, mit denen Geschehnissen in der sozialen Umwelt Struktur verliehen wird. Diese Heuristiken leiten auch das politische Denken. Sie sind spezifische Betrachtungsweisen, die aus einem Verständnis für eine Situation, einer Ideologie oder einfach infolge eines (vermeintlich) logischen Schlusses gefasst werden können. Der Begriff Frame steht damit sowohl für Kommunikationsframes, für Bewegungs-Frames als auch für eine Art in sich selbst vorstrukturierte Denkrahmen, welche wiederum die Perzeption der Realität beeinflussen. Frames fungieren also einerseits als Hintergrundstruktur der geteilten Realität und andererseits als Werkzeuge für strategisches und kreatives Verhalten (Diehl und McFarland 2010, S. 1719). Mit diesem Teil des Framing-Ansatzes steigen wir in den konzeptuellen Teil dieses Buches ein, in dem gelegentlich auf diese Kurzeinführung und ihre Beispiele verwiesen wird. Da dieses Buch das strategische Framing behandelt, wird der folgende Teil über das Denken in Frames nur insoweit angeschnitten, wie es für das Verständnis über strategische Framings erforderlich ist.

Frames und Framing 2

2.1 Das Denken in Frames: Wie Heuristiken das Denken leiten

Der Framing-Ansatz ist in den Sozialwissenschaften eine theoretische Perspektive, die dem Verständnis dienen soll, wie Menschen die Realität wahrnehmen und sie über ihre Kommunikation konstruieren. Der Begriff ‚Frame' ist demnach mehrfach besetzt, da er nicht nur als Beschreibung von kommunikativen Konstrukten, sondern auch von Denkstrukturen der Individuen dient. Dies bezeichnen Donald R. Kinder und Lynn M. Sanders als eine Art ‚doppelte Existenz':

> [F]rames lead a double life. [...] [They] also live inside the mind; they are cognitive structures that help individual citizens make sense of the *Issue*s that animate political life. They provide order and meaning [...]. Without a frame in mind, citizens are likely to be bewildered by political debate; it will appear to them as ‚one great, blooming, buzzing confusion' (Kinder und Sanders 1996, S. 164).

Mit dem letzten Halbsatz beziehen sich die Autoren auf den Psychologen William James. Dieser beschreibt in einer Abhandlung aus dem Jahr 1890, dass für ein Baby die Welt eine „big, blooming, buzzing confusion" (James 1998 [1890], S. 16) sei. Ein neugeborenes Kind versteht noch nicht, was um es herum passiert oder aus welchem Grund Menschen gewisse Dinge tun. Dies ist schon allein deshalb der Fall, weil ein Baby den Kontext dieser Handlungen nicht kennt. Ähnlich erginge es auch erwachsenen Menschen ohne eine Form von Heuristiken, Stereotypisierungen[1] oder einfach ohne eine Vorstellung davon, wie die

---

[1] Die Stereotypisierung ist auch als eine Art Denkframe zu verstehen. Walter Lippmann bereitete mit seinen Abhandlungen über das stereotypische Denken den Weg für das Verstehen von Frames, auch wenn er sie genau so wenig wie James als solche benennt. Er

Welt ‚funktioniert'. Sie wären mit einer Informationsüberflutung konfrontiert und die Realität wäre für sie eine einzige Verwirrung. Dies ist vergleichbar mit der Beobachtung einer Situation, deren Kontext einem nicht vertraut ist, beispielsweise Gepflogenheiten in einer dem Beobachter relativ unbekannten Kultur. Was würden Menschen denken, die einen Polterabend beobachten und diese Tradition nicht kennen? Sie wären wahrscheinlich darüber verwundert, dass hier Porzellan zerschlagen wird. Aber selbst ein einfacher Handschlag zur Begrüßung könnte bei fehlender Vorprägung als obskure Handlung erscheinen. Historisch entstanden, um zu zeigen, dass man keine Waffen trägt und in Frieden kommt, war es bis zur Corona-Pandemie ein weit verbreitetes Begrüßungsritual. Doch ohne Kenntnis des Kontextes solcher alltäglichen Handlungen können diese verwirrend wirken, weil der Sinn dahinter nicht verstanden wird. Beobachtern, die mit solchen Umgangsformen enkulturalisiert wurden oder mit ihnen vertraut sind, ist dieser Sinn dagegen in ihren Denk- und Verstehensstrukturen ‚eingeschrieben'. Erfahrungen, welche die Individuen aus ihrem kulturellen Umfeld gezogen haben, sind in ihrem episodischen Gedächtnis vertreten – diese bezeichnet Teun A. Van Dijk als Kontextmodelle (Van Dijk 2006, S. 123).

Das Denken über solche ‚Schablonen' und die Sinnzuschreibung über die daraus gewonnene Interpretation, sind die Grundlage der Frame-Analyse in den Sozialwissenschaften. In diesen leitet sich das Verständnis für das Funktionieren der Welt von Heuristiken ab. Mit James geht die eigentliche Tradition, Denk-Heuristiken zu beschreiben, bis in das 19. Jahrhundert zurück.[2] Spezifisch auf das Framing bezogen, gilt Marvin Minsky heute als Vater des kognitiven Analyse-Ansatzes, während Charles Fillmore den Begriff in der Linguistik maßgeblich geprägt hat. Gregory Bateson führte schließlich den Begriff ‚Frame' als Bezeichnung für Denkstrukturen in die Sozialwissenschaften ein. Bateson nutzt den Terminus mit seiner Verbindung zu einem Kontext und seiner enthaltenen bestimmten Menge an Aussagen. Bateson ist bereits sehr nah am heutigen Begriff

---

beschreibt jedoch Stereotypen als ‚Bilder in unseren Köpfen', „die zwischen unserer Wahrnehmung und die Realität fungieren. So entstehen stereotypisierte Beobachtungen und Wahrnehmungen, die von jenen vorgefassten Meinungen beherrscht warden" (Lippmann 1990 [1964], S. 68). Dabei lenkt ein verankertes System von Stereotypen den Fokus auf Tatsachen, die das jeweilige Weltbild stützen. Gleichzeitig werden Annahmen, die ihm entgegenstehen, ausgeblendet (Lippmann 1990 [1964], S. 87). In dieser Umgebung der Stereotype fühlen sich ihre Vertreter wohl, es ist das Vertraute, Normale und Verlässliche. Eine Störung in diesem Weltbild ist eine Attacke auf das eigene Universum (Lippmann 1990 [1964], S. 71 f.).

[2] Bei einer begriffsgeschichtlichen Betrachtung könnte hier sicherlich auch noch eine Brücke in das alte Athen und das Verständnis für den Topos geschlagen werden. Dies wäre in dieser Einführung jedoch wenig zielführend.

2.1 Das Denken in Frames: Wie Heuristiken das Denken leiten

des strategischen Framing, bei dem die Vorstellung besteht, dass der gesetzte Rahmen einer Debatte das Denken leitet: „the picture frame tells the viewer that he is not to use the same sort of thinking in interpreting the picture that he might use in interpreting the wallpaper outside the frame" (Bateson 1972 [1955], S. 187 f.).

Die Perspektive auf die Wahrnehmung mit einem Fokus auf Heuristiken stammt von Erving Goffman, der sich auf den Frame-Begriff von Bateson stützt. Auf Goffmans Grundlage basieren heute die zahlreichen Frame-Ansätze in den Sozialwissenschaften. Sein Werk *Frame analysis: an essay on the organization of experience* beginnt mit den folgenden Zeilen:

> When an individual in our Western society recognizes a particular event, he tends, whatever else he does, to imply in this response (and in effect employ) one or more frameworks or schemata of interpretation of a kind that can be called primary. I say primary because application of such framework or perspective is seen by those who apply it as not depending on or harking back to some prior or 'original' interpretation; indeed a primary framework is one that is seen as rendering what would otherwise be a meaningless aspect of the scene into something that is meaningful. (Goffman 1974, S. 21)

Aus Sicht der Frame-Analyse verleihen diese Interpretationsschemata den Erfahrungen von Individuen Sinn (Goffman 1974, S. 27 f.). Sie fungieren als Heuristiken, da durch sie die eingehende Information gedeutet wird. Individuen legen anhand dieser Bezugsrahmen nahezu alle Ereignisse aus, die sie beobachten oder vermittelt bekommen. Andernfalls blieben ihre Wahrnehmungen unstrukturiert und damit schwer verständlich, ähnlich wie die Beobachtung einer komplexen Mannschaftssportart, deren Regeln man nicht kennt. Die Umwelt eines Menschen wäre für ihn ohne Denk-Heuristiken ähnlich verwirrend, wie für ein Baby, das noch keine Deutungsrahmen geformt hat. Heuristiken bieten also eine Art Code, der die soziale Realität entschlüsselt (Goffman 1974, S. 27 f.).[3]

---

[3] Nach Goffman können diese Frames natürlicher oder sozialer Art sein. Die natürlichen „frameworks identify occurrences seen as undirected, oriented, unanimated, unguided, 'purely physical'" (Goffman 1974, S. 22). Diese Ereignisse werden als natürlich wahrgenommen, weil sie ungesteuert sind und keine absichtliche oder kausale Ursache haben, die auf ein menschliches Handeln zurückzuführen wäre (Goffman 1974, S. 22). Frames über die soziale Welt eröffnen dagegen eine Art Hintergrund-Verstehen, denn durch sie werden Ereignisse als das Ergebnis eines Willens oder eines Ziels aufgefasst. Als ihre Ursache werden kontrollierte und absichtliche Handlungen gesehen. Letztlich nehmen Menschen nach Goffman aber sowohl bei den sozialen als auch den natürlichen Denkschablonen einen Kausalitätsbezug an: Sie sehen kausale Zusammenhänge dort, wo eine natürliche Kette von verursachten oder verursachenden Effekten in Gang gesetzt wird, sowie auch bei jenen Ereignissen, die aufgrund einer menschlichen Entscheidung eintreten (Goffman 1974, S. 22). Dieses Verständnis für

Mit dieser funktionalen Betrachtungsweise von Frames liefert uns jene Entschlüsselung eine Wahrnehmung, die wir oft als Wahrheit verstehen – dabei können wir die Wirklichkeit niemals genau so erfahren, wie sie ist.[4] Dafür existieren bei den meisten Angelegenheiten zu viele Hintergrundinformationen, Querverbindungen zu anderen Dingen, Rückkopplungseffekte mit der Umwelt und vieles mehr, was wir nicht wissen oder wahrnehmen – beispielsweise eine schwer erkennbare Intention. Daher entsteht bei Beobachtungen immer eine Form von *Bias*.

Der Begriff *Bias* steht für eine inhaltliche Verzerrung, die entweder auf inhaltliche Kommunikation oder die menschliche Wahrnehmung bezogen ist. Bei Menschen zeichnet sich unter anderem die Vorprägung durch den soziokulturellen Kontext für eine spezifische Perzeption verantwortlich; daher können individuelle Wahrnehmungen kaum als objektiv gelten (Druckman 2011, S. 283; Entman 2007, S. 163; Lippmann 1990 [1964] , S. 61, 63).[5] Wenn wir etwas beobachten, gleichen wir die eingehenden Botschaften anhand der vorhandenen Denkschablonen ab. Dies sind meist Konzepte, die ähnliche Sachverhalte, Ideen, Kategorien, Ideologien, Stereotypen oder andere Einflüsse bereits geprägt haben. Diese kognitiven Verknüpfungen oder Heuristiken leiten und filtern die Informationsverarbeitung (Entman 1993, S. 52 f.; Hatfield-Edwards und Shen 2005, S. 796). Dadurch verarbeiten wir zuerst die empfangene Definition einer Gegebenheit und danach erst die Beobachtung an sich (Lippmann 1990 [1964], S. 61, 63; Wildavsky 1987, S. 8). Für diese Perzeption sind die Heuristik-Frames verantwortlich. Jene Vorstrukturierung in der Wahrnehmung liefert als Resultat ein Abbild der sozialen Realität, welches aber eben von vornherein als befangen gelten kann (Landau et al. 2014, S. 125; Wildavsky 1987, S. 8; Williams 2004, S. 107).

Die Heuristik-Frames sind weiterhin mehr als bloße Interpretationsschemata, die einer Wahrnehmung Sinn und Struktur verleihen; sie sind „mental structures through which we conceptualize our values, principles, and fundamental ideas" (Lakoff und Ferguson 2006). Denk-Heuristiken leiten also das Alltagsdenken

---

die Kausalitäten in Frames ist für die Recherche um Kommunikationsframes wichtig, wie sich später noch zeigen wird.

[4] Würde man annehmen, dass man die gesamte Realität wahrnimmt, wie sie objektiv beschaffen ist, dann wäre man ein *naiver Realist*. Der *Naive Realismus* steht also für den Glauben, dass die eigene Wahrnehmung deckungsgleich mit der objektiven Realität ist.

[5] In der Psychologie werden noch weitere Gründe dafür aufgeführt, wie z. B. die mangelnde Wahrnehmungsfähigkeit von Menschen.

der Individuen in Rückbezug auf fundamentale, moralisch-politische Glaubenssätze. Sie stehen daher in starker Abhängigkeit zu den grundlegenden *Beliefs* des jeweiligen Menschen.

2.1.1 Belief-Systeme – kognitive Grundlagen menschlicher Natur

Beliefs[6] oder ganze *Belief*-Systeme – also einzelne Glaubensvorstellungen oder ein Glaubenssystem – sind normative und ontologische Axiome[7], die individuelle Vorstellungen über die grundlegende Natur des Menschen und die Ordnung primärer Werte formen (Jenkins-Smith et al. 2014, S. 485; Sabatier 1998).[8] *Beliefs* bilden die Grundlage für Einstellungen von Individuen zu politischen Institutionen sowie für Ideologien. Als solche tangieren sie auch die individuelle Interpretation von Sachverhalten oder Kausalitätsbezügen. In Hinsicht auf politische Botschaften akzeptieren Menschen bevorzugt Interpretationen, die im Einklang mit ihren Wertvorstellungen stehen oder diese bestätigen; Interpretationen, die von eigenen Werten abweichen, werden hingegen eher ausgeblendet oder abgelehnt (Druckman und Lupia 2016; Sabatier 1998, S. 117).

Die menschliche Entscheidungsstruktur ist so angelegt, dass Individuen in der Regel auf der Basis ihrer Werte beurteilen, ob sie eine Aussage befürworten oder nicht (Wildavsky 1987, S. 8). Zahlreiche Ergebnisse von Studien lassen darauf schließen, dass Menschen Informationen ablehnen, die mit ihrer Betrachtungsweise in Konflikt stehen, insbesondere wenn die jeweiligen *Beliefs* inkonsistent zur politischen Identität der Person sind. Besteht jedoch eine Kompatibilität zwischen den zentralen *Beliefs* eines Individuums und einer Botschaft oder Darstellung, ist es wahrscheinlicher, dass die Nachricht akzeptiert wird (Benjamin et al. 2017, S. 760; Landau et al. 2014, S. 131). Daher reagieren Menschen unterschiedlich auf Botschaften und behandeln sie selektiv, indem eben konträr zu den eigenen *Beliefs* stehende Aussagen ignoriert oder zurückgewiesen werden.

---

[6] Eine Diskussion von anderen Begriffen wie Paradigmen, Doxa etc., die ebenfalls ein soziales Umfeld implizieren, wird in dieser Abhandlung nicht geführt, da die Komplexität des Forschungsfeldes reduziert werden soll (vgl. hierzu Bourdieu und Eagleton 1992).

[7] Als wahr befundene Grundsätze, die keinen Beweis benötigen; sie stellen Grundannahmen dar, aus denen andere Ansichten und Auffassungen abgeleitet werden.

[8] Als Politische Werte zählen die „von den Mitgliedern einer politischen Gemeinschaft als gemeinsam anerkannten Vorstellungen von den anzustrebenden Zielen des politischen Zusammenlebens und den zur Erreichung dieser Ziele angemessenen Mitteln" (Gabriel 2009, S. 31).

Die Ablehnung erfolgt, da eine kognitive Dissonanz auftritt, wenn Informationen oder Aussagen die eigene Ideologie kontrastieren oder sie zentralen Werten entgegenstehen (Landau et al. 2014, S. 131). Daher kann beispielsweise für die Rezeption von medialen Inhalten gelten: „Perhaps the most crucial determinant of perceived news bias […] is the extent to which coverage is seen as being disagreeable to one's own views" (Feldman 2011, S. 410). Weiterführend ist dies als *Hostile Media Effect* beschrieben: Der *Hostile Media Effect* tritt bei Menschen mit einer starken Voreinstellung zu einem Thema auf. Sie rezipieren dabei eine vorgeblich ausgeglichene Medienberichterstattung als tendenziös und zugunsten der Sichtweise ihrer Widersacher ausgerichtet (Perloff 2015, S. 707). Generell steht die Resonanz einer Botschaft in Abhängigkeit zum bevorzugten Lebensstil der Zielgruppe und bleibt aus, wenn ihre Aussage deren Weltanschauung nicht stützt (Entman 1993, S. 52 f.; Jenkins-Smith et al. 2014, S. 497; Williams 2004, S. 107). *Beliefs* fungieren dabei auch als eine Art Filter, die bei der Wahrnehmung Relevantes von Irrelevantem abgrenzen. Wir nehmen die Geschehnisse um uns herum daher relativ selektiv wahr.

Im Umkehrschluss und in strategischer Hinsicht bedeutet die kognitive Dissonanz: Je besser ein Kommunikationsframe zur Weltanschauung von Rezipienten passt, desto eher wird er von ihnen akzeptiert. Zudem lässt eine (ideologisch) gefilterte Wahrnehmung der Welt eine Nachricht leichter aufnehmen – sie passieren den Filter ohne Reibungspunkte (Feldman 2011, S. 410). Ein ähnlicher Effekt tritt auch im *Confirmation Bias* (Bestätigungsverzerrung) auf: Menschen suchen bevorzugt nach Information, die ihre eigene Meinung bestätigt. Individuen fällen daher ihre Urteile häufig nicht auf der Basis von Fakten und werten eine Situation auch nicht anhand dieser aus.

Eine neue Meinung oder Perspektive müsste zunächst ‚durchdacht' werden. Menschen werden aber auch als *Cognitive Misers* betrachtet. Diese Bezeichnung als ‚kognitive Geizhälse' ergibt sich aus der Neigung des menschlichen Verstandes, so wenig Denkleistung wie möglich aufzuwenden (Fiske und Taylor 2013). Auch deshalb greifen wir gerne auf die vereinfachenden Heuristiken zurück, auch wenn diese zu verminderter Urteilsfähigkeit und zu *Bias* führt. Allerdings erfolgt dieses Ausblenden einzelner Elemente der Realität meist unbewusst, es ist also nicht unbedingt beabsichtigt. Aus diesem Interpretations-Automatismus resultiert eine spezifische Interpretation und Bewertung von Vorkommnissen oder sonstiger Information, da sie relativ einseitig wahrgenommen werden. Dies hat weitreichende Folgen für die politische Realität der einzelnen Menschen.

Personen lehnen beispielsweise gerne Studienergebnisse ab, wenn sie nicht zu dem passen, was sie selbst glauben (oder was sie gerne hätten). Demgegenüber weisen sie aber gerne auf jene Studien hin, die deren Weltsicht bestätigen. Das

2.1 Das Denken in Frames: Wie Heuristiken das Denken leiten

bedeutet nicht, dass wir grundsätzlich alle Informationen als unwahr bezeichnen würden, die nicht in unsere Weltanschauung passen – obwohl dies in der Politik vermehrt zu beobachten ist. Aber da die Deutungsrahmen oder Heuristik-Frames in sich selbst vorstrukturiert sind, bringen sie bestimmte Präferenzen hervor. Präferenzen sind als eine vergleichende Bewertung einer Gruppe von Objekten zu verstehen, innerhalb derer spezifische Optionen gemäß einer Art Ranking bevorzugt werden. Eventuell könnte man die Erklärung noch etwas genauer formulieren, bspw. Aufgrund der Filterfunktion werden in die Präferenzbildung allerdings jene Informationen bevorzugt, die kompatibel zur inneren Wertestruktur eines Individuums sind. Somit sind die politischen Präferenzen in hohem Maße von der inneren Wertestruktur einer Person abhängig (Druckman und Lupia 2000, S. 2; Sabatier 1998, S. 117). Diese Wirkung ist so stark, dass angesprochene Werte die Reaktion eines Menschen sogar bereits tangieren können, bevor dieser es selbst bemerkt.

Weiterhin ist das Urteilsvermögen von Menschen verzerrt, weil wir unsere Standpunkte oder Entscheidungen selten auf der Basis aller relevanten Information formieren, die potenziell zugänglich wäre. Meist beschränken wir uns nur auf einen kleinen Ausschnitt davon (Bless und Burger 2016, S. 26). Häufig urteilen Menschen auf der Basis von Simplifizierungen und vorhandenen Vorstellungen aufgrund von Erfahrungen, wie Ähnliches vorher gelöst oder bewertet wurde. Im Prozess der Wahrnehmung spielt der Rückgriff auf bereits vorhandene kognitive Schemata eine entscheidende Rolle, denn es ist wesentlich einfacher für Menschen, Sachverhalte mithilfe von Stereotypisierungen und Verallgemeinerungen zu betrachten, als zur unvoreingenommenen Beobachtung überzugehen. Damit nicht genug, denn dieser vermeintliche Schlüssel zur Realität leitet nicht nur die Perzeption, er lässt uns auch wahrnehmen, was wir erwarten. Kurz, eine Wahrnehmung gemäß unserer Erwartung ist bereits eine geleitete Perzeption. Walter Lippmann schrieb hierzu: „Certainly for the most part, the way we see things is a combination of what is there and of what we expected to find" (Lippmann 1990 [1964], S. 115). Wir verfahren also mit der eingehenden Information ähnlich wie unsere visuelle Wahrnehmung, bei der das Gehirn den blinden Punkt in der Sicht einfach mit dem auffüllt, was es dort vermutet.

Aufgrund der verschiedenen Einflüsse auf unsere Urteilsfindung entsteht eine durch die Heuristiken verzerrte Wahrnehmung, aus der entsprechend subjektive Bewertungen von Geschehnissen oder Vorhaben folgen. Daher können viele jener Perspektiven, aus denen Individuen die Welt betrachten, als Frames verstanden werden – heuristische Wahrnehmungs-Frames. Das erschafft ein Realismusproblem: Wir glauben zwar, dass unsere Interpretation richtig ist, können die Wahrheit aber tatsächlich nicht absolut erfahren. Heuristik-Frames sind aufgrund dieser spezifischen Beschaffenheit keine objektiven Schlüssel für das Verständnis oder die Interpretation der Realität. Stattdessen schaffen sie eine spezifische Voreinstellung zu bestimmten Dingen. Sie sind aber wohl unsere primäre Art zu denken – vor allem in politischen Belangen.

2.1.2 Politische Implikationen von Heuristiken

Voreinstellungen treten bei politischen Fragen besonders stark auf. Ronald Reagan sagte einst: „Des einen Freiheitskämpfer ist des anderen Terrorist". Diese Aussage impliziert, dass man sich zum einen, seine bevorzugte Realität zurechtlegen kann, zum anderen aber auch, dass man unterschiedliche Interpretationen der Realität als Wahrheit verstehen kann. Damit sind Einordnungen von politischen Sachverhalten oft eine Frage der Interpretation. Und sei es in strategischer Hinsicht auch nur jene, die im Augenblick die zuträglichere ist. In ähnlicher Art beeinflussen Heuristik-Frames das politische Denken der Individuen. Wenn eine politische Entscheidung beispielsweise aus einem ökonomischen Frame heraus bewertet wird, übertrumpfen meist die wirtschaftlichen Präferenzen andere relevante Interpretationsmuster, die eben mitunter auch gar nicht für die Interpretation des Problems abgerufen werden. Oder nimmt bei einer Debatte um ein Demonstrations-, oder Redeverbot der Wert der Freien Meinungsäußerung den dominierenden Platz ein, dann würde die Beurteilung des Verbots über die Präferenz der Freiheit geleitet (Druckman 2011, S. 281 f.). Mit denselben Werten kann auch das Framing in der Diskussion um die Vorratsdatenspeicherung beschrieben werden. Eine Bewertung mit einem Hauptaugenmerk auf den Aspekt der Sicherheit bringt ein anderes Urteil hervor, als wenn der Wert der Freiheit in den Fokus gerückt wird. Generell werden politische Fragen aus dem jeweils präferierten Frame heraus anders beurteilt als es aus einem konkurrierenden Frame heraus geschehen würde. Und bei der Urteilsfindung stützt man sich in der Regel auf jenen Wert, dem man eine höhere Bedeutung zuweist.

Da politische Forderungen im Grunde durch die Vorprägung oder die soziokulturellen *Beliefs* des Empfängers gefiltert werden hat dies zur Folge, dass sich Menschen etwa schon von vornherein eher ideologisch ähnlich geprägten Berichten zuwenden, während sie gegenteilig gefärbte oder um Neutralität bemühte Einschätzungen vermehrt ablehnen (Entman 1993, S. 52 f.; Hatfield-Edwards und Shen 2005, S. 796; Landau et al. 2014, S. 131). Verzerrungen in Medien werden beispielsweise überproportional hoch eingeschätzt, wenn diese nicht mit der Weltanschauung der Leser in Einklang stehen (Feldman 2011, S. 428). Unsere

Denk-Heuristiken beeinflussen also auch unsere Objektivität; ohne diese vorgefertigten Deutungsmuster fiele es uns allerdings schwer, die Lage überhaupt zu bewerten – nach welchen Maßstäben sollten wir das ansonsten auch? Diese Art zu denken, bringt also Ordnung in die ansonsten diffuse Alltagswelt. Vor allem könnten politische Fragestellungen ohne einen Interpretationsrahmen nur schwer beantwortet oder Geschehnisse kaum eingeordnet werden. Selbst die Kategorien ‚gut' oder ‚schlecht' sind schließlich solche Interpretationsrahmen.

Wieder war es Lippmann, der früh beschrieb, was im politischen Denken zwar unvermeidbar ist, aber dennoch für Probleme sorgen kann: Durch das Denken in jenen Kategorien projizieren wir das eigene Wertebewusstsein auf unsere Urteile und reproduzieren es damit (Lippmann 1990 [1964], S. 71 f.). Das bedeutet auch, dass sich Meinungen verstärken, wenn die politische Realität immer wieder durch ein und denselben Filter interpretiert wird. Wenn etwa ‚Establishment'- oder Regierungskritiker einen entsprechenden Frame verinnerlicht haben, fokussieren sie sich immer wieder auf jene Handlungen, die sie kritisch sehen. Andere, ihnen zuträgliche Entscheidungen werden dagegen gerne ausgeblendet. Dies verfestigt den Glauben, dass es eine gegen ‚das Volk' arbeitende Elite gibt. Auf diesem Wege kann es geschehen, dass sich Menschen immer mehr an Extreme annähern.

Insbesondere bei kontroversen Themen können die Denk-Frames zu verhärteten Standpunkten führen, da sie durch ihre antagonistische Beschaffenheit jedwede Kompromissfindung zunichtemachen. Die sowohl in den USA, Polen und Argentinien, aber auch in Deutschland immer wieder aufflammende Debatte um Schwangerschaftsabbrüche ist ein Beispiel für eine solche festgefahrene Grundsatzdiskussion, für die verschiedene Framings die Grundlage liefern. In westlichen Gesellschaften existieren zwei konträre Frames über das Thema Abtreibung, die zu unterschiedlichen Bewertungen des Eingriffs führen; zudem wird von jeder beteiligten Gruppe die Interpretation der anderen abgelehnt. Diese Denkarten sind identisch mit zwei einst eingeführten Kommunikations-Frames, die bis in das kollektive Denken westlicher Kulturen vorgedrungen sind.

So ist eine frühe Schwangerschaft für die eine Seite nicht mehr als das Vorhandensein eines Zellhaufens. Dieses Wort ist bereits in sich selbst ein Frame: Es suggeriert sowohl eine geringe Wertigkeit des ‚Haufens' als auch eine chaotische Anordnung der verschmolzenen Ei- und Samenzelle. Damit wird jedoch nur ein Ausschnitt des gesamten Sachverhaltes herausgegriffen und zum Hauptthema gemacht. Die Zellperspektive bestimmt dabei den Deutungsrahmen. Mit dieser Beschreibung liegt die Lösung für das aufgeworfene Problem bereits so gut wie auf der Hand: Da ein solcher Haufen weder figurativ noch substanziell mit einem menschlichen Leben gleichzusetzen ist, sei ein Eingriff legitim. Selbst ein

Embryo mit einem recht früh schlagenden Herzen sei dem unterzuordnen – er sei schließlich kein vollwertiges Lebewesen. Damit ist auch eine moralische Bewertung klar vorgegeben, da die Moral-Frage im Grunde völlig negiert wird – wo kein Leben ist, da stellt sich diese Frage erst gar nicht.

Bestärkt wird der Standpunkt auf jener Seite der Debatte durch einen weiteren Frame. Da sich der Embryo im Körper der Frau befindet, lässt sich argumentieren, dass er auch ein Teil davon sei. Und natürlich kann eine Frau selbst über ihren Körper entscheiden; dadurch wird einem Abbruch der Schwangerschaft weiterhin Legitimität verliehen. Die Vertreter dieser Seite framen also auch über das Selbstbestimmungsrecht, was den Fokus einer Schwangerschaft weg von einem heranwachsendem Kind komplett auf den Körper der Frau richtet. Dabei leitet nicht nur die Idee, sondern auch die spezifische Wortwahl das Denken um die Thematik: Indem ihr der Begriff ‚Recht', wie eben im ‚Selbstbestimmungs- oder Abtreibungsrecht' beigefügt wurde, bewegt sich die Position in der Umgebung von grundlegenden Rechten, was einen bestehenden Anspruch auf den Eingriff zuschreiben lässt.[9]

Die dargestellte Perspektive ist von einem sozialliberalen Charakter geprägt, der einem solchen Eingriff die moralische Wertung nehmen soll. Dies wird von Interessengruppen und politischen Akteuren auch entsprechend kommuniziert. Diese agieren bei Kommunikationskampagnen in dem strategisch angelegten Bestreben, die Interpretation über diese Frage bei den Rezipienten zu beeinflussen. Der Grund, warum solch breit angelegte Kampagnen nötig sind, ist einfach zu erkennen: Meist bestehen zu Denk- und Kommunikations-Frames Gegenversionen. Auch für das gewählte Beispiel findet sich eine andere, entgegenlaufende Position.

Die Gegner der Abtreibung haben für ihre Sichtweise den ‚Mord-Frame' etabliert, oder in einer weniger harschen Form den ‚Schutz des Lebens'. In ihm beginnt das Leben bei der Befruchtung und jeder Eingriff, der das Leben der Eizelle bzw. des späteren Fötus beendet, sei im Grunde gleichzusetzen mit Mord. Diese Perspektive zum Schutz des ungeborenen Lebens wird meist in konservativ-christlichen Kreisen vertreten, wo auch ihr Ursprung liegt. Der christliche Standpunkt ist klar um die Frage des Lebens selbst zentriert: Jedes Leben sei von einem Schöpfer gegeben und der Mensch dürfe nicht über jenes entscheiden, zumal dies auch in den Zehn Geboten festgehalten ist. Aber auch ohne einen

---

[9] Wer nun bereits entrüstet das Buch weglegen will, da es der Autor wagt, diese Perspektive als Framing zu bezeichnen, sollte zwei Dinge noch berücksichtigen: Wenn dies als Frame abgelehnt wird, unterliegt man dem eigenen Framing auf Kosten der Objektivität, da man seine Interpretation als Wahrheit versteht. Zudem sollte noch das Gegenbeispiel und die Synthese abgewartet werden.

2.1 Das Denken in Frames: Wie Heuristiken das Denken leiten

christlichen Kontext lässt sich eine ablehnende Perspektive etablieren. Eine rein konservative Argumentationslinie würde beispielsweise eine notwendige Verantwortung oder Enthaltsamkeit der Person in den Vordergrund stellen, also vom Einzelnen Risikovermeidung und Moral oder Tugend einfordern. Ist dem nicht Rechnung getragen worden, müssten die Betroffenen mit den Konsequenzen leben und Verantwortung zeigen.

In den Vereinigten Staaten, wo die Debatte noch viel stärker im öffentlichen Raum umkämpft wird, haben die Abtreibungs-Gegner auch die Bezeichnung ‚Pro-Life'-Bewegung für ihre Perspektive geprägt. Dies suggeriert eine positive Position; eine damit implizierte und entgegengesetzte ‚Anti-Life'-Einstellung könne also im Grunde nur moralisch verwerflich sein. Die Befürworter ließen sich jedoch nicht auf das Framing der Konservativen ein und nutzten eine Umschreibung ihrer Seite, die das Selbstbestimmungsrecht der Frau betont. Sie verstehen ihre Position als ‚Pro-Choice', wählten also ihrerseits ebenfalls eine positiv formulierte Bezeichnung. Die auch in der deutschen Debatte vertretene ‚Mord-Perspektive' ist demgegenüber zwar harsch, jedoch nicht unbedingt weniger effektiv, wenn es darum geht, den ‚Zellhaufen'-Frame zu nivellieren oder der Debatte zumindest einen weiteren Standpunkt zu verleihen.

Im Endeffekt bergen beide Perspektiven eine gewisse Wahrheit. Beide sind jedoch Frames, da sie nur Ausschnitte der Realität und Interpretationen von dieser hervorheben – keine davon erklärt und bewertet schließlich den gesamten Prozess. Beispielsweise könnte man mit der Feststellung, dass die Befruchtung kein Zeitpunkt ist, sondern ein Zeitraum, der sich über Tage hinwegzieht, die christliche Auffassung eines Zeitpunktes der Entstehung des Lebens verwerfen. Zudem ist nach der Befruchtung tatsächlich nur eine Art Zellhaufen vorhanden, der auch sicherlich kein eigenständiges Lebewesen ist (Nondum Conceptus).[10] Allerdings entsteht aus diesem Zellhaufen sehr schnell jener Embryo, der in seinen Grundzügen bald einem Menschen gleicht (Nasciturus). Wenn nicht eingegriffen wird, entsteht schließlich ein Individuum, worin das neue Leben klar verortet wäre. Dies kann auch den ‚Pro-Choice'-Frame eingrenzen: Die Entwicklung des ungeborenen Lebens geschieht zwar im Körper der Frau, jedoch nicht nur als Teil ihres Körpers. Vielmehr geht es hierbei auch um die Rechte eines anderen Menschen, also auch eines anderen Körpers.

---

[10] Nondum Conceptus meint den Embryo vor Abschluss der Nidation; bis zu diesem Zeitpunkt ist in Deutschland auch der Tatbestand des Schwangerschaftsabbruchs nicht erfüllt (§ 218 I 2 StGB).

Dieses kontroverse Beispiel illustriert bereits die politischen Implikationen von starren und kontroversen Frames. Für die politische Realität hat eine solche Dichotomie einen starken Effekt, denn sie kann zu einer Polarisierung der Debatte und mitunter auch zu einer Teilung der Gesellschaft führen, wenn sich derlei Konflikte über ideologische Gesamtorientierungen austragen. Zumindest begünstigt dies eine solche Entwicklung. Aus den jeweiligen Betrachtungsweisen (und sicherlich auch aus den Positionen ‚dazwischen') etabliert sich nämlich eine manifeste Wahrheit für die jeweiligen Vertreter der Sichtweise. Sie verstehen ihre Einstellung nicht als eine Form von Interpretation, sondern als geradezu unverrückbare Tatsache. So ergeben sich Verschiebungen von einem holistischen – oder rationalen – Gedankengang über eine Angelegenheit hin zu verhärteten Diskursen,[11] die keine Annäherung und keinen Kompromiss erlauben. Dies zeigt, dass das schwarz-weiß Denken (Zellhaufen vs. Mord) bei vielen komplexen Sachverhalten nicht nur zur Erklärung dient, sondern eine unüberwindbare Konfrontation kreiert. Deutschland tat gerade aufgrund der Unvereinbarkeit beider Ansichten gut daran, eine weitläufig akzeptierte Kompromisslösung zu finden. In Gesellschaften, in denen der Konflikt kontrovers ausgetragen wird, ist das Framing in beide Richtungen so massiv, da die jeweiligen Parteien wissen, dass es sich um einen Identitätskonflikt handelt – die Kompromissfähigkeit ist dabei stark eingeschränkt. Umso wichtiger ist es für die jeweiligen Parteien, die Diskurshoheit vehement zu etablieren.

Ein weiterer interessanter Denk-Frame ist in Bezug auf das Einkommen vorhanden. Während Deutsche eher auf ihr monatliches Netto-Einkommen Bezug nehmen, wenn sie über ihren Verdienst sprechen, geben Amerikaner meist ihr jährliches Brutto-Einkommen an. Der Frame, über den die Steuer kognitiv verarbeitet wird, ist also unterschiedlich. Während beim Netto-Denken das Gehalt nicht im Kontext des ‚Verlustes' steht, sondern der Steuerbetrag bereits herausgerechnet wurde, geht im zweiten Beispiel dieser erst noch ‚verloren'. Interessant ist dieser Faktor, da viele Amerikaner kritischer gegenüber Steuern eingestellt sind als viele Deutsche. Und obgleich hiermit keine Kausalität aufgrund des Denk-Frames unterstellt werden soll – dafür fehlt eine empirische Erkenntnis, außerdem sind hierfür auch kulturelle und systemische Faktoren verantwortlich –, ist die Korrelation im Denken dennoch bemerkenswert. Zudem existiert eine

---

[11] Der Begriff ‚Diskurs' wird in verschieden wissenschaftlichen Disziplinen und Ansätzen unterschiedlich definiert. Maarten Hajer formulierte 1993 ein Konzept, in welchem er ihn als ein Feld auslegt, in dem Ideen, Konzepte und Kategorien einem Phänomen eine signifikante Bedeutung verleihen. Diskurse werden häufig in Framing-Prozessen verwendet, da sie zur spezifischen Interpretation einer politischen Situation beitragen und in Zusammenschlüssen – Diskurskoalitionen – aufgehen können (Hajer 1993, S. 45, 47; Schneider 2010, S. 84).

in diesem Zusammenhang relevante Studie, aus der hervorgeht, dass sich solche Denk-Frames in unterschiedlichen Handlungsweisen ausspielen: Wenn bereits Steuern entrichtet wurden (wie es normalerweise bei Angestellten der Fall ist), steht die Steuererklärung in einem Gewinn-Frame, da sie die Möglichkeit bietet, Geld zurückzubekommen. Wenn die Steuererklärung jedoch bedeutet, dass zusätzliches Geld gezahlt werden muss (wie dies normalerweise bei Selbständigen in Deutschland der Fall ist), stellt dies für den Betroffenen einen Verlust dar. Die Ergebnisse der Studie legen nahe, dass die Steuererklärung eines Selbständigen aufgrund dieses Verlust-Frames[12] eher unehrliche Informationen enthält als die eines Angestellten (Schindler und Pfattheicher 2017, S. 172).[13]

Wie dieses Kapitel deutlich gemacht hat, denken Menschen nicht nur in Frames, sondern ihre jeweiligen Werte-Orientierungen beeinflussen bereits, welcher Information überhaupt Aufmerksamkeit geschenkt wird. Dies ist für das strategische Framing eine wichtige Erkenntnis, denn Strategen setzen ihre Botschaften in solche Konstruktionen, die für eine spezifische Klientel besonders interessant oder auffallend sind. Zudem evozieren sie häufig Werte-Konflikte, durch die sich Menschen besonders effektiv mobilisieren lassen. Diese Konstrukte sind als Kommunikations-Frames zu bezeichnen und das Verständnis für sie ist eine zentrale Voraussetzung für die Analyse von Politischer Kommunikation.

2.2 Kommunikations-Frames

Neben den Heuristik-Frames, die dem Denken jedes Menschen inhärent sind, existieren oberflächliche Kommunikations-Frames, die einen bestimmten Inhalt zwischen Kommunikatoren und Rezipienten transportieren. Auch wenn diese Konzepte zwei völlig unterschiedliche Entitäten sind, stehen sie in einem engen Zusammenhang für das strategische Framing. Bereits die weitläufige gesellschaftliche Verbreitung der beiden Interpretationen zum Schwangerschaftsabbruch macht deutlich, wie stark die Wechselwirkung zwischen Kommunikations-Frames und Heuristik-Frames ist. Was beide Arten von Frames gemein haben, ist die Fokussierung auf lediglich einen Ausschnitt der Realität, eine etwaige spezifische Kontextualisierung und die damit einhergehende Verzerrung der Wirklichkeit. Was sie unterscheidet, ist ihr Charakter: Während Heuristik-Frames Teil eines

---

[12] Die Wirkung von Verlust-Frames ist besonders stark. Die Erklärung hierfür folgt in Abschn. 2.2.3 *Rezeption und Diffusion von Frames*.
[13] Einschränkend muss natürlich angemerkt werden, dass man als Selbständiger wesentlich mehr Möglichkeiten hätte, Steuern zu hinterziehen.

in der Regel unwillkürlich hervorgerufenen Interpretationsmechanismus sind, kann der Inhalt von Kommunikations-Frames auch gezielt konstruiert werden (Druckman 2011, S. 282).

Wie bereits in der Einführung angeschnitten, entsteht ein Kommunikations-Frame strukturell, indem ein Teil eines Sachverhalts in einen spezifischen Kontext gesetzt wird. Auf Basis dieser Art von Diskursverschiebung soll eine spezifische Bewertung des Problems von einem bestimmten Publikum erzielt werden. Kommunikations-Frames werden nicht nur von Politikern, Aktivisten oder Medienvertretern gebraucht, sondern sind auch im Alltag präsent. Sie sind zwar häufig verbaler Natur, können aber auch über den Präsentationsstil einer Person oder ein Bild übertragen werden (Druckman und Chong 2007, S. 100). Gemeinsam ist diesen verschiedenen Formen von Kommunikations-Frames eine Aufbereitung, die sie besonders bemerkbar, bedeutungs- und sinnvoll sowie einprägsam macht.

2.2.1 Die Konstruktion eines Kommunikations-Frames

Die Konstruktion eines Kommunikations-Frames beruht zunächst auf dem strategischen Auswählen und Betonen eines Leitmotivs: *„*To frame is to *select some aspects of a perceived reality and make them more salient in a communicating text"* [Hervorhebung im Original, M.O.] (Entman 1993, S. 52) schreibt Robert M. Entman dazu. Das ‚Auswählen' bezieht sich darauf, dass in einem Frame nur bestimmte Tatsachen zu einem Sachverhalt präsentiert werden, wohingegen andere Aspekte vernachlässigt werden. Im strategischen Framing sind dies jene Elemente eines Phänomens, die nicht in den Frame passen, weil sie ihn nicht unterstützen oder gar in Widerspruch zu ihm stehen. Daher werden sie von den Kommunikatoren ausgeblendet. Das Ignorieren jener Faktoren, die ein ausgewogenes Bild des Sachverhalts entstehen lassen würden, macht eine spezifische Perspektivensetzung möglich – verschiedene Kommentatoren können so jeweils unterschiedliche Referenzpunkte in ihren Frames setzen. Auf diesem Wege wird ein neuer Kontext geschaffen, der die Bewertung des problematisierten Sachverhalts leiten soll. Auslassungen, wie sie in den eingehenden Beispielen beschrieben wurden, sind daher oft ein zentrales Merkmal von Frames. Schließlich wird in diesen nicht die gesamte Angelegenheit dargestellt, sondern nur ein Teil davon.

Der zweite Teil der Aussage Entmans bezieht sich darauf, dass der ausgewählte Ausschnitt in einem Frame zum neuen Hauptthema gemacht und damit hervorgehoben wird: *„and make them more salient in a communicating text"* (Entman 1993, S. 52). Um einen Effekt zu erzielen, wird die Information also nicht nur selektiert, sondern auch in eine bestimmte Emphase gesetzt (Gitlin 1980).

2.2 Kommunikations-Frames

Die für den Frame relevanten Teilinformationen werden also so präsentiert, dass sie hervorstechen. Dabei positionieren Kommunikatoren diejenigen Fakten, Argumente oder implizite Deutungen besonders zugänglich und auffällig, welche die perzipierte Realität dominieren sollen (Entman 1993, S. 52; Schneider 2010, S. 84). Bestimmte Sichtweisen werden durch diese Technik für viele Menschen erst erkennbar: Wer hätte beispielsweise vor Jahrzehnten ohne medizinisches Hintergrundwissen beim Gedanken an eine frühe Schwangerschaft einen Zellhaufen assoziiert? Diese Perspektive wurde erst durch ein entsprechendes Framing für weite Bevölkerungsteile zugänglich gemacht.

Allein die Betonung eines Merkmals erhöht schon dessen Auffälligkeit. Der beabsichtigte Aspekt, der kommuniziert werden soll, wird somit deutlicher wahrgenommen. Dem liegt die psychologische Wirkung zugrunde, dass eine Information, die aus ihrem Kontext hervorgehoben wird, für Rezipienten leichter verwertbar ist, als sie es als nicht-betonte Teilinformation in einer umfassenderen, aber komplexeren Beschreibung wäre. In der Fachsprache nennt man eine solche Hervorhebung Salienz, was der Bezeichnung ‚Auffälligkeit' entspricht. Salienz ist also ein Maß dafür, wie zugänglich die Information – und damit auch die erwünschte Interpretation – für das aufgeworfene Thema ist (Entman 1993, S. 52; Schneider 2010, S. 84).

Kommunikations-Frames werden über eine stets ähnliche Struktur formiert. In der Regel diagnostizieren Kommunikatoren zunächst ein Problem, welches sie in einen spezifischen Kontext einbetten. Je nach Kontext und Emphase entstehen dadurch Versionen des diskutierten Sachverhalts, mit welchen eine spezifische Wahrnehmung und eine erwünschte Interpretation geschaffen werden kann. So mag bei einseitig informierten Rezipienten eine neue Form von Wirklichkeit entstehen (Entman 1993, S. 52; Lakoff 2009, S. 23; Polletta 1998, S. 420). Weiterhin bieten Kommunikatoren häufig eine Bewertung des Zustandes an und liefern Lösungsvorschläge. Entman unterteilt Kommunikations-Frames daher in vier analytische Inhaltskategorien:

1. Problemdefinition
2. Ursache bzw. kausale Interpretation
3. Moralische Bewertung
4. Vorschläge von gewissen Lösungsmöglichkeiten oder Handlungsempfehlungen.

In einem Satz können mehrere dieser Rahmenfunktionen enthalten sein (Entman 1993, S. 52). Allerdings muss nicht jeder Frame alle Faktoren bedienen: Wenn mindestens zwei dieser Elemente in einer Botschaft vorhanden sind, liegt nach Entman bereits ein substanzielles Framing vor. Frames müssen nicht einmal zwingend eine innere logische Kohärenz aufweisen (Entman 2003, S. 417). Dialektisch formulierte Frames können entsprechend genauso wirksam sein wie einseitige Deutungsrahmen.

Die Definition Entmans ist gleichzeitig ein Kriterienraster, das für empirische Erhebungen als Operationalisierungsgrundlage dienen kann. Bei der Erarbeitung von Framing-Analysen stellt sich grundsätzlich die Frage, wie Strukturen in der Kommunikation ‚messbar gemacht' werden können – mit Entmans Kriterien gelingt dies auf relativ einfachem Wege (vgl. zum Thema Coding Abschn. 6.3). Im Folgenden wird eine genauere Beschreibung der einzelnen Punkte geliefert.

Die Problemdefinition (1) wird häufig als *Agenda-Setting*[14] verstanden, obwohl diese Gleichsetzung nicht allgemein akzeptiert wird. Das *Agenda-Setting* selbst ist ein breites Forschungsthema und kann daher nur schwer als ein Teilelement eines Ansatzes fungieren. Da jedoch die Aufmerksamkeit der Öffentlichkeit, der Regierung oder einer anderen spezifischen Zielgruppe implizit in der Problemdefinition gefordert wird, liegt in der Tat eine Form des *Agenda-Settings* vor (Entman 2007, S. 164 f.). Indem die Kommunikatoren beim Strategischen Framing aber eine bestimmte Position einnehmen, durch die der Sachverhalt bereits vordefiniert ist, zielen derlei Frames im Vergleich zu einem reinen *Agenda-Setting* niemals auf Unparteilichkeit ab.[15] Dennoch unterscheiden sich beide Ansätze in ihrem Fokus:

> Agenda setting looks on story selection as a determinant of public perceptions of issue importance and, indirectly through priming, evaluations of political leaders. Framing focuses not on which topics or issues are selected for coverage by the news media, but instead on the particular ways those issues are presented. (Price und Tewksbury 1997, S. 184)

Das Problem wird in Frames schließlich nicht nur identifiziert, sondern auch vorgegeben, wie über jenes gedacht werden soll (Kinder und Sanders 1996, S. 164;

---

[14] *Agenda-Setting* steht für die Selektion spezifischer Schwerpunkte, die von einem Kommunikator ausgewählt werden. In die Politikwissenschaft hielt der Ansatz hauptsächlich über das Modell des *Policy-Cycles* Einzug.

[15] Auch ein *Agenda-Setting* muss freilich nicht unparteiisch sein. Insbesondere bei kontroversen Themen schwingt häufig bereits eine Bewertung in der Berichterstattung mit – oder über diese wird aus einer bestimmten Perspektive kommentiert. Dies kann bereits einen Hinweis darauf geben, ob das *Agenda-Setting* nicht doch in einer spezifischen Weise geframed ist. Insgesamt sind *Agenda-Settings* oft nahe an einem Frame; ein solcher ist jedoch weitaus umfassender und mit einer subtileren Überzeugungskraft versehen.

2.2 Kommunikations-Frames

Entman 1993, S. 52). McCombs et al. plädieren dafür, das Modell des *Agenda-Settings* aufgrund der ähnlichen Eigenschaften zu integrieren (1997). Gegen diese Integration wurde zu Recht mit Kritik vorgegangen, da das Framing eben nicht als bloße Erweiterung des *Agenda-Settings* oder des *Primings*[16] angesehen werden kann (Kim et al. 2002). Beim *Agenda-Setting* wird allerdings das Thema in die Wahrnehmung der Öffentlichkeit gesetzt und beim Framing werden lediglich spezifische Aspekte davon ausgewählt und hervorgehoben (Weaver 2007). Das *Agenda-Setting* kann somit Teil eines Frames sein, der bestimmte Interpretationen und Bewertungen des Themas erwirken soll; ein *Agenda-Setting* zieht jedoch im Allgemeinen eher Framing-Prozesse nach sich, in dem Kommunikatoren um die Deutungshoheit des Themas konkurrieren. Die Nutzung von *Agenda-Setting* und *Priming* als begleitende Konzepte zum Framing ist allerdings Usus. Zudem kann die erste Funktion eines Framings ein *Agenda-Setting* sein. Die Konsultation von entsprechender Literatur zu den Ansätzen für Framing-Analysen kann somit eine zuträgliche Ergänzung sein, um das Auftreten verschiedener Medieneffekte bei der Policy-Agenda zu verstehen (Decker und Scholten 2017, S. 217). Allerdings sollten die beiden Ansätze getrennt behandelt werden und eine klare Abgrenzung zwischen Framing und Agenda-Setting-Analysen erfolgen. Die genannte Definition von Price und Tewksbury hilft dabei, beide Ansätze in einem Forschungsdesign abzugrenzen.

Die genannten Medieneffekte treten innerhalb des öffentlichen Diskurses auf, der Policy-Vorschläge häufig begleitet und sich über die Zeit hinweg entwickelt. In dieser Art Framing-Wettbewerb entstehen Interpretationen für neue Sachverhalte (Gamson 2002, S. 24). Ein weiterer Faktor des *Agenda-Settings* tritt in jenen Fällen auf, bei denen gesellschaftliche Missstände und ihre Verursacher oder Charaktereigenschaften eines Amtsanwärters konkret aufgeführt werden (Entman 2007, S. 164 f.; Tarrow 1998, S. 110). Dies geschieht meist im Rahmen der Ursache.

Die Ursache bzw. kausale Interpretation (2) ist ein diagnostisches, zumeist rhetorisches Mittel, bei welchem die Akteure, die das Problem kreiert oder verschuldet haben sollen, nicht nur genannt werden, sondern eine klare Zuschreibung von Verantwortlichkeit stattfindet (Entman 2003, S. 417; Lakoff 2006, S. 31). Beschuldigte Politiker werden häufig zugleich als eine Art Unterdrücker verurteilt (Conley und Heery 2007, S. 13). Als Ursache könnte auch der

---

[16] *Priming* wird in den Sozialwissenschaften auch häufig als eine Weiterführung der *Agenda-Setting*-These gesehen. Ein *Priming* tritt dann auf, wenn eine hohe Frequenz an Medienberichterstattungen über ein gewisses Thema auf Rezipienten wirkt. Die Folge kann etwa eine Präferenz zu politischen Kandidaten sein, wenn diese häufig benannt werden. Im folgenden Abschnitt werden das Konzept des *Primings* und seine Varianten noch tiefergehend erläutert.

Zufall oder Naturgewalten geframed werden, um Verantwortlichkeit zu negieren. Eine solche Technik wird im Kapitel zum narrativen Framing näher dargestellt (Abschn. 3.4.16).

Eng mit den Ursachen verbunden ist die moralische Bewertung der Situation (3). Sie sorgt für eine hohe Frame-Wirkung und gewährt einen gewissen Grad an Legitimation für die Botschaft. So kann sie etwa bewirken, dass eine vorgeschlagene politische Maßnahme nicht a priori zurückgewiesen wird (Entman 2003, S. 417; Lakoff 2006, S. 31).

Meist zielt das moralische Urteil auf die Wahrnehmung ab, dass eine Situation grundlegend falsch sei (Polletta 1998, S. 420). Moral, Geschmack und Sitten geben einen eigenen Standard vor und prägen nicht nur Einstellungen; sie vermitteln auch eine Auffassung des Guten, das in gegnerischen Positionen scheinbar nicht vorhanden ist. Der daraus resultierende Moralkodex bildet eine Art Verhaltensschema ab, das auf typische Szenarien oder Situationen übertragbar ist. Jede Position, die vom eigenen Moralsystem abweicht, wird potenziell als abartig und gefährlich betrachtet (Lippmann 1990 [1964], S. 88 f., 93).

Mit einem moralischen Urteil kann ein erhöhter Handlungsbedarf impliziert werden, welcher unter Umständen auch radikalere Maßnahmen rechtfertigt. Darüber hinaus kann über die moralische Bewertung ein Ungerechtigkeits- und Identitäts-Gefühl bei den Angesprochenen geschaffen werden. Moralische Botschaften haben generell eine hohe Wirkungskraft. Dies geht so weit, dass es für Politiker beispielsweise oft erfolgversprechender ist, die Problematik zu vereinfachen und moralische Gefühle anzusprechen, als zu viele diffizile sachliche Gesichtspunkte zu präsentieren (Kangas et al. 2014, S. 73).

Bisweilen zielt ein Frame auf konkrete Maßnahmen oder Lösungen (4) ab. Insbesondere sollen die Rezipienten häufig zur Unterstützung gewisser Handlungen oder gar eigenen Tätigkeiten gebracht werden. Dabei beinhaltet ein Lösungsvorschlag bereits zwei primende Faktoren, da sie gewisse Denkweisen vorgeben. Zum einen indiziert er, dass die problematisierte Situation überhaupt verändert werden kann (Druckman 2011, S. 283; Polletta 1998, S. 421). Zum anderen sind bei den oftmals mitkommunizierten Handlungschancen bereits Wege skizziert, wie der Missstand beseitigt werden könne (Kinder und Sanders 1996, S. 164; Entman 2003, S. 417; Conley und Heery 2007, S. 13). So wird es Meinungsführern nicht nur möglich, die Wahrnehmung von Individuen durch einen Frame zu beeinflussen, sondern unter Umständen auch ihr Verhalten (Lakoff 2009, S. 23).[17]

---

[17] Dies kann auf noch weitere Arten geschehen. Beispiele sind unter anderem im Kapitel zum emotionalen Framing zu finden (Abschn. 3.4.4). Auch in der folgenden Erklärung in Abschn. 2.2.3 wird dies bereits ersichtlich.

2.2 Kommunikations-Frames

Abb. 2.1 Tweet ZDF (Tweet) (Twitter 2021)

Zum Abschluss dieses Kapitels soll ein Beispiel-Framing (Abb. 2.1) zeigen, warum die Problemdefinition nicht unbedingt ein *Agenda-Setting* sein muss und wie einzelne Kategorien in einem substantiellen Frame verbaut sind.

Die Problemdefinition – und eigentlich auch die Meldung – sind hierbei die sich häufenden Brandanschläge auf Baumaschinen und die Angriffe auf Wohnungsunternehmen. Das *Agenda-Setting* schwingt bei dieser ‚Meldung' jedoch eher implizit mit: Die Urheber des Frames wollen vielmehr die Themen Wohnungsknappheit und hohe Mieten auf die Agenda bringen. Sie nehmen daher die ursprüngliche Nachricht (jene der Angriffe und Anschläge) und bieten mit ihr auch gleich ihre präferierte Interpretation des Problems an. Das Framing in diesem Beitrag geht zwar auf die Gewalt ein, schreibt jedoch die Ursache des Problems, den ‚Wohnungsbesitzern' zu (die ohnehin eigentlich Eigentümer und nicht lediglich Besitzer sind). Die moralische Beurteilung des Framings ist damit auch klar: Die hohen Mieten und ‚Tricks' der Vermieter seien das eigentlich zu Verurteilende – nicht die Angriffe und Anschläge. Dieses Framing ist nicht nur verzerrt, es ist auch eine Verharmlosung von Gewalt, mit der sie als gewöhnliches soziales Phänomen verstanden und legitimes Ausdrucksmittel für Protest gedeutet wird. Framings dieser Art von Sendern des öffentlich-rechtlichen Spektrums sind kritisch zu betrachten und lassen an Angemessenheit zweifeln.

2.2.2 Ziele und Effekte von Kommunikations-Frames

Strategische Kommunikatoren erhoffen sich durch die prominente Platzierung ihres Zugangs zum Thema eine einfachere Aufnahme ihrer Botschaft und eine Übernahme ihrer Interpretation durch die Empfänger. Dies ist erfolgversprechend, weil eine saliente Beschreibung im Zuge der kognitiven Verarbeitung stärkeren Eingang in die Bewertungs- und Entscheidungsprozesse findet, obwohl sich am eigentlichen Sachverhalt nichts ändert. So wird es wahrscheinlicher, dass die Information wahrgenommen, ihre Bedeutung erkannt, verarbeitet und schlussendlich in das eigene Denken aufgenommen wird (Entman 1993, S. 53). Frames können damit einen Effekt auf die kognitiven Prozesse von Menschen haben, die perzipierte Realität verändern und letztlich sogar Präferenzveränderungen hervorrufen.

Änderungen in den Präferenzen der Individuen treten auf, wenn die Beschreibung eines Problems aus einer spezifischen Perspektive dessen ursprüngliche Bedeutung verändert und die neue Interpretation im Denken übernommen wird. Durch die Hervorhebung eines (problematisierten) Sachverhalts, kann sich ein Frame auch auf die Wahrnehmung von Personen auswirken; die kann eine vormals wenig relevant anmutende Sachlage in der Folge problematisch erscheinen lassen. Weiterhin können sich Präferenzumschwünge einstellen, wenn Annahmen oder Einstellungen von Personen mittels einer neuen Perspektive konterkariert werden. Dabei transportiert der Frame eine neue ‚Wahrheit' (Druckman 2011, S. 282; Entman 2007, S. 164; Lakoff 2009, S. 23; Sides 2016, S. 407). In unserem Beispiel der ‚brennenden Baumaschinen' und ‚Angriffen auf Wohnungsbauunternehmen' wäre dies beispielsweise die Eröffnung der Perspektive, dass derlei Anschläge vielleicht nicht von Angehörigen militanter Gruppierungen begangen werden, sondern lediglich Durchschnittsmieter auf das Problem aufmerksam machen wollen, dass viele von ihnen einen großen Teil ihres verfügbaren Haushaltseinkommens für ihre Wohnkosten aufwenden müssen. Das ist möglich, jedoch nicht die wahrscheinlichste Erklärung. Vor allem aber war sie zum Zeitpunkt des Tweets rein spekulativ.

Dass Framings eine gewisse Wirkung haben kann, zeigen bereits Versuche, bei denen unterschiedliche, jedoch logisch äquivalente Worte oder Sätze Menschen dazu verleiten, ihre Präferenzen zu wechseln (Druckman 2004, S. 671). Ein entsprechend messbares Ergebnis wird allgemein als ein Frame-Effekt bezeichnet. Ein solcher tritt in der Realität auf, sobald ein Kommunikations-Frame eine Änderung im Verhalten oder der Wahrnehmung von Rezipienten erwirkt (Druckman 2011, S. 282). Von einem Frame-Effekt spricht man also bereits dann, wenn im Verlauf der Beschreibung eines Problems oder Ereignisses die Betonung

2.2 Kommunikations-Frames

einer Teilmenge potenziell relevanter Überlegungen jemanden dazu verleitet, sich bei der Meinungsbildung auf diese Auswahl zu konzentrieren (Druckman 2001, S. 1042). In diesem Moment denken die Rezipienten bereits durch den angebotenen Frame. Framing-Effekte sind also nicht immer Informations-Effekte; sie treten bereits auf, wenn eine Phrase, ein Bild oder eine Anweisung eine bestimmte Interpretation eines Problems suggeriert (Arendt und Matthes 2014, S. 561).

Was für schriftliche oder verbale Kommunikations-Frames gilt, gilt auch für das visuelle Framing oder das *Staging*. Bei beiden Prozessen wird mit entsprechendem Bildmaterial oder auf Plakaten versucht, eine gewünschte Perspektive auf eine Situation zu erwirken – wie beispielsweise bei der Mitarbeit zur Bekämpfung eines Hochwassers durch Politiker. Framing-Effekte können also auch auftreten, wenn ein Bild eine entsprechende Interpretation eines Problems nahelegt (Arendt und Matthes 2014, S. 561; Druckman und Chong 2007, S. 100). Beispielsweise können Fotografien von Militäreinsätzen die Öffentliche Meinung je nach Framing in eine bestimmte Richtung beeinflussen. So zeigen Menschen, denen ein Soldat mit einem Kind präsentiert wird, signifikant mehr Unterstützung für Kriegseinsätze als Menschen, denen eine Darstellung eines Soldaten mit Waffe dargeboten wird (Soroka et al. 2016, S. 563). Auch in diesem visuellen Framing wird ein Ausschnitt der Realität so gesetzt, dass er die Interpretation leitet. Dass Kriegseinsätze eben auch Kampf mit der Waffe bedeuten, gerät bei der Betrachtung des hilfsbereiten Soldaten mit Kind in den Hintergrund. Der Effekt ist vergleichbar mit dem sprachlichen Framing einer militärischen Intervention als Friedenseinsatz. Es mag durchaus zutreffen, dass ein Frieden zwischen Kriegsparteien der Grund des Einsatzes ist – er bleibt trotzdem ein Kriegseinsatz.

Wenn man nun über die Wirkung von Frames und Frame-Effekten spricht, muss darauf hingewiesen werden, dass Frames zwar Präferenz-Umkehrungen erwirken können; selbst Strategische Frames sind aber kaum so stark, dass sie die fundamentalen Einstellungen in der Zielgruppe verändern könnten. Vielmehr beeinflussen Frames die Wahrnehmung einer Situation, indem diese aus einer Perspektive geschildert und interpretiert wird, die je nach Ziel einer positiven oder negativen Rezeption zuträglich ist. Dadurch können sich schließlich hinsichtlich dieses konkreten Sachverhalts oder einzelner Sachfragen Präferenzwandlungen ergeben. An dem Beispiel des Soldaten im Kontext des Friedens kann dies verdeutlicht werden. Ein Mensch, der tendenziell gegen Kriegseinsätze ist, kann seine Meinung in Bezug auf eine bestimmte militärische Intervention ändern, wenn diese als Friedensmission dargestellt wird und sie das Ende eines leidvollen Zustands verspricht (vgl. hierzu das Framing um den Kriegseinsatz im ehemaligen Jugoslawien, Abschn. 3.4.5). Eine mögliche Befürwortung einer Beteiligung an diesem konkreten, potenziell gewaltvollen Konflikt würde jedoch kaum die grundlegende Einstellung gegenüber Kriegseinsätzen bei jener Person ändern. Der hauptsächliche Effekt eines Frames ist damit die Umkehr einer Präferenz und nicht die einer Gesinnung.

Ein weiterer Frame-Effekt stellt sich über eine Art Priming[18] ein. Das Priming ist ein Medienwirkungs-Effekt, bei dem ein bereits in das Gedächtnis gerufener Reiz – der Prime oder Bahnungsreiz –, die Interpretation des nachfolgenden Reizes – dem *Target* oder Zielreiz –, leitet. Dieser Reiz-Wirkungs-Prozess kann beispielsweise die Steuerung hin zu einer spezifisch erhofften Antwort sein. Dies geschieht häufig, wenn eine moralische Wertung schon implizit in einer Aussage enthalten ist. Sind Frames in einer solchen Art konstruiert, können sie die Interpretation einer politischen Frage beeinflussen. So waren Probanden einer Studie, die Berichte über Homosexualität in einem Gleichheits-Frame präsentiert bekamen, besonders dazu geneigt, ihre Ansichten auch selbst im Rahmen der Gleichstellung zu formulieren. Wurden sie hingegen im Voraus mit einem Moral-Frame konfrontiert, legten sie ihre Meinung vor allem in einem moralischen Kontext dar (Brewer 2001). Das Beispiel zeigt, dass ein entsprechendes Ergebnis durch die primende Wirkung eines Strategischen Frames hervorgerufen werden kann. Und Menschen neigen dazu, Themen kognitiv in dem gerade angebotenen Frame zu verarbeiten.

Ähnliche Beobachtungen können in Bezug auf Einstellungen zum Wohlfahrtsstaat gemacht werden: Ein angebotener ‚Ungleichheits'-Frame erweckt dabei eine generelle Tendenz zur Bevorzugung von Arbeitslosenhilfe gegenüber eines möglichen Defizitabbaus im Staatshaushalt. Ein ‚Schulden'-Frame hingehen erhöht den Zuspruch der Probanden für einen Abbau des Sozialstaats. Da der Effekt dabei relativ unabhängig vom Einkommen ist, zeigt dies, dass das jeweilige Framing sogar die eigenen Interessen übertrumpfen kann (Marx und Schumacher 2016, S. 27 f.).

Derlei Effekte müssen allerdings immer mit Vorsicht betrachtet werden. Rezipienten, die stark ideologisiert sind, lassen sich kaum mit derlei Frames beeinflussen: Eine marxistisch geprägte Aktivistin wird sich beispielsweise kaum von einem konservativen Politiker mit einer Perspektive des Defizitabbaus überzeugen lassen. Frames wirken also immer nur bedingt. Aber die Beispiele zeigen, dass allein der Interpretationsrahmen bei Teilen der Rezipienten die Präferenzauswahl mit einem entsprechenden Bahnungsreiz leiten kann. Dieses Wissen schafft bereits einen Vorteil für strategische Kommunikatoren, denn allein mit einer solchen Perspektivensetzung kann eine Debatte geleitet werden.

---

[18] Verschiedene Versuche wurden unternommen, um die Wirkung von Priming und Framing zu unterscheiden. Entmans Ansatz scheint dabei der plausibelste zu sein.

2.2 Kommunikations-Frames

Es sind also zunächst psychologische Auswirkungen, die sich auf die Einstellungen und das menschliche Verhalten niederschlagen. Wichtig ist dabei die Erkenntnis, dass bei Auftreten dieser Art von Framing-Effekten unter gewissen Umständen sogar die Öffentliche Meinung beeinflusst werden kann. Induzierte Präferenz-Umkehrungen können daher auch gesamtgesellschaftliche Folgen mit sich bringen (Vliegenthart 2012, S. 945). Deshalb spielen Framing-Strategien eine entscheidende Rolle in öffentlichen Debatten und sie können die Ergebnisse von politischen Prozessen beeinflussen (Baumgartner und Jones 1993).

Wie bereits angemerkt, sind Frames keineswegs allmächtig. Im Gegenteil, sie haben auf einzelne Personen oder gar die Öffentlichkeit nur unter bestimmten Voraussetzungen eine Wirkung. Um die Effekte von Frames und insbesondere Framing-Strategien verstehen oder analysieren zu können, müssen zunächst deren Möglichkeiten identifiziert werden. Mit dieser Fragestellung – bzw. unter dem Erkenntnisinteresse, ob wirkungsvolle Framings überhaupt existieren – erstellten Amos Tversky und Daniel Kahneman die ersten Forschungsdesigns für entsprechende Experimente. Die bekanntesten davon sind die Framing-Effekt-Studien von 1979 und 1981 (Kahneman und Tversky 1979, 1984; Tversky und Kahneman 1981). Tversky und Kahneman stießen in diesen auf bahnbrechende Erkenntnisse. Vorrangig entdeckten sie einen starken Einfluss von verschiedenen, jedoch logisch gleichbedeutenden Aussagen auf die Wahl zwischen vorgegebenen Optionen. Im Folgenden wird dieses Beispiel präsentiert.

2.2.3 Rezeption und Diffusion von Frames

Kahneman und Tversky kamen zu ihrem Ansatz über ein Experiment, in welchem sie ihren Probanden jeweils zwei verschiedene Szenarien zur Lösung des folgenden fiktiven Problems präsentierten:

> In den USA sind 600 Personen mit einer ungewöhnlichen asiatischen Krankheit infiziert. Zwei alternative Vorgehensweisen existieren:
> - Mit Plan A können 200 Personen gerettet werden.
> - Mit Plan B besteht eine Wahrscheinlichkeit von einem Drittel (1/3), dass 600 Personen gerettet werden, und eine Wahrscheinlichkeit von zwei Dritteln (2/3), dass niemand gerettet wird.

Bei dieser Formulierung wählten 72 % der Probanden Plan A, mit welchem 200 Menschen sicher gerettet werden.

Einer weiteren Gruppe von Probanden wurden die folgenden zwei Pläne zur Auswahl angeboten:

- Mit Plan C werden 400 Personen sterben.
- Mit Plan D besteht eine Wahrscheinlichkeit von einem Drittel (1/3), dass kein Mensch sterben wird. Allerdings birgt er eine Wahrscheinlichkeit von zwei Dritteln (2/3), dass 600 Menschen sterben werden.

Mit dieser zweiten, negativen Formulierung entschieden sich 78 % der Probanden für Plan D (Tversky und Kahneman 1981, S. 453).

Eklatant ist dieses Ergebnis, da bei näherer Betrachtung beiden Gruppen derselbe Sachverhalt geschildert wurde, lediglich jeweils in einem anderen Framing. Obwohl aber Plan A und C sowie Plan B und D inhaltlich gleichbedeutend sind, bevorzugten die Probanden im Gewinn-Kontext Plan A und im Verlust-Kontext Plan D. Aus dieser Erkenntnis ging die ‚Theorie der Präferenzbildung' *(Prospect-Theory)* hervor, welche das Risikoverhalten von Individuen bei einer Verlust-Frame-Situation erklärt. Zusammengefasst lassen sich die Leitsätze daraus folgendermaßen formulieren: Wenn die gegebenen Möglichkeiten positiv formuliert sind, entscheiden sich die Leute mehrheitlich für die Option, die sichere Faktoren beinhaltet. Ist dieselbe Problematik jedoch negativ ausgedrückt, wählt eine Mehrheit die riskante Option. Dies mag zunächst kompliziert klingen, hat aber einen relativ einfachen Hintergrund, der auf Basis der Studie erklärt werden kann.

Bei dem Beispiel handelt es sich um Äquivalenz-Frames. In diesen ist eine gleichbedeutende Information auf verschiedene Arten formuliert, so dass die jeweilige Aussage bestimmte Interpretationen über den Sinngehalt eines Kontextes fördert und gleichzeitig andere hemmt. Leitend ist dabei die kognitive Zugänglichkeit des Frames. Im Beispiel der Infektion veranlasst der jeweils aufgerufene Frame die Individuen, die Situation in den Kontexten von Verlusten oder Gewinnen zu beurteilen, da die vorgegebene Denkweise ihren Gedankenprozess bereits primed (z. B. Druckman 2004; Jou et al. 1996, S. 9). Der jeweilige Frame bestimmt dabei das Denken, obwohl andere Variablen eigentlich eine Rolle bei der Entscheidung spielen sollten, diese jedoch offenkundig nicht abgerufen werden. Beispielsweise könnte die Entscheidungsfindung auch durch die Frage geleitet werden, wie erfolgversprechend ein Vorschlag bei der Risiko-Option eingestuft oder wie mittels rationaler Erklärungen diese Möglichkeiten bewertet werden.

2.2 Kommunikations-Frames

Die Erkenntnisse aus der Präferenz-Theorie können einen Beitrag zur Erklärung leisten, warum das Risikoverhalten von Menschen bei einem Gewinn-Frame gering ist: Ihre Handlung oder Entscheidung ist darauf ausgerichtet, einen sicheren ‚Gewinn' nicht verlieren zu wollen. Sie reagieren in Bezug auf Verluste sensibler als sie dies in Aussicht auf mögliche Gewinne tun, weshalb sie im Gewinn-Frame kein Risiko eingehen möchten. Bei einem Verlust-Frame hingegen verhalten sie sich risikoreicher: Weil sie ohnehin einen Verlust befürchten müssen, können sie auch ein Risiko eingehen – verlieren würden sie ihrer Perzeption zufolge ohnehin. Das heißt, Menschen wiegen Verluste stärker auf als Gewinne (Quattrone und Tversky 1988, S. 719). Mit den Worten von Kahnemann und Tversky ausgedrückt, ist man eher dazu geneigt, mehr dafür zu tun, einen gewissen Geldbetrag nicht zu verlieren, als man investieren würde, um denselben Betrag zu bekommen – Menschen sind also ‚verlust-avers' (i.O. *Loss Aversion,* also Verlust-Aversion) (Tversky und Kahneman 1981; Quattrone und Tversky 1988, S. 719).

Aus der Präferenz-Theorie geht eine für die Sozialwissenschaften wichtige Erkenntnis hervor: Die Veränderung des Bezugspunktes in einem Framing kann zu Präferenzwechsel bei der Bewertung politischer und ökonomischer Optionen führen. Dies stellt die Annahmen der *Rational-Choice*-Theorie erheblich in Frage (Quattrone und Tversky 1988, S. 719). Übertragen auf politische Entscheidungen bedeutet das, dass sich Menschen hinsichtlich möglicher Gewinne risikoavers verhalten, jedoch mit Blick auf mögliche Verluste eher bereit sind, riskantere Entscheidungen zu treffen. Wenn Wähler also glauben, dass bei einer Wahl für sie etwas auf dem Spiel steht, ist die Chance höher, dass sie für potenziell risikoreichere Kandidaten stimmen – beispielsweise für jemanden, der das ‚System umkrempeln' möchte. In den letzten Jahrzehnten knüpften hunderte Studien an die Präferenz-Theorie an. Die Erkenntnisse dieser Studien legen ein zumindest zu Teilen nicht-rationales Verhalten von Menschen nahe (Druckman 2004, S. 671).

Was in der Präferenz-Theorie für relativ spezifische Fragestellungen gilt, zeigt sich auch als allgemeines Phänomen in der Framing-Forschung: Semantisch unterschiedlich kommunizierte Vorstellungen desselben Inhaltes können Präferenz-Umkehrungen bei ihren Adressaten auslösen (Sniderman und Theriault 2004, S. 135). Diese Erkenntnis bedeutet, dass die Perzeption – und die Präferenzbildung – von Individuen über Frames geleitet werden kann, wenn ein dafür zuträglicher Kontext ausgewählt wird. Ein Framing bei politischen Fragen fördert daher, wie Individuen über diese denken und sie interpretieren (Hatfield-Edwards und Shen 2005, S. 795).

Dieser Exkurs auf die Frame-Wirkung zeigt, dass innerhalb des Framing-Ansatzes verschiedene Herangehensweisen bestehen. Diese fußen zwar auf ähnlichen Grundannahmen, darüber hinaus bilden sie jedoch verschiedene Forschungsstränge. Die Frame-Analyse einerseits stellt auf einen Erkenntnisgewinn darüber ab, wie Kommunikation konstruiert wird. Dagegen zielen die kommunikationswissenschaftliche und psychologische Wirkungsforschung eher darauf, die Effekte verschiedener Frames zu messen und zu theoretisieren. Gleichzeitig unterteilen sich diese Forschungsrichtungen wiederum danach, ob der Fokus des Erkenntnisinteresses eher auf der Wirkung der inneren Heuristiken liegt, oder auf den oberflächlich zu Tage tretenden Kommunikations-Frames.

Erkenntnisse, aus denen theoretische Annahmen über die Wirkungsweisen und ‚Effekte' von Frames abgeleitet wurden, basieren vor allem auf Studien aus der Psychologie und der Medienwirkungsforschung. Forschungsfragen, die in diese Rubrik fallen, werden meist auf Basis von experimentellen Ansätzen beantwortet (vgl. Kap. 7 zu den methodischen Ansätzen). Die Erkenntnisse aus diesen Tests fließen dann wiederum in die Theoriebildung der Frame-Analyse ein. Da für die Konzeption solcher Experimente aber bereits ein theoretisches Verständnis der Frame-Konstruktionen erforderlich ist, wird klar, dass wir es zwar mit verschiedenen Forschungsgebieten zu tun haben, die sich jedoch nahestehen und für manche Analysen nicht ohneeinander auskommen. Aus dieser Konstellation heraus ergeben sich jedoch Uneinigkeiten innerhalb der Framing-Forschung, weshalb das Konzept meist eher als offener Ansatz denn als Theorie beschrieben wird. Wie bereits angerissen, handelt es sich auch vielmehr um ein Sammelsurium von Analyseansätzen. Diese Ansätze sind zwar theoretischer Natur, aus ihren Theoremen können jedoch nur wenige Voraussagen darüber getroffen werden, wie sich Akteure verhalten. Vorhersagen über politische Entwicklungen sind also nur schwer aus dem Framing-Ansatz abzuleiten. Da die Frame-Analyse jedoch ein sehr praxisorientierter Ansatz ist, können die einzelnen Schritte der ‚Framer' relativ einfach nachvollzogen werden. Das bedeutet vor allem für Studierende, dass sie mit der Framing-Analyse selbständig Forschungsergebnisse produzieren können.

In der Politikwissenschaft wurden die Methoden der Psychologie lange Zeit marginalisiert, so dass die Erklärungen zum Wahlverhalten o. ä. hinter die Theoriebildung über andere sozialwissenschaftliche Fragen zurückfielen. Dies ging vor allem auf die weiterhin nahezu als Axiom aufrecht erhaltene *Rational-Choice*-Theorie zurück (Kuehnhanss et al. 2015, S. 371). Obwohl die *Prospect Theory* und das Framing in der Psychologie schon seit den 1980er Jahren relevant sind, wurden die Ansätze erst kürzlich in das Standardrepertoire für die Analyse und Erklärung von politischen Entscheidungen aufgenommen. Jedoch hat der Framing-Ansatz in einigen Disziplinen weiterhin einen schweren Stand: Schließlich bedeutet er das Ende des Paradigmas des rational entscheidenden

2.2 Kommunikations-Frames

Menschen in Bezug auf politische Fragen. Dennoch kann es im Lichte der zahlreichen Erkenntnisse als unbestritten gelten, dass das Framing eines Sachverhaltes weitreichende Implikationen auf das Verhalten von Individuen hat.

Die Praxisnähe des Ansatzes ist ein weiterer Faktor, warum das Framing erst spät diese breite Beachtung in der Wissenschaft erfahren hat. Think-Tank, PR-Firmen, Politiker, *Action Groups* und sonstige Akteure haben sich die Techniken des Strategischen Framings erst ‚anlernen' müssen. Die Entwicklung dieser Ansätze begann in den USA und entsprechend sind dort die Strategen mit den Techniken weitaus besser vertraut als sie es noch hierzulande sind. Die Konsequenzen lassen sich in den USA sowohl in der Politik als auch bei der Berichterstattung einiger Medien längst ablesen. Erst im 21. Jahrhundert kamen die Framing-Techniken großflächig in Deutschland an, obwohl intuitiv schon lange damit gearbeitet wurde. Heute jedoch ist das strategisch konstruierte Framing eine weit verbreitete Kommunikationstaktik. Daher ist es wenig verwunderlich, dass Tversky und Kahneman 1981 die Effekte des Framings noch als systematisch, aber keineswegs universell beschrieben (1981, S. 457). Im Jahr 2000 konstatieren sie, dass Framing allgegenwärtig und weit verbreitet ist (Kahneman und Tversky 2000).

Obwohl Kahnemans und Tverskys Erkenntnisse die Grundidee des Strategischen Framings liefern, wird ab diesem Punkt in dem vorliegenden Buch die reine Präferenz-Theorie keine große Rolle mehr spielen. Äquivalenz-Frames sind nämlich vor allem in der Psychologie bedeutsam, um Risiko-Verhalten zu messen und zu erklären. Dagegen beschäftigen sich politik- und kommunikationswissenschaftliche Untersuchungen meist mit Emphasen-Frames, in denen ein spezifischer Inhalt hervorgehoben ist. Diese sind etwa thematische oder ideologische Schwerpunktsetzungen, die politische Einstellungen tangieren sollen. Emphasen-Frames sind in der Praxis der Politischen Kommunikation weiter verbreitet als Äquivalenz-Frames (Brugman und Burgers 2018, S. 3 f.).[19]

Bei Emphasen-Frames ist der Fokus auf qualitativ unterschiedliche Bestandteile einer Angelegenheit ausgerichtet. Sie stehen meist im Lichte von Werten oder thematischen Fragen (Druckman 2001b, 2011). Häufig wird in diesen Kommunikationsmustern darauf abgestellt, ein Geschehnis oder ein Vorhaben in einen politisch zuträglichen Rahmen zu setzen und Unterstützung dafür zu erhalten. Die Emphase ist dabei jene Betonung der Problemdimension, in der bestimmte Merkmale eines Sachverhalts oder Vorfalls in den Vordergrund gerückt werden. Als Emphase könnte im bereits genutzten Beispiel des Verbots einer Demonstration

---

[19] Dennoch lässt sich etwa die Wahl von Donald Trump zum US-Präsidenten mit der Wirkung eines Äquivalenz-Frames erklären. Erörterungen hierzu folgen in einem Beispiel.

die Betonung des Grundrechts auf freie Meinungsäußerung zu einer kritischen Betrachtung des Sachverhalts verleiten. Von einer unterstützenden Position aus könnte dagegen eine Gefahr für den öffentlichen Frieden kommuniziert werden, wenn der Veranstaltung eine anstachelnde Wirkung zugeschrieben werden kann. Wie man hierbei erkennen kann, leitet bei Emphasen-Frames die betonte Qualität in der Aussage die Bewertung (Druckman 2001b, S. 235).

Durch die Hervorhebung eines spezifischen Elements bzw. die Bestimmung des relevanten Kontextes grenzen Frames mitunter an eine Form von Manipulation – insbesondere, wenn andere relevante Faktoren vorenthalten werden (Lakoff 2009, S. 23; Schneider 2010, S. 84). Dies ist problematisch, denn in dem gleichen Maße, in dem sich Individuen kaum über ihren perspektivischen Interpretations-Automatismus bewusst sind, ist ihnen auch oft nicht bewusst, dass sie die politischen ‚Wirklichkeiten' in Form von Frames präsentiert bekommen. Gesteigert wird die Bedeutsamkeit von Frames noch durch den Umstand, dass Menschen oft nur über ein begrenztes Wissen zu einem Sachverhalt verfügen und nur die wenigsten motiviert sind, sich durch weitere Recherchen umfassend zu informieren (Druckman 2011, S. 293). Die Eigenschaft des menschlichen Geistes als ‚Cognitive Miser' ist hierfür sicherlich auch mit ein Grund.

Da durch strategische Kommunikations-Frames Unterstützung oder Solidarität für gewisse Belange entstehen kann, können sie als Überzeugungsmechanismen verstanden werden (Polletta 1998, S. 420). Frames sind jedoch keine simplen Überzeugungsversuche, sie sind eher komplexe Argumentationsmuster, die auf verschiedene, miteinander verbundene Themenaspekte oder Elemente abstellen. Das Framing ist weiterhin ein dynamischer Prozess, unter dem nicht nur soziale Konstruktionen kommuniziert werden, sondern die Realität als solche verhandelt und transformiert wird. Dafür sind konkrete Akteure verantwortlich, die das Framing als strategisches Vehikel nutzen.

Strategisches Framing 3

In der Politischen Kommunikation dient das Framing oft als strategisches Hilfsmittel, mit dem die Wirklichkeit in einer spezifischen Sichtweise dargestellt wird. Dabei stehen Frames als Struktur der Realität und strategische Prozesse in wechselseitigem Zusammenhang. Häufig wird dabei eine Situation problematisiert, um eine erwünschte Reaktion oder Interpretation und Bewertung eines Sachverhaltes zu erreichen.

In der Bewegungsforschung bezeichnen Benford und Snow als strategische Prozesse Framings, die deliberativ, utilitaristisch und zielorientiert sind. Frames werden in dieser Sicht entwickelt und eingesetzt, um einen bestimmten Zweck zu erreichen, beispielsweise um neue Mitglieder zu finden, Anhänger zu mobilisieren oder Ressourcen zu beschaffen (Benford und Schnee 2000, S. 624). In der Forschung des kommunikativen Framings stand hingegen lange Zeit vor allem das Framing von Massenmedien und dessen Wirkung im Mittelpunkt. Allerdings sind die verschiedenen Aspekte eines solchen Kommunikationsprozesses nicht auf Medieninhalte oder -effekte reduziert (Van Gorp 2007, S. 72).

Im Gegenteil, das strategische Framing in der Politik ist weitaus umfassender, denn es

- basiert auf kommunikativen Konstrukten, die auf eine spezifische Interpretation ausgerichtet sind.
- hat eine allgemeinverbindliche gesellschaftliche Durchsetzung von Interessen zum Ziel und spielt eine wichtige Rolle in der öffentlichen Ordnung.
- ist auf Resonanz mit Zielpublika ausgerichtet, um Unterstützung zu generieren.
- hat zum Ziel, Einstellungen zu verändern.
- nutzt gesellschaftlich-kulturell verankerte Vorstellungen als Anknüpfungspunkte, um Resonanz zu generieren.
- kreiert Realität als Ergebnis von Deutungs- und Disputationsprozessen.

- ist ein Wettbewerb zwischen Frames und *Counter-Frames* (Konter-Frames).
- wirkt oberflächlich oft unauffällig und erwirkt den Anschein einfacher Lösungen, birgt jedoch häufig elaborierte Konzepte.

Strategische Frames sind also Konstrukte, die von konkreten Akteuren auf verschiedenen Ebenen lanciert werden. Ihre Natur, Intentionen und Techniken werden im Folgenden vorgestellt.

3.1 Zentrale Kommunikatoren

Die Aktivität von zentralen Kommunikatoren ist ein weiterer wichtiger Punkt für den Framing-Ansatz (Gillan 2008, S. 249). Akteure sind hierbei politische oder soziale Bewegungen, Parteien, gesellschaftliche Gruppen, politische Eliten, Medienvertreter, Interessengruppen, die öffentliche Verwaltung, Nichtregierungsorganisationen (NGOs) oder einzelne Aktivisten. Oft versuchen sie, durch ihre Kommunikation Entscheidungen zu beeinflussen (Druckman 2011, S. 293). Insbesondere zielen sie mit Framings darauf ab, dass die Individuen ihre Meinung gegenüber einem – nicht unbedingt unmittelbar mit den ausgesendeten Botschaften zusammenhängenden – Sachverhalt ändern. In der sozialwissenschaftlichen Perspektive des Framings wird davon ausgegangen, dass die Öffentlichkeit mittels gezielter Kommunikationsstrategien von Meinungen überzeugt werden kann, um so Unterstützung für gewisse Anliegen zu generieren (Polletta 1998, S. 420; Matthes 2007, S. 16). Dabei werden politische Realitäten mitunter auch erst durch Kommunikations-Frames kreiert. Strategisches Framing kann demnach eine Form von Realitätskonstruktion ohne Falschnachrichten sein.

Das Konzept der Frame-Analyse schafft ein Verständnis dafür, wie in der Politischen Kommunikation bestimmte Interpretationen der Realität durch die Interaktion von Individuen gefördert oder gar geschaffen werden. Um für ihre Forderungen Zuspruch oder Unterstützung zu erhalten, konstruieren strategische Kommunikatoren eine den Rezipienten möglichst zugängliche Realität. Dies soll einen selektiven Einfluss auf die individuelle Wahrnehmung generieren (Entman 1993, S. 52). Häufig werden für diesen Zweck Kommunikations-Frames extra ausgearbeitet und lanciert. Damit liefern die Akteure nicht nur das Interpretationsmuster für einen gewissen Sachverhalt, sondern richten ihr Framing so aus, dass es möglichst gut ‚aufgenommen' wird. Dies beginnt bereits in der Politik: So führte eine Framing-Analyse über politische Dynamiken der Europäischen Union zu der Erkenntnis, dass Policy-Vorschläge der EU strategisch geframed werden: In Bezug auf potenziell spaltende politische Vorschläge werden Probleme bewusst

3.1 Zentrale Kommunikatoren

so formuliert, dass Entscheidungen mit einer höheren Wahrscheinlichkeit von den Regierungen der Mitgliedsstaaten akzeptiert werden können. Beispielsweise sind Beschlüsse zur Arbeitsmigration innerhalb der EU so verfasst, dass sie weniger wahrscheinlich eine anhaltende politische Opposition auslösen (Menz 2015, S. 554, 668). Generell wird häufig die Migrationspolitik sowohl in den Kontext von ökonomischen Vorteilen als auch einer Besserstellung der Migranten gesetzt, wodurch sie im politischen Spektrum breitere Unterstützung erfahren können – so beispielsweise in Deutschland mit der Verbindung zum Fachkräftemangel. Um solche Arten der strategischen Kommunikation zu verstehen, plädierte Entman bereits 1993 dafür, durch eine konzeptionelle Framing-Forschung kritisch auf die Einflüsse von Frames auf Bewusstsein, Verhalten und Macht zu blicken.

Bei der Analyse zentraler Kommunikatoren werden insbesondere inhaltliche Konstrukte untersucht. Diese werden häufig von Strategen oder ganze Strategiegruppen kreiert, die zuweilen auch extern über PR-Organisationen oder Unternehmens- und Krisenberatungen beauftragt werden. Sie gestalten zunächst eine Art Sprachregelung für einzelne Denkmuster oder Aussagen. Mitunter kreieren sie jedoch auch ganze Framing-Kampagnen. In Deutschland ist das strategische Framing derzeit nicht so ausgereift wie in den USA. In deutschen Parteien wird beispielsweise häufig noch internalisiert und automatisiert gehandelt. Allerdings ist bereits an den Parteiprogrammen eine starke Entwicklung hinsichtlich professionalisierter Framing-Techniken erkennbar.

Mitunter tritt nach der Lancierung eines Frames ein *Trickle-Down*-Effekt auf, wobei sich die Frames von politischen Aktivisten allmählich in der Gesellschaft verbreiten und sie somit das politische Denken von Individuen tangieren. Selbst einflussreiche Personen oder Eliten können ihre Frames jedoch nicht uneingeschränkt verbreiten. Deren Framing-Effekte sind meist nur kurzlebig und bedingt: Das Feld der Rezipienten ist in der Regel relativ heterogen, es findet ein interpersoneller Austausch statt und der Zeithorizont von Eliten ist bisweilen relativ kurz. Daneben können noch einige individuelle Faktoren die Framing-Effekte mildern, beispielsweise die Stärke der Ideologisierung oder bereits vorhandene Meinungen (Price et al. 2005; Druckman et al. 2003, S. 741).

In Bezug auf soziale Bewegungen wurde in der Vergangenheit aus theoretischer Perspektive angenommen, dass sich dort schlicht Einstellungen bündeln. Diese Denkweise schien Jürgen Gerhards und Dieter Rucht zu unterkomplex. Daher entwickelten sie das Konzept der *Mesomobilisierung*. Dieses stellt auf die zentralen Akteure ab, die für die Denkarbeit hinter der Politischen Kommunikation stehen und damit ganze Bewegungen steuern. Vorrangig kreieren ‚Mesomobilisierer' die Bedeutungen in und um gesellschaftliche Gruppen. In der Framing-Perspektive werden sowohl die Bedeutungen als auch die tragenden

Konzepte innerhalb politischer Bewegungen kritisch hinterfragt und nicht rein als ein Produkt struktureller Arrangements, unerwarteter Ereignisse oder bestehender Ideologien aufgefasst (Benford und Snow 2000, S. 613; Snow 2004, S. 384). Der Framing-Theorie zufolge würde die Annahme rein immanenter Bedeutungen in Protestbewegungen die Rolle der Steuerung und Organisation vernachlässigen: Allzu häufig müssen deren ideelle Strukturen angepasst werden, damit sie resonieren und gleichzeitig symbolisch für den Konflikt stehen. Die hierfür entwickelten Steuerungselemente sind strategische Konzepte, die eine möglichst große Resonanz in der Gesellschaft erzeugen sollen. In diesem Verständnis übernehmen die Mesomobilisierer eine ähnliche Rolle wie die Aktivisten der Mikromobilisierung. Im Gegensatz zu ihnen leiten sie jedoch keine Individuen an, sondern ganze Gruppen, Organisationen oder Netzwerke. Zwangsläufig wird damit auch die Mikroebene von ihren Tätigkeiten berührt (Gerhards und Rucht 1992, S. 558). Sie sind also vielmehr als Strategen zu verstehen, die eine gewisse Richtung der Strömung oder Bewegung mit vorgeben. Dies können Funktionäre, aber auch Personen der Basis sein, die eine hohe Kommunikationsmacht besitzen. Deren Handlungen müssen nicht stets strategisch sein, oft sind dies bloße Reaktionen oder Suchbewegungen, die sich als strategisch herausstellen (vgl. hierzu Abschn. 3.4.16).

Protestbewegungen tragen zwar auch in der Framing-Perspektive Bedeutungen, dies ist unstrittig; nach Benford und Snow werden bei einer Analyse mit rein statischem Fokus dynamische Konstruktionsprozesse jedoch vernachlässigt (Benford und Snow 2000, S. 613). Wenn allgemein angenommen würde, dass Frames und *Beliefs* – Ideen, Überzeugungen oder Werte – natürliche latente Größen sind und sie im politisches Prozess lediglich formuliert werden, dann negiert dies die intellektuelle Arbeit von Strategen, Aktivisten und Meinungsführern; schließlich konstruieren sie die Frames oder entwickeln sie als Mesomobilisierer dynamisch weiter (Munro und Schurman 2006, S. 6; Benford 1997, S. 418). Eine rein mechanistische Perspektive als axiomatisches Element in einer Untersuchung könne demnach nur zu unterkomplexen Ergebnissen führen (Snow 2005, S. 397).

Der Gedanke von ‚Steuerung' kann im ersten Moment verschwörungstheoretisch erscheinen. Zuweilen geschieht dies auch im Verborgenen und auf eine Art, die selbst Aktivisten nicht bemerken. In der Regel ist diese Steuerung aber einfach bei den Wortführern jedweder Interessengruppe oder der politischen Strömungen verankert. Obwohl strategische Gruppen mitunter tatsächlich auch schon an der Orchestrierung einer politischen Strömung oder einer Protestgruppe beteiligt sein können (vgl. hierzu Abschn. 3.4.15 und 3.4.16), richtet die Framing-Perspektive zunächst lediglich den Fokus auf die Tatsache, dass bestimmte Denkweisen

3.1 Zentrale Kommunikatoren

nicht einfach innerhalb von gewissen politischen Strömungen bestehen – sie müssen irgendwann erdacht werden. Ein weit gefasster Begriff der Mesomobilisierung kann daher sogar einzelne Online-Aktivisten erfassen, die vom Sessel zuhause aus Gruppen oder Segmente einer ideologischen Strömung über Plattformen beeinflussen. Mitunter entstehen Argumente auch erst aus dem Dialog zwischen Protestorganisatoren und -gegnern, durch welchen Mobilisierungsaktivitäten einen klaren lokalen Fokus und ein klares Ziel gewinnen (Andits 2016, S. 323). Allerdings ist diese Form von Mobilisierung nachrangig und erfolgt in der Regel nur im Rahmen einer strategisch geplanten Mesomobilisierung.

Auf die Framing-Theorie übertragen, steht auch hinter Frame-Konstruktionen häufig eine Mesomobilisierung. Dabei bezieht sich diese Tätigkeit nicht nur auf den ideellen Unterbau von sozialen Bewegungen. Mesomobilisierer sind überall dort tätig, wo weitlaufend Resonanz um politische Themen erzeugt und Menschen mobilisiert werden sollen. Mobilisierung bedeutet in diesem Fall nicht zwingend das tatsächliche Animieren für physischen Protest oder andere Formen des Aktivismus. Vielmehr ist es eine der wichtigsten Aufgaben, vielfältige Möglichkeiten und Anreize für die Teilnahme an Aktionen und neue Formen der Solidarität zu schaffen (Taylor und Van Dyke 2004, S. 271). Zu den Fragen des strategischen Framings zählt daher vor allem, wie sich Menschen für eine gewisse politische Idee oder einen Widerstand gewinnen lassen. Eine Mobilisierung kann schon die Stimulierung hinsichtlich der Unterstützung einer Idee oder die Ablehnung eines Akteurshandelns sein. Dabei ist auch die virtuelle Mitwirkung eines solchen Vorhabens relevant, wie beispielsweise das Teilen entsprechender Informationen auf *Social Media* oder eben einfach die Beeinflussung der Öffentlichen Meinung über das ‚Ansprechen' anderer Individuen. Dahinter steht die strategische Ausarbeitung für Aktionen – sei es digital oder seien es tatsächliche politische Handlungen. In dieser bewegungsspezifischen Perspektive kann die Wirksamkeit eines Frames auch daran gemessen werden, wie viele Menschen sich von ihm mobilisieren lassen (Oliver und Johnston 2000, S. 46 f.).

Aus dieser Betrachtungsweise heraus kann weiterhin beispielsweise zwischen staatlichen Institutionen und anderen Organisationen eine Art Framing-Wettbewerb gesehen werden. Wenn um die öffentliche Verwaltung eine systematische, hierarchische und gut koordinierte Medienarbeit existiert, eröffnet dies langfristig Vorteile bei der Platzierung von Frames gegenüber den NGOs und anderen Kommunikatoren, wie den Medien. Sind jedoch Kommunikationskanäle zugunsten von NGOs oder anderen Gruppen ausgerichtet, kann schnell eine breite Front gegen die Regierung entstehen, zumal in jenen Organisationen immer häufiger Framing-Experten arbeiten (Ihlen et al. 2015, S. 833). Dies ist auch im Aufkommen der ‚Anti-Establishment-Bewegungen' in westlichen

Staaten zu sehen. Im Laufe der letzten Jahre haben sich die organisatorischen Routinen und Ressourcen für langfristige Kampagnen von alternativen Gruppierungen stark verbessert, was eine enorme Konkurrenz für traditionelle Medien und die öffentliche Verwaltung bedeutet. Dabei kann meist von vornherein das Interesse verortet werden: Interessengruppen oder NGOs nutzen mit einer signifikant höheren Wahrscheinlichkeit öffentliche Frames, in denen die Auswirkungen eines Vorschlags auf die Umwelt, die Menschenrechte und den Verbraucherschutz hervorgehoben werden. Dagegen setzen Gruppen oder Firmen, welche Partikularinteressen vertreten, wesentlich häufiger auf wirtschaftliche Frames, wenn sie versuchen, Einfluss auf politische Institutionen zu generieren (Klüver et al. 2015, S. 495). Mit diesen Beispielen wird deutlich, warum der ‚Denk-Anteil' in politischen Strömungen ein wichtiger Faktor für die Framing-Analyse ist.

Aus der Annahme heraus, dass Frames einfach irgendwie be- oder entstehen, ergibt sich, dass sie in der Literatur mitunter wie ‚Dinge' behandelt werden. Frames sind jedoch eher als dynamische Prozesse zu verstehen, die sozial konstruiert, verhandelt, angefochten und transformiert werden. Somit sind sie mehr dynamisch-veränderliche Gestaltungsmittel als statische Objekte. Die Dynamik ergibt sich schon allein aus dem Ansinnen, der Öffentlichkeit kampagnenspezifische Interessen zu präsentieren und im Idealfall als adäquate Lösung zu vermitteln. Dies kann gerade in Zeiten der digitalen Kommunikation kaum statisch vonstattengehen (Benford 1997, S. 415; Irmisch 2013, S. 202). Lässt man diese dynamisch-diskursive Perspektive außer Acht, untergräbt man die wichtige Tatsache, dass Protestgruppen in der Regel gesteuert werden (Gerhards und Rucht 1992, S. 558). Schließlich framen und kommunizieren einzelne Personen und nicht die Gruppe. Daher sind auch Bewegungs-Frames, also Frames gesellschaftlicher Bewegungen, von strategischen Tätigkeiten geprägt. Durch den Fokus auf die ‚Denkarbeit' hinter Frames rückt diese Forschungs-Perspektive einen bis dahin unterschätzten Ansatz in den Mittelpunkt des Erkenntnisinteresses: Der Ursprung zentraler Ideen und die Frage nach der Beteiligung der Meinungsführer an deren Produktion – Aspekte, die bei klassischen Untersuchungen oft vernachlässigt sind – werden hier zum zentralen Interesse (Munro und Schurman 2006, S. 6).

Ideen oder Einstellungen innerhalb von Protestgruppen wurden lange Zeit als eben jene statischen Entitäten verstanden (Benford und Snow 1992, S. 135–137). Diese Sicht von inhärenten Diskursen ist jedoch unterkomplex und mechanistisch: Soziale Bewegungen würden dann lediglich durch Ideologien oder ein Bündel von gleichen Glaubenssystemen mehr oder weniger zufällig entstehen und zusammengehalten. Aus der soziologisch orientierten Sicht von Snow ist dies nicht nur unrealistisch, sondern schlicht falsch (Snow 2005, S. 397–399). Bereits bei der

Auflistung der Steuerungstätigkeiten wurde der gestaltende Charakter von Frames erkennbar. Wenn Ideen und Bedeutungen durch Akteure produziert, verwaltet und gesteuert werden, sind sie nicht einfach nur bestehende Entitäten. Da konkrete Kommunikatoren zudem für deren Verbreitung sorgen, sind Mesomobilisierer als aktive *Agents* zu verstehen (Benford 1997, S. 415; Benford und Snow 1992, S. 135–137, 2000, S. 613; Snow 2004, S. 384). Aufgrund dieses Zusammenhangs war der Framing-Ansatz zunächst in der *Social Movement Theory* eingebettet. Ihr zufolge werden derlei Strategien von konkreten Personen lanciert und gesteuert. Dies ist insbesondere für die Politikwissenschaft relevant, da erfolgreiche Kampagnen einen Einfluss auf die Gestaltung gesellschaftlicher und kultureller Institutionen ermöglichen (Taylor und Van Dyke 2004, S. 267).

Ein weiterer Problemfaktor tritt auf, wenn die ‚Meinungen' in einer Gesellschaft als ‚bestehend' betrachtet werden. Selbst bei Analysen innerhalb des Framing-Paradigmas werden häufig strategische Versionen der Realität in Relation zu den Interpretationsschemata der Bürger abgebildet. Diese Interpretationsschemata – oder Meinungen – können jedoch selbst Produkt eines strategischdynamischen Konstruktionsprozesses von zentralen Kommunikatoren sein. Diese werden in der Forschung allerdings teils als exogen gegeben und unabhängig vom Framing-Prozess betrachtet. Wird die strategische Produktion dieser Konstrukte unterschätzt und gesetzte Frames nicht ausreichend mit der Realität abgeglichen, kann es passieren, dass von strategischen Akteuren etablierte Interpretationsframes ungewollt in der Forschung reproduziert werden. Die Fokussierung auf Salienz in der Framing-Forschung kann also wiederum eine eigene Verzerrung im Feld verursachen (Ytterstad 2015, S. 14). Ein Framing muss daher stets zunächst auf seine strategische Natur untersucht und als dynamischer Prozess wahrgenommen werden.

3.2 Das Framing als politisch-dynamischer Prozess

Bei der Analyse eines Frames muss immer der Kontext betrachtet werden, in dem er steht. Ansonsten wird seine gesamte Dimension nicht erfasst. Daher ist bei der Nutzung des Framing-Ansatzes der gesamte politisch-dynamische Prozess des Framings zu beleuchten (van Hulst und Yanow 2016, S. 92).

Das Potenzial für Protest und Mobilisation ist nach Doug McAdam, John D. McCarthy und Mayer N. Zald durch drei analytische Faktoren bestimmt: 1) Politische Möglichkeiten, 2) Mobilisierungsstrukturen und 3) Framing-Prozesse.

1. **Politische Möglichkeiten:** Eine gute Resonanzlage ergibt sich meist nur in einer Situation, die von politischen Zwängen dominiert ist. Die Veränderung der problematisierten Situation oder der vorherrschenden informalen Machtbeziehungen kann dann als ein kollektives Ziel identifiziert werden (McAdam et al. 2005, S. 2 f.). Die ‚Politischen Möglichkeiten', die sich aus einer konkreten Situation ergeben, lassen wiederum einen Raum für Handlungen und Reaktionen zu ‚Politische Möglichkeiten' fungieren damit als eine Art Katalysator für das Framing. Politikbereiche, die sich in oder nach einer Krise befinden, wie etwa der Medizin- und Pflegesektor während der Corona-Pandemie, erleben intensivere Framing-Wettbewerbe als solche, in denen politische Entscheidungsträger in einem weniger turbulenten politischen Kontext agieren (Eising et al. 2015, S. 530). Das Schlüsselelement eines starken Frames ist es, die gewollten Outputs in einen politischen Kontext zu setzen, der von hoher Priorität für die jeweilige Regierung ist. Dies ist umso bedeutender, wenn sich bislang keine soziale Bewegung zu dem Thema engagiert (Gutterman 2017, S. 165). Mit dem Framing des politischen Kontextes setzen Akteure bereits Bedingungen, die beeinflussen können, in welchem Umfang und wie genau die erstrebte *Policy* letztlich umgesetzt wird (Gutterman 2017, S. 165 f.).[1] Die ‚Politischen Möglichkeiten' oder Gelegenheitsstrukturen werden also für Framing-Prozesse strategisch genutzt, damit sich für den Prozess kollektiver Interpretation bis hin zur sozialen Konstruktion ein möglichst großes Handlungsfenster öffnet. Beispielsweise hat sich die *#Me-Too*-Bewegung schon über 10 Jahre vor ihrem wirksamen Auftreten formiert. Der Protestgruppen-Frame wurde jedoch so lange nicht zu einem Politikum, bis sich ein Handlungsfenster öffnete: die bekanntgewordenen Skandale und Missbrauchserfahrungen (vgl. hierzu die Abschn. 3.4.5 und 3.4.10). Bestehen keine entsprechenden Voraussetzungen, dann müssen aussichtsreiche Möglichkeiten kreiert werden (Tarrow 1998, S. 72). Auch dies

---

[1] Durch Einbezug des Framing-Ansatzes gewinnt das *Multiple Streams Agenda-Setting* Modell nach Kingdon an Tiefe. Wie bestimmte Akteure Sachverhalte framen, tangiert die Problemwahrnehmung, das politische Umfeld sowie die Relevanz bestimmter Lösungsvorschläge und damit die Entwicklung jedes einzelnen der drei maßgeblichen Streams *(problem, politics, policy)*. Das spezifische Framing kann so deren Zusammentreffen erleichtern oder behindern und dadurch beeinflussen, ob sich Gelegenheitsfenster öffnen und ob diese zu effektiven Policy-Veränderungen führen oder nicht (Colombini et al. 2016, S. 501).

Auch durch eine Verbindung mit dem *Narrative Policy Framework (NPF)* kann der Framing-Ansatz zu einem besseren Verständnis des Policy-Prozesses beitragen, beispielsweise, wie Policy-Outcomes durch die Entscheidungen von Medienakteuren hinsichtlich der Auswahl und des Framings von Stories sowie der Konstruktion von Narrativen beeinflusst werden (Crow und Lawlor 2016, S. 482).

kann Gegenstand einer Framing-Strategie sein, wobei die wirkungsvollsten Frames meist in Rückbezug zu aktuellen Begebenheiten in der Gesellschaft stehen. Man denke nur daran, wie der Framing-Wettbewerb in der Öffentlichkeit um die Klimawandel plötzlich von dem Thema Corona verdrängt wurde; 2021 kam dann im Zuge einiger Umweltkatastrophen die Debatte um den Klimawandel wieder in Schwung.

2. **Mobilisierungsstrukturen:** Eine informale oder formale Organisationsform ist parallel zu dem Potenzial für Protest obligatorisch. Dafür sind bereits einfachste Strukturen ausreichend, von einer *Social-Media*-Präsenz bis hin zu Medienvertretern, die Menschen gezielt mobilisieren und zu kollektiven Aktionen bewegen können (McAdam et al. 2005, S. 2 f.). Zu den Mobilisierungsstrukturen zählen andererseits aber auch Stimmungen innerhalb der gesellschaftlichen Segmente sowie deren Polarisierung[2] und Konflikthaftigkeit (Benford 1993, S. 679).

3. **Framing-Prozesse:** Zwischen den ‚Politischen Möglichkeiten' und den konkreten Handlungen zur Mobilisierung fungiert ein Mediationsmechanismus. Dies ist kollektiver Prozess der Interpretation, der Verarbeitung von charakteristischen Elementen und der sozialen Konstruktion Dieser beruht zumeist auf einem System geteilter Überzeugungen und Definitionen, welches auf eine politische Situation projiziert werden kann (McAdam et al. 2005, S. 2, 5). Durch Framing-Prozesse werden (neue) Aktivisten motiviert und mobilisiert, Ressourcen akquiriert und ihre Forderungen in der Gesellschaft verbreitet (Munro und Schurman 2006, S. 6; Benford und Snow 2000, S. 623 f.). Die Beständigkeit von solchen Bewegungen hängt davon ab, ob sie ihre Ideen in effektive und anhaltende politische Auseinandersetzungen mit ihren Gegnern übersetzen können (Munro und Schurman 2006, S. 22).[3] Interaktive Framing-Dynamiken verdeutlichen, was als diskursive Funktion öffentlicher

---

[2] Eine Polarisierung tritt auf, wenn die politischen Präferenzen in einer Gesellschaft zu ideologisch extremen Positionen neigen. Die gesellschaftlichen Mehrheiten sind in ihren Einstellungen dann nicht primär zentristisch und unimodal ausgerichtet, sondern stehen sich diametral an beiden Extremen gegenüber. Bei einer Polarisierung liegen damit die Einstellungen mehrheitlich an den Rändern einer ideologischen Strömung verortet und nicht in ihrem gemäßigten Bereich (Levendusky 2009, S. 4 f.). In der Parteiensystemforschung um Russel J. Dalton wird die Polarisierung als bedeutsamer Faktor für die Entstehung und Aufrechterhaltung von Konfliktlinien gesehen (Dalton 2008, S. 910).

[3] Parallel zu mobilisierenden Frames identifiziert Entman auch prozedurale Frames, die sowohl in ihrem Fokus als auch in ihrer Funktion weitaus enger sind. Sie stellen Handlungen oder Vorhaben von politischen Akteuren in einen legitimen Rahmen. In den Medien wird jene Art von suggestiven Frames häufig gebraucht. Sie erfüllen damit wichtige politische Funktionen (Entman 2009, S. 6).

Deliberation bezeichnet werden kann: Durch die Formierung, Verbreitung und den Wettbewerb von Frames werden nicht nur neue Perspektiven vorangebracht, sondern auch die Bedingungen der Debatte festgelegt, indem ein diskursiver Rahmen geschaffen wird, innerhalb dessen das Thema zu verstehen ist (Dodge 2015, S. 261).

Diese drei Faktoren sind strategische Elemente, die einer Steuerung bedürfen (McAdam et al. 2005, S. 2). Für deren Planung und Umsetzung leisten die zuständigen Strategen viel Denkarbeit: Sie

- überprüfen bestehende strategische Ansätze.
- entwickeln Argumentationsketten und Slogans, die ihre Forderungen rechtfertigen.
- kontrollieren die Erfüllung von Vorhersagen.
- suchen nach nutzbaren Verbindungen zu bestehenden Grundlagen.
- entwickeln neues Wissen (Oliver und Johnston 2000, S. 44).

So gesehen ist das strategische Framing ein kommunikativer Prozess konkreter Akteure, die eine Art von Überzeugungsmustern kreieren (Hajer 1993, S. 45; Oliver und Johnston 2000, S. 45). Kinder und Sanders verstehen Frames daher als rhetorische Waffe: „[F]rames are interpretative structures embedded in political discourse. In this use, frames are rhetorical weapons created and sharpened by political elites to advance their interest and ideologies." (Kinder und Sanders 1996, S. 164). Allein die Option, eine Situation aus einer anderen Perspektive oder in einem anderen Kontext zu beleuchten, kann unter Umständen schon zu einem Umdenken bei den Rezipienten führen. Schließlich gelingt es bei einer guten Kampagne nicht selten, auch deren Reaktionen und Einstellungen in Bezug auf einen spezifischen Sachverhalt zu ändern. In dieser Absicht lancieren Akteure *„conscious, strategic efforts [...] to fashion shared understandings of the world and of themselves"* [Hervorhebung im Original, M.O.] (McAdam et al. 2005, S. 6). Diese strategischen Bestrebungen sollen die Interpretationen von Sachverhalten in die breite Öffentlichkeit tragen und schließlich die öffentliche Meinung beeinflussen.

Die Kreation von strategischen Frames beginnt häufig mit einer Lageanalyse. Dabei steht zunächst die Frage im Raum, wie Kommunikations-Frames am besten von der Zielgruppe aufgenommen werden. Um Zuspruch zu erlangen, zielen Akteure in der Regel darauf ab, ihre Frames so auszurichten, dass sie von möglichst vielen Menschen positiv aufgenommen werden. Wie beschrieben, wirken

Framings nicht per se, aber es gibt Methoden, um sie wirksamer zu machen. In erster Linie betrifft dies die Herstellung und Steigerung von Resonanz.

3.3 Die Erzeugung von Resonanz

Zu Beginn dieses Kapitels wurde beschrieben, dass man zwischen Frames, die als Hintergrundstruktur der geteilten Realität fungieren und strategischem Framing unterscheiden muss. Diese beiden Spielarten stehen allerdings in einem engen Wechselverhältnis: Da Botschaften auf Basis der eingeschriebenen Heuristiken interpretiert werden, ergeben die Kommunikations-Frames im Grunde nur Sinn, wenn sie zu den Deutungsschemata der Rezipienten passen. Dabei ist es zunächst gleich, ob sie Meinungen lediglich bestätigen, verstärken oder diese herausfordern. Der Punkt, an dem Denk- und Kommunikations-Frames ‚aufeinandertreffen', ist der entscheidende in jeder strategischen Kommunikation: Sie können entweder zusammenpassen und dabei einen Effekt auslösen; die Botschaft kann nur am Rande wahrgenommen werden und keine Wirkung hinterlassen; oder sie kann abgelehnt werden, was unter Umständen sogar Konter-Reaktionen mit sich bringen kann. Für ein erfolgreiches Framing müssen Akteure daher um die Wirkung ihrer Konstruktionen wissen, insbesondere darüber, wie die erhofften Folgen eintreten können (Druckman 2011, S. 295).

Effekte sind in den Einstellungen der Zielgruppe, etwa in deren Emotionen, politischen Haltungen oder in deren Verhalten zu erwarten. Einstellungs- und Verhaltensänderungen können dabei auch kombiniert auftreten. Bei Framing-Strategien stehen diese Effekte meist in Bezug zu einem größeren Kontext, schließlich werden mit einer Strategie der Präferenzumkehrungen häufig gesamtgesellschaftliche Folgen angestrebt (Vliegenthart 2012, S. 945). Frames für politische Kampagnen werden kreiert und genutzt, um eine möglichst große Anzahl an Menschen für eine gewisse Stimmung zu gewinnen (Oliver und Johnston 2000, S. 46 f.). Eine wichtige Komponente ist hierbei zunächst, eine kritische Masse zu erreichen und zu mobilisieren, um noch mehr Personen für die Unterstützung der Idee zu gewinnen. Schließlich ist eine weitreichende Rückendeckung zentral für die Geltung vorgebrachter Anliegen und ihre Umsetzung (Gillan 2008, S. 247 f.; Payerhin und Zirakzadeh 2006, S. 92; Snow et al. 1986, S. 467).

In dem Bestreben, einen Frame für möglichst viele Menschen attraktiv und zugänglich zu gestalten, geht es in strategischer Hinsicht insbesondere um das Wissen, was Frames erfolgreich macht. Nur so können diese entsprechend aufbereitet werden. Nicht zuletzt aufgrund der Orientierung der Strategen an der Zielgruppe sollte in Untersuchungen zu Framing-Prozessen eine stärkere

Aufmerksamkeit auf die Frame-Adressaten gerichtet und die folgenden Fragen gestellt werden: Wie interagiert das Publikum mit den gesetzten Frames; welche Beweggründe motivieren die Wahl des Framings; welche rationalen Beweggründe tragen dazu bei, dass bestimmte Frames aufrechterhalten werden? (Guzmán 2015, S. 922). Strukturell ist für die Beantwortung dieser Fragen zunächst ein Verständnis für die strategischen Kommunikationsmuster wichtig.

Mesomobilisierer stellen darauf ab, mit ihrer Kommunikation möglichst weitreichende Framing-Effekte zu erzielen. Sie planen und kreieren Frames daher in Abhängigkeit zur Reaktion, die sie von der Öffentlichkeit oder einer bestimmten Zielgruppe erwarten (Benford 1993, S. 679; Gerhards und Ructh 1992, S. 558):

> [T]hey frame, or assign meaning to and interpret relevant events and conditions in ways that are intended to mobilize potential adherents and constituents, to garner bystander support, and to demobilize antagonists (Benford und Snow 1988, S. 198).

In einem entsprechenden Ausrichtungsprozess werden verschiedene Anknüpfungspunkte und Annahmen über das Zielpublikum für die Kommunikationskampagnen identifiziert und für die Konstruktion genutzt (Snow et al. 1986, S. 469; Vliegenthart 2012, S. 941). Auf der einen Seite werden hierzu die Rezipienten selbst betrachtet, andererseits werden Erkenntnisse zurate gezogen, wie Information aufgenommen und kognitiv verarbeitet wird. Die erste untergeordnete Leitfrage für Strategen lautet also, wie Heuristiken bei einzelnen Personen oder ganzen Segmenten der Gesellschaft ausgestaltet sind. Daran schließt sich die Frage an, wie nun das entsprechende kommunikative Framing einen Wandel im Denken oder Handeln hervorrufen kann.

Generelle Aspekte, wie beispielsweise die Relevanz der Thematik oder inwiefern jemand über das Thema informiert ist, sind Faktoren, die beachtet werden müssen (Scheufele 2003). Zunächst ist jedoch das Prinzip leitend, dass auch bei der strategischen Kommunikation von politischen Inhalten vertraute Botschaften leichter aufzunehmen sind, da die Interpretationsmuster den Rezipienten bekannt sind. Beispielsweise greifen Journalisten bei einer Berichterstattung über neue Ereignisse auf vertraute Frames zurück, die über ähnliche Begebenheiten bereits Teil eines Alltagsverständnisses geworden sind (Boesman et al. 2017, S. 298). Sie verknüpfen dabei nicht nur diese Themen und Interpretationen, sie nutzen auch Deutungsmuster, die bereits bekannt sind, um neue Entwicklungen zugänglich zu machen.[4] In Artikeln über eine neue Protestbewegung nutzen Autoren häufig bekannte Muster über ähnliche Bewegungen. Selbst für die Zukunft der

---

[4] Dies ist natürlich auch der Fall, weil sie Themen selbst durch ihre bereits geformten Interpretationsrahmen begreifen.

3.3 Die Erzeugung von Resonanz

Alternative für Deutschland (AfD) wurden immer wieder Interpretationen anhand der Entwicklung von *Bündnis90/Die Grünen* vorgenommen, obwohl sowohl die Hintergründe der Partei als auch ihre Entstehung konträr zueinander liegen. Die Variable ‚Außenseiter-Partei', was die Grünen vor Jahrzehnten ohne Zweifel waren, wurde hier jedoch zur Hauptkategorie erhoben. Kommunikations-Frames korrespondieren also nicht nur mit existierenden Denkschablonen, sie treten auch häufig als Produkte von alten Frames in Verbund mit neuer Information auf (Entman und Usher 2018).

Insbesondere bei persuasiven Absichten werden Vorprägungen genutzt und Kommunikationsmuster entsprechend ausgerichtet. Da die eingehende Information über individuelle Glaubenssysteme interpretiert wird, treten entweder Dissonanzen auf – etwa bei Wertdifferenzen – oder der Inhalt wird positiv aufgenommen, etwa bei einer Wertekongruenz. Eine erfolgreiche Wirkung bezeichnen Benford und Snow dabei als *Frame Resonance* (Benford 1993, S. 691). Die Resonanz ist definiert als

> […] the linkage of individual and SMO [Social Movement Organisation] interpretive orientations, such that some set of individual interests, values, and *Beliefs* and SMO activities, goals, and ideology are congruent and complementary [Anmerkung im Original, M.O.] (Snow et al. 1986, S. 464).

Resonanz tritt beispielsweise dann auf, wenn eine Botschaft ideologisch auf eine spezifische politische Strömung zugeschnitten ist. In dem Wechselspiel zwischen *Belief*-System und Frame ist häufig schlicht dieser Kongruenzfaktor zwischen seinem Inhalt und den ideologischen Grundhaltungen der Rezipienten entscheidend. Paul M. Sniderman und Sean M. Theriault konnten in einem Experiment empirisch zeigen, dass Probanden bei einer Wahl zwischen zwei Frames stets auf jenen reagieren, der mit den eigenen *Beliefs* resoniert. Dies mag zwar banal erscheinen, dennoch sind die Erkenntnisse relevant, da dies selbst der Fall ist, wenn gegensätzliche Frames überzeugend dargestellt sind (Sniderman und Theriault 2004, S. 144). Heidi Hatfield Edwards und Fuyuan Shen konnten in einer Studie zeigen, dass auch bei der Korrelation zwischen der Kongruenz und der Frame-Wirkung eine nahezu direkte Proportionalität besteht: Je besser die Inhalte eines Frames mit den Einstellungen oder Beliefs der Rezipienten korrespondieren, desto höher ist die Wahrscheinlichkeit, dass der Frame wirkt (Hatfield-Edwards und Shen 2005, S. 795, 803 f.). Daher gilt allgemein: Frames werden in der Regel bei denjenigen verstärkt, die einer eingehenden Botschaft entsprechend ihrer Einstellung eher zustimmen; dagegen tritt kaum ein Framing-Effekt bei denjenigen ein, deren Vorstellungen die Botschaft zuwiderläuft (Thibodeau und Flusberg 2017,

S. 1179). Bei einer hohen Resonanz spiegeln die kommunizierten Wertvorstellungen nicht nur die *Beliefs* der Klientel wider – sie bestätigen und aktivieren diese auch. In einem solchen Fall ist die Wahrscheinlichkeit hoch, dass ein Framing-Effekt einsetzt. Je stärker ein Kommunikations-Frame *Beliefs* aktiviert, desto höher wird auch sein Mobilisierungspotenzial. Die jeweilige Urteilsheuristik ist schließlich zumeist in der moralischen Bewertung leitend (Benjamin et al. 2017, S. 760; Jenkins-Smith et al. 2014, S. 486; Landau et al. 2014, S. 131).

Um eine Veränderung von politischen Präferenzen erwirken zu können, stellen Strategen in der strategischen Kommunikation darauf ab, zumindest einen Glaubensgrundsatz *(Belief)* oder eine Einstellung zu tangieren. Um dies sicher zu stellen, rücken sie politische Themen in eine Verbindung zum Glaubenssystem der Rezipienten (Brewer 2002; Druckman und Lupia 2016, S. 19). Dies bestimmt nicht nur weitläufig, ob ein Frame die erwünschten Reaktionen auslösen kann, sondern ob er überhaupt den ‚sozialen Filter' passiert (Entman 2009, S. 14; Snow et al. 1986, S. 469; Taylor und Van Dyke 2004, S. 28). Wenn ein Frame dabei mit internen Schemata korreliert, müssen mit der Botschaft nur noch ‚die Lücken gefüllt' werden (Van Gorp 2007, S. 72). Auch die Attraktivität eines resonierenden Frames steigt dabei entsprechend, da er dem Empfänger natürlich und vertraut erscheint (Gamson 2004, S. 254; Snow et al. 1986, S. 469). Tragende Ideen und Orientierungsmuster dahinter sind variabel und mitunter instrumentalisiert (Entman 1993, S. 52; Gillan 2008, S. 257).

Die Kontextsetzung in der Hinsicht auf *Beliefs* ist jedoch mehr als die bloße Aussicht auf Resonanz: Die ideelle Basis des Diskurses liefert nicht nur die einigende Grundlage, sie formt zugleich den Kontext, in welchem ein Phänomen verstanden wird (Hajer 1993, S. 46). In der Praxis bedeutet dies, dass ein Framing mit der Betonung von Gewinn- oder Leistungsargumenten etwa eine ökonomisch-konservative Klientel stärker motivieren kann, während Verlust- und Sicherheitsframes bei Kulturkonservativen effektiver sind. Dies ist in strategischer Hinsicht auf die Annahme zurückzuführen, dass wirtschaftlicher Konservatismus von einem Bedürfnis nach persönlichem Gewinn und Leistung motiviert ist. Der kulturelle Konservatismus ist demgegenüber eher aus Sorgen über Stabilität, der generellen Sicherheit sowie Verlustängsten gestrickt (Eschert et al. 2017, S. 25). Mit dem Wissen um die tragenden Argumentationsschemata oder Werte einer Klientel können Aussagen einer Partei, einer Person oder einer Protestgruppe so gestaltet werden, dass sich die Klientel mit den Aussagen identifiziert (Benford 1993, S. 679). Gelingt dies, wird ein Frame in der Regel akzeptiert. Dabei tritt ein weiterer Effekt der hohen Resonanz auf: ihre hohe Anschlussfähigkeit. Wenn

3.3 Die Erzeugung von Resonanz

Kommunikations-Frames mit den Weltanschauungen, Werten und Lebenserfahrungen der angesprochenen Menschen kompatibel sind, werden sie schnell in das eigene Denken aufgenommen.

Die Zurückweisung eines Frames, wenn er nicht in das eigene Werte- und Denkschema passt, ist noch einfacher zu sehen: Eine *Free Speech*-Aktivistin oder eine Journalistin, die einen starken Glauben an die Redefreiheit besitzt, würde von einem Frame, der zum Zweck hat, die freie Meinungsäußerung zugunsten der öffentlichen Sicherheit zu beschneiden, kaum beeinflusst werden. Die Heuristik-Frames der Rezipienten sind zu deutlich vordefiniert, so dass entgegenlaufende Botschaften keine Wirkung ausüben (Druckman 2001, S. 2011) oder sogar eher einen ablehnenden Effekt erzielen. Am ehesten sind daher Menschen für Kommunikations-Frames empfänglich, die noch keine vorgefasste Meinung über ein gewisses Sujet oder eine feste ideologische Linie vertreten. Ansonsten führt dies meist zur Ablehnung oder zu Bestätigungs-Effekten.

Frame-Resonanzen können jedoch mit mehr als nur der eigenen Ideologie auftreten. Botschaften resonieren auch schon häufig, wenn sie dem Alltagsdenken des Zielpublikums entsprechen (Entman 1993, S. 52 f.). Dabei ist auch die Befindlichkeit von Personen ein Faktor der Resonanz. Gewinn- und Verlust-Frames wirken beispielsweise effektiver, wenn sie mit dem Motivationssystem des Empfängers (Gewinnstreben vs. Verlustvermeidung) übereinstimmen (Shen et al. 2015, S. 637 f.). Frames sind also auch dann häufig überzeugend, wenn ihre Ausrichtung von Verlust oder Gewinn zu der individuellen Persönlichkeitsstruktur der Angesprochenen passt (Luttig und Lavine 2016, S. 448). Sehen Menschen sich auf einem Verlustpfad, sprechen sie Verlust-Frames folglich wesentlich stärker an. Ein Beispiel für diesen Effekt ist die 2015/2016 Wahlkampagne von Donald J. Trump. Sie basierte auf zahlreichen Verlust-Frames: „We are fighting for every community whose jobs and dreams have been ripped out and shipped to other countries" (Trump 2016a). „We're going to take on [...] the career politicians that have stolen your jobs, your wealth and stolen our middle class. They've stolen our middle class. We're going to make Pennsylvania rich again by bringing back our jobs" (Trump 2016b). Mit dem Kontext des Verlustes – und der versprochenen Umkehr dessen – sprach er vor allem Menschen an, die ihren Lebensstandard in den letzten Jahrzehnten schwinden sahen oder jedenfalls eine solche Entwicklung befürchteten. Mit der Wahl des Außenseiters und seinen radikalen Versprechungen, mit denen er die USA wieder großartig machen wollte, gingen die Wähler ein erhebliches Risiko ein. Anhand der *Prospect-Theory* kann jedoch erklärt werden, dass die Angst vor weiteren Verlusten ihre Risikobereitschaft enorm steigen ließ.

Wenn eine bestimmte Interpretation eines Sachverhaltes so ausgerichtet ist, dass sie auch mit der Einstellung der Adressaten zu diesem Thema korreliert, hat ein Frame potenziell einen Überzeugungseffekt (Arendt und Matthes 2014, S. 562 f.; Oliver und Johnston 2000, S. 46 f.). Dies ist jedoch nur die halbe Wahrheit, denn meist wirken Frames eher unterschwellig und ihnen kann keine per se persuasive Wirkung zugeschrieben werden. Strategische Framings sind oft auch subtil angelegt: Offensichtliche Überzeugungsversuche werden schließlich leichter abgelehnt,[5] da die Intentionen der Kommunikatoren zu schnell erkannt werden. Trotzdem ist damit eine weitreichend freie Konstruktion politischer Wirklichkeit möglich. Ausreichend subtile Botschaften hingegen können bisweilen typische ideologische Abwehrreaktionen umgehen und so breitere Gesellschaftsschichten beeinflussen. Rhetorisch explizite Botschaften würden hierbei zwar eine größere Effektstärke aufweisen, wären dabei aber auf bestimmte Subgruppen begrenzt (Thibodeau und Flusberg 2017, S. 1179).

Gerade moralische Fragen sind dazu prädestiniert, interne Konflikte bei der Bewertung von Sachverhalten zu erzeugen. Dabei wird ein Wert, der zwar in einer bestimmten Weltanschauung eine gewisse Geltung hat, bei der Interpretation einer Angelegenheit bisweilen anderen untergeordnet, die bei der spezifischen Situation wichtiger erscheinen. Bei einer *Free-Speech*-Aktivistin oder einer Journalistin könnte ein Redefreiheits-Frame die Bewertung einer kontroversen Sachfrage leiten, obwohl die Versammlungsfreiheit oder das Recht auf Protest gewiss auch in deren Präferenzen vom Staat nicht unterdrückt werden sollte. Würde jedoch der potenzielle Inhalt einer Rede oder Demonstration anderen wichtigen *Beliefs* entgegenstehen, ist es sehr leicht möglich, dass sie diesen den Vorzug geben. Dies kann der Fall sein, wenn dabei andere Bevölkerungsteile diskriminiert würden. Dann kann dem *Belief* der Nicht-Diskriminierung Priorität eingeräumt werden, selbst wenn das Problem in Frames der Redefreiheit formuliert ist. Ähnliches ist in den letzten Jahren in Deutschland und den USA im Kontext von Vorträgen an Universitäten zunehmend ersichtlich geworden. Auch wenn die Redefreiheit für viele der Gegner bestimmt ein hohes Gut darstellt, wiegt sie trotzdem andere Werte nicht auf und wird in den Hintergrund gerückt. Damit wird auch ein entsprechendes Framing wirkungslos. Effekte aus der Inkohärenz von Belief-Systemen sind in strategischer Hinsicht vor allem bei politisch

---

[5] Vgl. hierzu die ältere Kommunikationsforschung, in der auf Basis des einfachen *Stimulus–Response* Modells von einer so starken Medienwirkung ausgegangen wurde, dass dem Persuasionsmodell ein meinungsbestimmender Status eingeräumt wurde. Seit den 70er Jahren führten jedoch widersprüchliche Studienergebnisse sowie ein Mangel an Beweiskraft der These zur Abkehr von dem Modell (vgl. hierzu Schenk, Michael: Medienwirkungsforschung, Tübingen, 2002, S. 443).

weniger gefestigten und ‚mittig'-orientierten Menschen zu erwarten. Je weiter eine Ideologie in ein Extrem geht, desto mehr sind diese ‚geschlossen' und Meinungsänderungen durch Frame-Effekte sind um so weniger zu erwarten. Ein Frame hat ohnehin nicht unbedingt die Macht, das Verständnis für einen Sachverhalt bei den Individuen zu ändern, er bestimmt allerdings häufig die Perspektive, aus der ein Problem betrachtet wird. Daher haben Frames als Mittel der Überzeugung nicht nur dann einen Effekt, wenn eine gewisse Sympathie mit der jeweiligen Interpretation vorhanden ist. Dies liegt daran, dass Frames häufig das Denken leiten, auch wenn die darin vorgegebene Perspektive nicht unbedingt die von den Rezipienten präferierte ist. In Abschn. 2.1 wurde dargestellt, wie Menschen auf suggestive Antwortvorschläge reagieren: Sie denken häufig in dem Frame, der ihnen angeboten wird. So formulieren Probanden, die mit einem Moral-Frame konfrontiert werden, häufig auch Gegenpositionen mit Argumenten der Moral (Brewer 2001). Ein Frame gibt also nicht zwingend die Argumentationsrichtung vor, er definiert jedoch meist den Kontext eines Diskurses. Die Gegner eines Rede- oder Demonstrationsvorhabens kommen also kaum daran vorbei, ihre Argumente an der Rede-, Meinungs- und Versammlungsfreiheit zu messen. Dies ist Teil der Dynamik eines Framing-Prozesses.

Da zumindest der Denkrahmen durch Frames vorgegeben werden kann, bedeutet dies, dass man eine Sache auch so setzen kann, dass sie nicht von vornherein abgelehnt wird. Greifen wir noch einmal das Thema Steuern auf. Dies ist ein Bereich, bei dem die Perspektive, aus der der Frame gebildet wird, besonders wichtig ist. Kaum eine Bürgerin oder ein Bürger begrüßt Steuererhöhungen per se; setzt man die Notwendigkeit jedoch in einen Rahmen, der die positive Wirkung der Steuer an einem konkreten Beispiel illustriert, kann die Rezeption einer Erhöhung durchaus positiv ausfallen. Bei der Verdeutlichung einer Notwendigkeit, wie der Hervorhebung eines Mangels der städtischen Versorgung mit Kindergärten, ist das konkrete Bild der Kinder im Interpretationsmechanismus für die Steuererhöhung enthalten. So ließe sich mit einem relativ simplen Framing – das natürlich auch der Wahrheit entsprechen sollte[6] – eine Meinungsänderung erreichen, was jedoch nicht heißt, dass nun die grundsätzliche Einstellung der Person gegenüber Steuern verändert wäre.

Frames verändern kaum fundamentale Einstellungen. Im Gegenteil, Interpretationsrahmen sind relativ rigide. Sie sind beharrlich und leisten geradezu Widerstand, einen neuen Frame zu adaptieren (Baumgartner 2007, S. 485). Ein

---

[6] Es gibt auch eine von Karl Halvor Teigen aufgeführte Kategorie von ‚Lügen-Frames'. Framen ist zwar in der Regel nicht lügen, dennoch können auch Lügen Frames sein. Man kann framen, ob man ein Glas Wasser halb voll oder halb leer ‚lügt', wenn man gar keines hat. Frames sind in der Regel jedoch weitaus geschickter als blanke Lügen.

einfacher Denk-Frame wie die Annahme, Milch sei gesund oder liefere das notwendige Calcium, um Knochen zu stärken, ist immer noch bei vielen Menschen vorhanden. Und das, obwohl seit längerem Studien darauf hindeuten, dass der Konsum von Milchprodukten sogar Osteoporose fördert. Die Rigidität der Interpretationsrahmen geht aus den *Deep Core Beliefs* hervor, denn diese tief verankerten Glaubensmuster sind extrem resistent. Eine Veränderung kommt laut Sabatier einer religiösen Konvertierung gleich (Sabatier 1998, S. 104).[7] Menschen, denen seit der Kindheit ein spezifisches Verständnis eingeprägt wurde, lösen sich nur schwer von ihren Denkmustern. Kommunikations-Frames verfügen deshalb auch meist nicht über das Potenzial, einen solchen fundamentalen Einstellungswandel einzuleiten. Allerdings können zugehörige Präferenzen durch äußere Einflüsse tangiert, strukturiert und mitunter auch verändert werden, wenn das richtige Framing entweder mit dem Glaubenssystem in Einklang steht (Zustimmung) oder wenn dieses konterkariert wird (Ablehnung). Zudem kann eine neue Information beispielsweise dazu führen, dass eine Person in einer Ansicht bestärkt oder unsicherer in einer Meinung wird (Druckman und Lupia 2016, S. 19). Dass bestehende Heuristik-Frames recht rigide sind, bedeutet jedoch nicht, dass neue, unvertraute Frames wirkungslos wären. Hierbei kommt es vielmehr auf die Kompatibilität mit dem übrigen *Belief*-System an. Neue Botschaften können bisweilen

---

[7] Die *Deep Core Beliefs* wirken auf andere Subsysteme wie etwa *Policy Core Beliefs*.

Policy Core Beliefs sind ebenso wie die *Deep Core Beliefs* fundamentale Wertordnungsvorstellungen, aber politikfeldspezifisch und daher nicht so starr. Sie können jedoch eine Kohäsion zwischen Koalitionen erzeugen und somit Akteure verbinden, die gewisse Ziele teilen. Sie werden daher als der „glue of coalitions" (Sabatier 1998, S. 103) bezeichnet. Dabei ist es irrelevant, ob deren Interessen auf lange Sicht divergieren (Jenkins-Smith et al. 2014, S. 500). *Policy Core Beliefs* sind zwar relativ abstrakt, stehen jedoch in Bezug zu spezifischen Problemstellungen innerhalb eines Subsystems. Sie sind in allgemeine Strategien für den Umgang mit einer ganzen Bandbreite an Fragestellungen relevant (Jenkins-Smith et al. 2014, S. 498).

Die dritte Gruppe von *Beliefs* nennt Sabatier *Secondary Aspects*. Diese erstrecken sich meist nicht über sämtliche Policy-Subsysteme und sind daher in großer Zahl vorhanden. Sie sind diejenigen mit der höchsten Partikularität und Volatilität (Sabatier 1998, S. 104, 112 f.). Zudem sind sie weit spezifischer als *Policy Core Beliefs* (Jenkins-Smith et al. 2014, S. 498). Es handelt sich hierbei in der Regel um *Beliefs*, die sich hinsichtlich einer Policy-Implementation entwickeln – wie beispielsweise in Bezug auf administrative Strukturen, personelle Präferenzen oder einer Budgetverteilung. Sie bestimmen Fragen zur Übertragung der *Beliefs* auf *Policies* und sind eine Art strategisches Mittel, um deren Umsetzung zu ermöglichen. Sie ändern sich durch neue Informationen, Anpassungen oder Erfahrungen vergleichsweise schnell (Sabatier 1998, S. 104, 112 f.). Assoziiert sind *Deep Core*, *Policy Core* und *Secondary Aspects* durch eine Form von ‚ideologischem Zwang' (Jenkins-Smith und Ripberger et al. 2014, S. 517).

3.3 Die Erzeugung von Resonanz

sogar eine größere Wirkung entfalten, da sie eine neue Perspektive auf eine spezifische Thematik liefern (Andrews et al. 2017, S. 275).

Obgleich einzelne Frames meist nicht stark genug sind, um fundamentale Einstellungen zu transformieren, kann eine strategische Kampagne unter gewissen Umständen massive Veränderungen bewirken (Vliegenthart 2012, S. 945). Bei strategischen Frames wird ohnehin in der Regel darauf abgezielt, die Bedeutungen des Kontextes zu verändern und nicht die jeweiligen *Beliefs* der Rezipienten.

Auch bei der Präferenzbildung gilt, dass der Kontext entscheidend ist: Wenn etwa leicht zugängliche Informationen – wie ein anschauliches Beispiel – bei der Kommunikation über einen Sachverhalt einbezogen werden, können Assimilations-Effekte bei den Empfängern auftreten: Empfinden sie das Beispiel als passend, gleicht sich ihre Einstellung zum Gesamtphänomen der Bewertung des Exempels an. Dennoch ist auch das Gegenteil möglich. Wenn die zugängliche Information als nicht relevant, nicht repräsentativ oder sozial inadäquat perzipiert und deshalb aus der Vorstellung des Bewertungsobjekts ausgenommen wird, treten Kontrast-Effekte ein: Indem die ausgeschlossene Information als Vergleichsstandard gesetzt wird, verändert sich die Bewertung des Gesamtphänomens gegenläufig zu deren Implikationen. So kann sich beispielsweise die Bewertung einer sozialen Gruppe je nachdem verändern, ob ein bekannter Vertreter der Gruppe als repräsentativ oder als besonderer Ausreißer angesehen wird (Bless und Burger 2016, S. 26).

Als weiteres wichtiges Kriterium für die Wirkung eines Kommunikations-Frames gilt seine Glaubwürdigkeit. Dies bezieht sich vornehmlich auf den Inhalt des Frames (Williams 2004, S. 107). Eine mangelnde Glaubwürdigkeit kann sich sogar gegen diejenigen richten, die den Frame lancieren oder deren Anliegen er unterstützen soll: Das ‚Bumerang-Modell' ist aus Erkenntnissen über die Effekte entstanden, wenn strategische Frames als manipulativ erkannt werden, sie zu auffällig konstruiert sind oder sie eigene *Beliefs* durchkreuzen. Dies kann der Fall sein, wenn beispielsweise ein Partikularinteresse erkennbar ist oder offensichtlich wichtige Faktoren der Realität unterdrückt werden. Die Intention der Kommunikatoren kann sich dabei zu einem gegenteiligen Effekt umschlagen und eine Opposition ungewollt stärken oder gar erst formieren. Dies ist insbesondere bei komplexen und kontroversen Themen der Fall. Eine solche Reaktion kann aber auch auftreten, wenn sich die Rezipienten in ihrer Entscheidungsfreiheit gefährdet sehen (De Vries 2017, S. 38 f.). Der Bummerang-Effekt ist damit eine Konsequenz in Form einer Verhärtung der politischen Haltung von Rezipienten und Verstärkung ihrer Ablehnung gegenüber präsentierten Lösungen.

Bumerang-Effekte treten besonders stark bei Personen auf, die sich als politisch sehr interessiert bezeichnen (Zhou 2016, S. 802 f.).

Ein wichtiger Faktor bei der Konstruktion von strategischen Frames sind die bedeutungstragenden Ideen, durch welche gesellschaftliche Ideale transportiert werden: Sie präformieren bereits die Problemdefinition und werden dabei zur Orientierungsgröße für die gesamte Gruppe, selbst wenn derlei Konstrukte bisweilen instrumentalisiert und nach der erhofften Wirkung ausgerichtet sind[8] (Benford und Snow 2000, S. 623 f.; Gillan 2008, S. 249; Hajer 1993, S. 46). Jene bedeutungstragenden Elemente sind deshalb insbesondere bei Untersuchungen von Diskurskoalitionen relevant (Gerhards und Ruchtimport 1992, S. 558–560; Hajer 1993, S. 45). Um ihre Inhalte operationalisierbar zu machen, entwickelten Snow et al. (1986) das Konzept der *Frame-Alignments,* die gewisse Techniken des Framings beschreiben.

3.4 Techniken des Framing

Die Resonanz ist eine solch wichtige Größe für das Strategische Framing, dass spezifische Techniken genutzt werden, um Resonanzen zwischen der Botschaft und der Zielgruppe herzustellen. Sie können dabei verstärkt, mitunter aber auch erst kreiert werden (Hajer 1993, S. 45; Vliegenthart 2012, S. 941). Dafür werden Frames spezifisch ausgerichtet. Derlei Ausrichtungen zählen zu den Hauptaufgaben der Mesomobilisierer und umfassen die Denkarbeit um die Frage, wie Resonanz entstehen kann. Snow et al. bezeichnen diese als *Frame-Alignments,* also Frame-Ausrichtungen. Ohne das Framing-Paradigma würde die Annahme von schlicht bestehenden Resonanzen die Rolle der Steuerung und Organisation, also eine wichtige strategische Tätigkeit, übersehen: Allzu häufig müssen die ideellen Strukturen um jene Gruppen für Framings angepasst werden, damit sie resonieren. Die hierfür entwickelten Steuerungselemente sind strategische Konzepte, die eine möglichst große Resonanz in der Zielgruppe erzeugen sollen. Entsprechend kritisch ist auch der Blick auf Resonanzen.

Die differenzierte Forschungsperspektive des Framing-Ansatzes wird häufig kritisiert. Mit ihm unterstelle man unter anderem, dass Protestbewegungen oder politische Strömungen eine weitläufige soziale Akzeptanz nur auf Basis erfolgreicher Framing-Strategien geschaffen hätten. Jedoch untergräbt der Blickwinkel weder die Legitimität von Protestgruppen noch ihren Anspruch gegenüber der

---

[8] Bei Framing-Strategien müssen daher Zweck und Ziel nicht immer kongruent sein (Benford und Snow 2000, S. 623 f.).

3.4 Techniken des Framing

Gesellschaft. Er lässt allerdings Aufschlüsse über die strategischen Winkelzüge in der Kommunikation zu. Dies ist nicht gleichbedeutend mit der Annahme, dass eine bestimmte Position nur auf Basis ihres Framings Legitimität und Akzeptanz erworben hätte. Die bloße Feststellung, dass eine Framing-Strategie zum Einsatz kam, ist letztlich nicht einmal wertend: Beispielsweise steht jede organisch entstandene Protestgruppe oder -bewegung aufgrund natürlicher Weise unter einem bestimmten Protestgruppen-Frame, ob das nun die Klima-, Black-Lives-Matter- oder die Querdenkerbewegung ist. Es ist auch nicht einfach, strategischen Anpassungen hinter einem Framing zu erkennen: Eine Priorität der Kommunikatoren ist zumeist, dass strategische Ausrichtungen nicht unmittelbar als solche wahrgenommen werden. Gerade die Unauffälligkeit von spezifischen Framing-Techniken stellt für Analysen oftmals eine Hürde dar. Für die Forschung gilt es jedoch, von Slogans über Mobilisationselemente bis hin zu kollektiven Identitäten, zunächst immer erst den möglichen Bestand von hintergründigen strategischen Konzepten zu untersuchen.

3.4.1 Die ursprünglichen Frame-Alignments

Snow et al. haben verschiedene strategische ‚Kunstgriffe' identifiziert, mit welchen klassischerweise in und um Protestbewegungen geframed wird. Mit diesen Techniken kann die Wirkung von Frames auf die allgemeine Öffentlichkeit maximiert werden. Als theoretisches Konzept erlauben es *Frame-Alignments,* die Kreation oder Adaption eines Frames auf einer tieferen Ebene zu analysieren. Dabei stehen die Mechanismen im Fokus, mit welchen die Ideen und Bedeutungen von Protestbewegungen, PR-Agenturen, Politikern, Medien etc. strategisch auf die Zielgruppen ausgerichtet werden (Snow et al. 1986, S. 469; Vliegenthart 2012, S. 941).

Der Begriff des *Frame-Alignments* wird verschieden verwendet – und auch verstanden. Zunächst steht er grundsätzlich dafür, dass sich Frames aneinander anpassen. Beispielsweise kann dies in der Krisenkommunikation beobachtet werden, wo sich das Framing zwischen der Öffentlichkeit, den Nachrichtenmedien und PR-Agenturen im Laufe der Zeit durch gegenseitige Wechselwirkung immer mehr angleicht. Wenn dies auf einer Framing-Strategie – etwa der Krisen-PR einer Agentur – beruht, kann davon gesprochen werden, dass der Frame ausgerichtet wurde. Oft ist für eine ‚Angleichung' jedoch auch der Prozess des *Fakt Checkings* verantwortlich, der die Frames der Öffentlichkeit – und damit viele Spekulationen – ‚ausbremst'. Auf der strategischen Ebene ist diese Art von Frame-Ausrichtungen komplexer.

Als strategisches Mittel sind Frame-Ausrichtungen zunächst ein Werkzeug für die Mobilisierung von Menschen. Sie werden dafür genutzt, Frames hinsichtlich der Denk- Heuristiken, Wertvorstellungen oder Ähnlichem anzugleichen und deren Wirkung zu maximieren. Im größeren strategischen Maßstab, wenn also Einfluss auf die Öffentliche Meinung oder die gesamtgesellschaftlichen Interessen genommen werden soll, können *Frame-Alignments* einen breiten Wirkungsfaktor haben – von allgemeinen Bedeutungsänderungen bis hin zur strategischen Zusammenführung von Interessen-Koalitionen. Da eine Frame-Ausrichtung die Bedeutung einer spezifischen Policy-Idee wandeln kann oder sich Akteure über eine Frame-Konstruktion zusammenführen lassen, sind dies wirkungsvolle Techniken.

Frame-Alignments sind in dieser Hinsicht als taktische Handlungsmuster zu verstehen, die in einer aktionsorientierten Strategie erarbeitet und umgesetzt werden (Raschke und Tils 2007, S. 337, 340). So soll sowohl eine ‚Konsens-‘ als auch eine ‚Aktionsmobilisierung‘ möglich werden (Klandermans 1984). Bei einer solchen strategischen Ausrichtung bestimmen Strategen zunächst die Kernaufgaben des beabsichtigten Framings in einer Lageanalyse. Dabei sehen Snow und Benford in diesen Kernaufgaben das

1. diagnostische Framing,
2. prognostische Framing,
3. motivationale Framing (Snow und Benford 1988).

In der 1) *Diagnose* wird das Problem identifiziert und es werden Kausalattributionen gesetzt (das Zuschreiben von Ursachen und Erklärungen). Hierbei wird vor allem erarbeitet, wer für das Problem verantwortlich gemacht oder welchem Akteur die Schuld dafür zugeschrieben werden kann. In der 2) *Prognose* wird sowohl ein Handlungsrahmen entwickelt als auch eine mögliche Lösung erdacht. Hier werden also potenzielle Wege skizziert, wie man dem Problem entgegnen kann, aber auch auf welchem Weg das Ziel erreicht werden soll und kann. Schließlich ist noch die Frage der 3) *Motivation* zu stellen, in welcher beantwortet wird, warum das Problem gerade akut ist und warum dies für Personen in der Zielgruppe relevant sein kann. Die *Motivation* besteht also aus der Identifikation von Faktoren, durch die eine Beteiligung möglichst vieler Aktivisten erwirkt werden kann. Bei ihr werden entsprechend Anreize für eine Aktivität kommuniziert. Auf Basis der aus der Lageanalyse entstandenen Erkenntnisse entwickeln Mesomobilisierer Ansätze, wie alle relevanten Zielgruppen eine Identifikation mit dem Thema oder der politischen Bewegung generieren können (Benford und Snow 2000, S. 615; Benford 1993, S. 679). Diese Annahmen stehen nicht in

3.4 Techniken des Framing

Konkurrenz zu Entmans kommunikativer Kategorisierung von Problemdefinition, Ursachenzuschreibung, moralischer Bewertung und Handlungsempfehlung. Sie dienen jedoch für eher soziologische Untersuchungen. In einigen Fällen können diese beiden Analyserahmen sogar kombiniert werden, so zum Beispiel, wenn im Zuge der *Motivation* (Snow/Benford) Bürger zum Handeln aufgerufen werden.

Auch wenn die Ausrichtungs-Techniken konkret auf Mobilisierungsformen abzielen, finden sie sich auf allen Ebenen des strategischen Framings wieder: bei Regierungsakteuren, Protestbewegungen, Parteien, gesamten politischen Strömungen und sogar im Journalismus. Hierdurch entsteht erst die Dynamik eines Framing-Prozesses. Beispielsweise sind sich selbst Regierungsakteure dieser Dynamik bei der Festlegung der Agenda bewusst. Sie ‚folgen' nicht nur der Berichterstattung in den Medien, sondern tragen auch selbst zur Entwicklung des Framing-Prozesses bei. Ein solcher Wettbewerb kann eine ‚Verhandlungs'-Logik erzeugen. In der Öffentlichkeit der Medien konkurrieren dabei mehrere Frames bei der Diskussion und Verhandlung von politischen Lösungen (Dekker und Scholten 2017, S. 217).

Die Ausrichtungs-Techniken eignen sich auch dazu, über einfache Kommunikations-Frames ‚Stimmung' zu machen. Denn von der ‚Brückensetzung', einer Verknüpfung von zwei ideologisch teilkongruenten Frames, bis hin zu einer Transformation, einer Übertragung von neuen Werten, bestehen verschiedenste Optionen, die Strategen häufig nutzen (Vliegenthart 2012, S. 941). Konkret fallen darunter sozialpsychologische und strukturell-organisatorische Taktiken, mit denen die Bedeutungen in einem Frame verstärkt, überbrückt, ausgedehnt oder transformiert werden. Den Techniken entsprechend haben Snow et al. ihre vier Arten von *Frame-Alignments* als *frame amplification, frame bridging, frame extension* sowie *frame transformation* bezeichnet (Snow et al. 1986, S. 470 f.). In dem vorliegenden Lehrbuch werden als Ausrichtungen zudem noch die Technik der Normalisierung, des Werte-Framings, des emotionalen Framings, des *Counter-Framings,* des kulturellen Framings, des narrativen Framings, des Protestgruppen- und *Collective-Action-Framings* sowie des *Frame-Blendings* und *Frame-Shiftings* separat beschrieben. Die Einordnung der Techniken können zuweilen unter andere *Alignments* fallen und in einem wissenschaftlichen Diskurs könnte die hier vorgenommene Zuordnung auf Kritik stoßen. Der Autor dieses Buches erachtet diese jedoch als so bedeutend für das praktische strategische Framing, dass ihnen als Erklärung eigene Kategorien zugewiesen werden. Zudem werden sie in der Praxis auch zahlreich genutzt. Jede einzelne dieser Techniken wird im Folgenden erklärt. Aufgrund der vielfältigen Teilansätze erfolgt zunächst eine Kurzübersicht der wichtigsten Framing-Techniken in Tab. 3.1.

Tab. 3.1 Kurzübersicht Framing-Techniken. (Eigene Darstellung)

Werte-Framing (Abschn. 3.4.2)	Die Nutzung für die Zielgruppe wichtiger Werte, die in einem solchen Framing tangiert werden
Frame-Amplification (Abschn. 3.4.3)	Die Verstärkung eines Frames durch seine Repräsentation auf Basis wichtiger Teilelemente
Emotionales Framing (Abschn. 3.4.4)	Die konkrete Ausrichtung eines Frames auf die Aktivierung von Emotionen
Reframings (Abschn. 3.4.5)	Das breite Verständnis von Sachverhalten, Definitionen o. ä. wird mittels einer ‚Neudefinition' verändert und die alte Bedeutung überschrieben
Frame-Transformationen (Abschn. 3.4.6)	Die Frame-Transformation ist eine Technik, um eine Perspektive zu ändern, wenn ein Frame nicht mit bevorzugten Lebensstilen oder Ritualen und bestehenden Interpretationsrahmen resoniert oder sogar damit unvereinbar erscheint
Normalisierung (Abschn. 3.4.7)	Ideen, politische Vorstellungen o. ä. die abseits des politischen Mainstreams oder Akzeptablen liegen sollen in jenen Mainstream gehievt werden
Counter Framings, Mediation & Frame Contestation (Abschn. 3.4.8)	Die konkrete Gegenreaktion auf bestimmte Frames und ggf. auch ihrer Kommunikatoren
Frame-Bridging (Abschn. 3.4.9)	Das Verbinden zweier bislang strukturell nicht verbundener Frames
Frame-Dispute (Abschn. 3.4.10)	Dies ist keine Framing-Technik, sondern ein Einschub, in dem ‚Ausrichtungs-Konflikte' abgehandelt werden
Frame-Extension (Abschn. 3.4.11)	Die Erweiterung eines Frames, so dass er Gruppen tangiert, die bisher keine Relevanz in diesem sahen
Frame-Shifting und Frame-Blending (Abschn. 3.4.12)	Das ‚Drehen' eines Verständnisses durch sprachliche Konstruktionen/das Aufgehen zweier Frames in einem kompatiblen Frame ohne Abstraktion wie bei einer Framing-Bridge

(Fortsetzung)

Tab. 3.1 (Fortsetzung)

Semantisches Framing: Figurative und imaginäre Framing-Techniken (Abschn. 3.4.13)	Die Nutzung spezifischer Begriffe, die eine bestimmte Konnotation der Aussage erwirken sollen
Kulturelles Framing (Abschn. 3.4.14)	Die Nutzung wichtiger Bestandteile einer Kultur
Anbindung an Master-Frames (Abschn. 3.4.15)	Die Nutzung wichtiger allgemeiner ‚Denkmuster' einer Gesellschaft
Narratives Framing (Abschn. 3.4.17)	Die Nutzung von Narrativen, um beispielsweise das Verständnis von Sachverhalten zu reframen

3.4.2 Werte-Framing

Richard Wirthlin, der Chef-Stratege des Präsidenten Ronald Reagan, entdeckte im Jahre 1980 ein Strategie-Prinzip, welches politische Kampagnen in den USA grundlegend verändern sollte. Der Meinungsforscher war zuvor davon überzeugt gewesen, dass Bürger gewisse Kandidaten für politische Ämter allein auf der Basis ihrer politischen Programme wählten. Strategen verfuhren damals bei der Ausrichtung der Kommunikation entlang der *Rational-Choice*-Annahme, dass sich Menschen rational für die ihnen am zuträglichsten Policy-Vorschläge entscheiden würden. Bei einer Untersuchung von Einstellungen gegenüber dem Präsidentschaftskandidaten Ronald Reagan stieß Wirthlin jedoch auf Wähler, die für den ehemaligen Schauspieler stimmen wollten, obwohl deren politische Präferenzen in einigen Punkten nicht mit seinen übereinstimmten. Diese Beobachtung veranlasste Wirthlin zu einer intensiveren Untersuchung, welche ein bahnbrechendes Resultat enthüllte: Das ausschlaggebende Kriterium war für seine Wähler nicht etwa die Übereinstimmung in konkreten Policy-Positionen, sondern die Tatsache, dass Reagan in seinen Reden mehr über Werte als über Politik-Inhalte sprach (Lakoff 2006, S. 1). In den folgenden Jahrzehnten intensiver Framing-Forschung wurde klar, dass die Aufladung einer politischen Aussage mit Werten einen wesentlichen Einfluss darauf hat, wie diese in der Öffentlichkeit wahrgenommen wird. Framing-Effekte treten hierbei relativ unabhängig von den zugrundeliegenden Fakten auf. Oft ist die Wirkung eher davon bestimmt, ob ein Wert bei den Rezipienten mit der jeweiligen Botschaft im Einklang steht (Chong und Druckman 2007b; Doherty und Stancliffe 2017, S. 242). So wurden seit Wirthlins Erkenntnis Kommunikationsstrategien vermehrt durch Botschaften mit Werten aufgeladen, die für die Zielgruppe relevant sind. Es zeigte sich auch empirisch, dass Frames, die mit entsprechend Werten angereichert wurden, in der Regel besonders einflussreich sind (Andrews et al. 2016, S. 274 f.).

Werte tangieren die Präferenzbildung zunächst, indem sie beeinflussen, welchen Botschaften ein Individuum überhaupt Aufmerksamkeit zukommen lässt und welche Informationen es für glaubwürdig hält (Druckman und Lupia 2016, S. 15). Strategisch werden Frames neben diesem ‚ersten Kontakt' mit der Botschaft aber noch weitaus stärker ausgerichtet. Es werden also synthetische Frame-Resonanzen kreiert. Dies geschieht auf Basis der Annahme, dass die Unterstützung eines Frames vor allem dann in Aussicht steht, wenn seine Inhalte oder Wertebezüge bereits in den Denkschemata der Rezipienten verankert sind (Gerhards und Rucht 1992, S. 558; Hatfield-Edwards und Shen 2005, S. 796). Daher nutzen Kommunikatoren für eine starke und allgemeine Frame-Wirkung „innovative amplification and extensions of, or antidotes to, existing ideologies or components of them" (Benford und Snow 2000, S. 613). Sie versuchen die Kommunikation also möglichst an bekannte oder weit verbreitete (Wert-)Vorstellungen anzubinden. Um die Vorteile des ‚Anknüpfens' und ‚Verankerns' voll auszuschöpfen, setzen Akteure bei der Konstruktion von Frames häufig vertraute, interpretative Schemata ein, die mit bestehenden *Beliefs* korrelieren (Benford und Snow 2000, S. 613; Snow 2004, S. 384). Für eine breite Framing-Strategie bedeutet dies, dass Botschaften, die ein Gefüge mit *Mainstream-Beliefs* bilden, besonders erfolgversprechend sind (Benford und Snow 2000, S. 613; Snow 2004, S. 384; Taylor und Van Dyke 2004, S. 282). Faktisch wird hierzu der Orientierungsrahmen durch – zumeist simplifizierte – ‚real existierende' Überzeugungen und Werte angereichert und damit die ideologischen Leitlinien einer strategischen Gruppe mit den allgemein anerkannten Wertvorstellungen verknüpft (Gillan 2008, S. 253). Dabei können die *Belief*-Bezüge zum tragenden Deutungsmuster des Frames avancieren und als ideologische Elemente zur Mobilisierung genutzt werden, sofern sie erfolgversprechend scheinen (Haunss 2004, S. 37; Snow et al. 1986, S. 469). In diesem Fall wird der Frame entlang der grundlegenden Überzeugungen der Zielgruppe und auf einen entsprechenden Aktionsfokus ausgerichtet (Gillan 2008, S. 247 f.).

Bei einem solchen *Alignment* werden politische Fragestellungen mit den in der Zielgruppe identifizierten Werten verbunden, um eine stärkere Unterstützung für die angebotenen Lösungen zu erhalten (Hatfield-Edwards und Shen 2005, S. 798). Die Lösungsvorschläge fungieren dabei als symbolische Mittel für die Konstruktion von angemessenen Verhaltensweisen oder einer wünschenswerten Realität. Mit deren Kommunikation soll die Perzeption bei der Bevölkerung entstehen, dass eine bestimmte Reaktion erforderlich ist, die von einer kognitiven Unterstützung bis hin zu spezifischen Maßnahmen reichen kann (Snow et al.

3.4 Techniken des Framing

1986, S. 469). Aktivisten nutzen derlei ‚*Value* Framings' gezielt für die Konstituierung oder Steuerung einer Bewegung (Munro und Schurman 2006, S. 6). Als Ziel steht ein ideeller Zustand, der auf den Grundlagen der *Beliefs* beruht (Snow et al. 1986, S. 469).

Werte-Frames beeinflussen nicht nur Wertvorstellungen und wie Probleme wahrgenommen oder beurteilt werden; sie tragen auch dazu bei, eigene Ansichten zu verfestigen. Zudem führen sie zu einer höheren Partizipationsbereitschaft. Kurz: Sie sind extrem effektiv (Borah 2014, S. 822; Brewer 2002, S. 313 f.). Werte selbst sind zwar etwas Abstraktes, können in Frames jedoch konkret gemacht werden. Die persönliche Freiheit ist ein häufig gewählter Wert, um Frames zu verstärken. So wird ein politischer Streitgegenstand, wie zum Beispiel die Einführung eines generellen Tempolimits oder die Beschränkung des Besitzes von Schusswaffen schnell zur Bedrohung, wenn sie in Relation zur Freiheit gestellt wird. Die beispielhaft angeführten Maßnahmen würden schließlich die individuelle Handlungsfreiheit von Waffen- oder Autobesitzern beschneiden.

Werte sind eine bestimmende Größe für die politischen Präferenzen, da diese selbst auf wertgeleiteten Grundlagen basieren – sie sind schließlich in den *Belief Systemen* aller Menschen verankert (Hatfield-Edwards und Shen 2005, S. 804; Wildavsky 1987, S. 8). Da sich Individuen bei Entscheidungen über eine politische Positionierung meist auf ihre Kernwerte berufen, sind diese ein natürlicher Identifikationspunkt für politische Orientierungen. Sie fungieren zudem als Träger politischer Ideen für wünschenswerte gesamtgesellschaftliche Konzepte. Ideologische Präferenzen lassen sich daher zwischen generellen Wertorientierungen und spezifischen Ansichten bezüglich einzelner politischen Sachfragen verorten (Arzheimer 2009, S. 86; Lakoff 2004, S. 23; Lakoff 2006, S. 14; Hatfield-Edwards und Shen 2005, S. 797). Mit der entsprechenden Frame-Ausrichtung soll eine Werte- oder Interessenskongruenz geschaffen werden, welche die Glaubenssysteme der Rezipienten aktivieren und Resonanz erzeugen soll (Snow et al. 1986, S. 470, 476). Leisten dies die propagierten Werte, kann die Einstellung zu einem spezifischen Thema beeinflusst werden (Benford 1993, S. 691). Diese Wirkung ist so stark, dass Werte Menschen oft mehr motivieren als materielle Interessen (Cairney 2015, S. 485). Die *Rational-Choice*-Annahme ist daher hinsichtlich des Werte-Framings irrelevant. Anstatt die Interessen der Rezipienten zu tangieren, wird lediglich an deren Wertvorstellungen angeknüpft, um einen Frame stärker zu machen.

Werte-Frames sind meist imaginärer Natur, sie werden also über eine symbolische Sprache getragen (Wolf und Van Dooren 2017, S. 466). Außerdem fördern sie die Verwendung von ‚Werte-Vokabular' (Brewer 2002, S. 313 f.). Die Wirkung dieses ‚Vokabulars' ist denkbar einfach: Menschen sind empfänglicher für

Informationen, die sie schnell verarbeiten und direkt auf Entscheidungen anwenden können. In vielen Fällen tendieren Individuen deshalb dazu, ihre Präferenzen auf bestimmte Auslösereize/Stichwörter *(Cues)* zu stützen (Druckman und Lupia 2016, S. 18). Nicht selten sind in strategischen Frames diese *Cues* Werte, wie etwa ‚Freiheit', ‚Gleichberechtigung' und ‚Sicherheit' oder ‚Stabilität'. Eine entsprechende Reaktion ist nicht garantiert, aber bei einer Anreicherung um jene Faktoren wird die Chance erhöht, Präferenz-Änderungen bei den Rezipienten auszulösen (Entman 1993, S. 53).

Zunächst steht bei den Forderungen nicht die konkrete Beschaffenheit der Vision im Mittelpunkt, sondern lediglich das spezifische Eifern um Werte (Gillan 2008, S. 247 f.). Politische Präferenzen bestehen allgemein zunächst nicht aus inhaltlichen Vorstellungen – sie sind normativ (Hajer 1993, S. 45, Wildavsky 1987, S. 8). Die Inhalte folgen erst, nachdem Wertgrundlagen entsprechend aktiviert wurden. In Frames wird daher zumeist auch nicht die direkte Unterstützung für gewisse Policies gefordert (Lakoff 2006, S. 1). Werte sind symbolische Platzhalter und konkrete Policies nur sekundär. Daher führt die primäre Beachtung der in den Frames enthaltenen Policy-Vorschläge oftmals in die Irre: Bisweilen zielen Framing-Strategien nicht auf die Vermittlung von einzelnen Policies ab, sondern fungieren als vornehmlich abstrakte Botschaften mit wertbasierter Grundlage, in welche Policy-Konzepte eingebettet werden können. Langfristig können so Effekte auf die Öffentliche Meinung, die politische Mitte oder *Single-Issue*-Wähler erzielt werden (Lakoff 2004, S. 23, 2006, S. 37). Dennoch sind einzelne Themen nicht irrelevant: „*Issue*s are real, as are the facts of the matter. But *Issue*s are also symbolic of values and of trustworthiness." (Lakoff 2006, S. 1). Beispielsweise werden Bestrebungen um den Klimaschutz oft im Kontext formuliert, die Erde für künftige Generationen zu erhalten. Dieser Wert formt die Grundlage für verschiedene Policy-Konzepte die einen geringeren CO_2-Ausstoß zum Ziel haben, beispielsweise die Energiewende oder Fleischverzicht.

Zunehmend werden Erkenntnisse über die Wirkung von Werten auch in der politischen Meinungsbildung als strategisches Mittel herangezogen. Insbesondere bei Framing-Strategien wird in der Kommunikation auf die Verwendung von Werten oder Elementen gesetzt, die ein Wertesystem aktivieren sollen. Mit diesem Wandel in der strategischen Kommunikation wurde auch die Forschungsperspektive des Framings zu einem weitläufig akzeptierten Ansatz und gewann kontinuierlich an Bedeutung. Nicht selten werden Frames mit Werten verstärkt oder mit Frame-Verstärkungen konkrete Werte bei den Rezipienten angesprochen. Diese Technik wird als *Frame-Amplification* bezeichnet.

3.4.3 Frame-Amplification

Die *Frame-Amplification* ist eines der fundamentalsten Elemente der *Frame-Alignments*. Sie wird häufig als eine taktische Entscheidung für die Erhöhung der Resonanz genutzt und ist zudem eine Methode zur Verbreitung des Frames. Wie der Name bereits beschreibt, geht es um die Verstärkung eines Frames, beziehungsweise einzelner Werte oder Ideen davon. Nach Snow et al., ist die *Frame-Amplification* eine Form von Klärung und Stärkung eines interpretativen Frames, der sich auf ein bestimmtes Thema, Problem oder eine Reihe von Ereignissen bezieht (1986, S. 469). Im Gegensatz zum Werte-Framing bestehen bei den Themen bereits Verbindungen zu Werten. Die Wertverstärkung ist also eine Betonung der Relevanz des Themas für die bestehenden Werte; häufig ist dies eine Methode, um die Existenz dieser Werte ins Bewusstsein zu rufen. So können Glaubenssätze auch verstärkt oder verändert werden. In der Praxis fällt darunter eine Idealisierung, Beschönigung, Verdeutlichung oder Stärkung bestehender Werte oder *Beliefs,* die entweder in dem Frame genutzt oder durch ihn aktiviert werden sollen. Bei einer Verstärkung wird bisweilen noch in *Value-* und *Belief-Amplification* unterteilt. Werte sind zumeist auf konkrete Ziele oder Endzustände bezogen, die erreicht oder gefördert werden sollen; *Beliefs* sind hingegen eher als ideelle Elemente zu verstehen, die kognitive Maßnahmen zur Erreichung gewünschter Werte unterstützen oder diesen auch entgegenstehen (Snow et al. 1986, S. 470).

Aus strategischer Sicht ist die Frame-Verstärkung eine häufig genutzte Variante, um die Wirkung von Botschaften zu erhöhen. Weil bestehende Überzeugungen und Werte einen so hohen Resonanzfaktor liefern, sind viele Frames darauf ausgerichtet, diese zu verstärken (Benford und Snow 2000, S. 624). Bei der Lageanalyse gehen Strategen von der Annahme aus, dass die Individuen in ihrer Zielgruppe bereits von einer Reihe an Werten geprägt sind. Über den (später kommunizierten) Interpretationsrahmen können daher gezielt Werte angesprochen, verstärkt oder reaktiviert werden. Bei Konflikten werden die Referenzpunkte dann so gesetzt, dass die präferierten Werte der Zielgruppe im Mittelpunkt des jeweils kommunizierten Diskurses stehen (Druckman 2011, S. 288). Dabei betonen die Strategen ein besonderes Frame-Element oder ein besonderes Ziel meist als eine Art Slogan, um eine mögliche Identifikation der Individuen mit dem Frame durch Wertekongruenz zu erreichen (Snow et al. 1986, S. 469).

Bei einer *Frame-Amplification* werden zunächst ein oder mehrere Werte erhöht. Ein Wert, der gewählt und verstärkt werden soll, wird im Zuge einer *Amplification* als ein wichtiger Bestandteil eines Frames eingebettet oder hervorgehoben. Er fungiert dabei stellvertretend für die ganze Debatte, den gesamten

Frame oder die gesamte Bewegung. Hank Johnston und John A Noakes verwenden in Bezug auf das Abtreibungsbeispiel die Meinungsbekundung „It's not a choice, it's a child", die als Stoßstangenaufkleber in den USA verbreitet sind (Johnston und Noakes 2005, S. 8). Bei einer solchen *Value-Amplification* wird ein für die eine Seite wichtiger Wert in der Debatte – das Kind selbst – dem Framing der anderen Gruppe entgegengesetzt. Damit soll gezeigt werden, dass die Interpretation einer Gruppe – die Wahl – den Schutz des Lebens nicht aufwiegt. *Frame-Amplifications* können als Synekdoche verstanden werden, da sie häufig als ‚Teil für ein Ganzes' stehen (Benford und Snow 2000, S. 623 f.). Durch dieses Beispiel wird auch klar, warum ein solch kurzer Slogan dies vermag: Es ist nicht nur einfach ersichtlich und zugänglich, auf welcher Seite die Person steht, die ihn nutzt; auch ist den meisten Beobachtern die gesamte Argumentation dieses Menschen klar.[9] Somit wird durch eine kurze Aussage in Form eines Aufklebers Stellung bezogen.

In Frame-Verstärkungen werden, wie im genannten Beispiel, nur einzelne Werte oder *Beliefs* verstärkt. Dies zeigt sich in gleicher Weise bei dem auch in Deutschland weitläufig genutzten Slogan der Gegenbewegung: *My Body, my choice*. Auf entsprechenden Aufklebern, die auch nur die Worte *Pro-Choice* umfassen können, wird der tragende Wert in der Selbstbestimmung über den eigenen Körper verortet. Anhand beider Beispiele sollte verständlich werden, warum die Verstärkung eines Frames nicht nur wirksamer, sondern auch zugänglicher macht: Die meisten Menschen haben hinsichtlich des Lebensrechts des künftigen Kindes und des Selbstbestimmungsrechts der Frau eine konkrete Werte-Anordnung, die mit den Botschaften aktiviert wird. Anhand solcher Slogans wird die Überzeugungsarbeit zudem sehr kurz und knapp vollbracht, da außer den wenigen Worten keine weitere Erklärung notwendig ist. Es werden also jene Menschen eher erreicht, die sich bisher in der Debatte nicht eindeutig positioniert haben, mit den Verstärkungen jedoch einen Faktor zum Andocken in eine bestimmte Richtung finden. Für Menschen mit einer bereits vorgefassten Meinung verstärken diese Symbole potenziell stetig ihren Heuristik-Frames.

Mit den exemplarisch verwendeten Slogans wird auch ersichtlich, dass eine solche Verstärkung nur für gewisse Themen möglich ist, die weitläufig bekannt sind. Ein Slogan, der nicht offensichtlich in seiner Bedeutung ist, kann vielleicht Aufmerksamkeit erregen, er ist aber weit weniger Menschen zugänglich. *Frame-Amplifications* nutzen also bestehende Einstellungen, um Menschen von

---

[9] Oftmals wird dabei sogar die gesamte politische Einstellung zugänglich, da einzelne politische Präferenzen in der Regel relativ gut clustern. So sind beispielsweise zumeist jene Menschen, die für ‚*Pro-Choice*-Bewegungen' eintreten, auch sonst in ihren Einstellungen eher sozialliberal.

3.4 Techniken des Framing

einer Position zu überzeugen, die ebenjene tangiert. Eine solche Verstärkung kann dazu beitragen, dass die Verbindung zu einer Position im Framing-Prozess verdeutlicht wird (Béland 2009). Entsprechend gilt für eine *Value-Amplification:* „[it] refers to the identification, idealization, and elevation of one or more values presumed basic to prospective constituents but which have not inspired collective action for any number of reasons" (Snow et al. 1986, S. 469). Häufig werden die thematisierten Probleme als divergierend zu allgemeinen oder spezifischen Wertvorstellungen geschildert; eine Wiederbelebung der verkümmerten Werte oder eine Verpflichtung zu diesen zwingt sich damit bei einer Bedrohung von Werten schlechterdings auf. Die Verstärkung soll dabei sowohl eine Identifizierung der Zielgruppe als auch eine Idealisierung der kommunizierten Vorstellungen erwirken (Snow et al. 1986, S. 469). Gerade die implizite oder explizite Kommunikation einer Gefahr für Werte und Interessen der Klientel ist dafür prädestiniert, Konflikte auszulösen und zu stimulieren (Tarrow 1998, S. 86). Daher können Frame-Verstärkungen auch in hohem Maße politisierend sein.

Spezifisch werden *Frame-Amplifications* häufig dann eingesetzt, wenn die Unterstützung für Anliegen gefordert wird, deren Begünstigte sich stark von den Menschen der Zielgruppen unterscheiden (Paulsen und Glumm 1995). So wird beispielsweise in der Kommunikation um Flüchtlingshilfe häufig eine Frame-Verstärkung genutzt, eine *Belief-Amplification,* um genau zu sein. Hierbei wird insbesondere die starke Hilfsbedürftigkeit von Einwanderern und Flüchtlingen hervorgehoben, um bei den Rezipienten ein Mitgefühl zu aktivieren (d´Haenens und de Lange 2001; Van Gorp 2006). Da die Gruppe der Begünstigten sich in einer wesentlich anderen Situation als die angesprochene Zielgruppe befindet, ist es zielführend für Menschen, die sich in der Flüchtlingshilfe engagieren, mit der Verstärkung einzelner *Beliefs* Unterstützung zu gewinnen. Nutzt man hingegen eine Zuschreibung wie ‚Asyltourismus', liefert dies eine Vorstellung, dass die Flucht ähnlich einer Urlaubsreise und der Aufenthalt eine Art *All Inclusive* darstellt. Derlei illegitime Urlaube auf Kosten der Steuerzahler wären in der Konsequenz zu unterbinden.

Frame-Verstärkungen haben weiterhin besonders große Wirkungen für Gruppen, deren Werte der vorherrschenden Kultur entgegenlaufen (Benford und Snow 2000, S. 624). Um am vorherigen Beispiel anzuknüpfen, sind beispielsweise Frame-Verstärkungen gegenüber den Fluchtbewegungen seit dem Jahr 2015 zunehmend wahrzunehmen: Wird hierbei stellvertretend für die gesamte Debatte beispielsweise ein Verlust-Frame lanciert, der die Vorstellung betont, dass Menschen nun etwas bekommen, was einem selbst verwehrt werde, kann dies eine Wirkung in Bezug auf die Positionierung gegenüber der Einwanderung entfalten.

Damit lassen sich beispielsweise Sympathiewerte von Russlanddeutschen gegenüber den Positionen der AfD erklären: Sie waren auch einst Einwanderer, haben diese Unterstützung, die nun Flüchtlingen zuteil wurde, nach ihrer Einschätzung jedoch nicht erhalten.

Gerade emotionale Themen haben das Potenzial, Individuen in ihrer Meinung zu tangieren. Die meisten Menschen verspüren eine gewisse Wut, wenn sie fühlen, dass sie scheinbar zurückstehen müssen und stattdessen eine andere Gruppe bevorzugt wird. Insbesondere kann diese gefühlte Benachteiligung in bestimmten Bevölkerungsgruppen zur Zurückweisung von politischen Maßnahmen führen, wenn ihnen der perzipierte Vorzug der anderen nicht verdient erscheint: Sie selbst haben schließlich lange Zeit Steuern bezahlt und sollten aus ihrer Sicht schon allein deshalb vom System profitieren. Eine ähnliche Verbindung zu Emotionen haben viele Frames. Weil ein emotionales Framing dabei sogar spezifische Emotionen aktivieren kann, wird diese Technik von Aktivisten, Politikern, Organisationen, PR-Agenturen und mitunter auch von Medienvertretern vielfältig genutzt (Polletta 1998, S. 420). Daher ist diese Art von Framing auch in der Forschung ein wichtiger Aspekt, der im folgenden Kapitel näher betrachtet wird.

3.4.4 Emotionales Framing

Strategische Framings sind häufig darauf ausgerichtet, Emotionen zu aktivieren. Dabei zeigen sich insbesondere Framing-Effekte, wenn ein Ungerechtigkeitsempfinden oder andere starke Emotionen ausgelöst werden (Baumgartner 2007, S. 486; Gamson 2004, S. 257, Gillan 2008, S. 249). In der kognitiv orientierten Frame-Forschung fand die emotionale Wirkung lange wenig Beachtung. Jüngere Ansätze integrieren diese jedoch, da Emotionen bei der politischen Haltung von Individuen eine wesentliche Rolle spielen.

Die Annahmen zu emotionalen Effekten von Frames basieren überwiegend auf den aktuellen Erkenntnissen der Medienwirkungsforschung. Diese deuten darauf hin, dass die Frame-Wirkung nicht nur Einstellungen, also kognitive Prozesse, sondern auch Emotionen aktivieren kann. In Studien wurden derlei Effekte wiederholt gezeigt (Bilandzic et al. 2017, S. 485; Kühne 2013). In der Literatur wird daher zwischen affektiven und kognitiven Deutungsprozessen unterschieden (Gross 2008).

Wenn ein Frame-Effekt über eine emotionale Aktivierung eintritt, werden die ausgelösten Emotionen mit ihrem Bedeutungsgehalt auf die Thematik übertragen, da sie direkt mit dem Frame gekoppelt sind (Kühne 2013, S. 18 ff.). Damit

3.4 Techniken des Framing

können Gefühle wie Ungerechtigkeit, Entrüstung, Loyalität, Angst, Scham, Verlegenheit, Hass oder Wut durch Frames entfesselt und auf ein Thema projiziert werden. Dies kann schon bei einem Medien-Framing darüber eintreten, auf welch scheinbar ungeeignete Weise die Regierung ein soziales Problem löst (Conley und Heery 2007, S. 13; Klandermans 2008, S. 271 f.). Wenn Nachrichten-Frames Emotionen hervorrufen, kann selbst die Perzeption nachfolgender, mitunter neutraler Nachrichten von diesen hinsichtlich der Informationsaufnahme und Meinungsbildung beeinflusst werden (Kühne und Schemer 2015, S. 401). Aber auch Nachrichtenartikel, die selbst nicht emotional gehalten sind, können diskrete Emotionen aktivieren, die als relevante Vermittler von Framing-Effekten fungieren (Lecheler et al. 2015, S. 825 f.).

Die Wirkung jener Art von Frames ist besonders relevant, denn Emotionen beeinflussen in hohem Maße die Entscheidungsfindung jedes Menschen im Alltag – insbesondere bei sozialen Fragen (Van Kleef et al. 2010, S. 86). Beim bereits angerissenen Thema Immigration treten starke Framing-Effekte auf: In Verbindung mit den emotionsbasierten Variablen Enthusiasmus und Ärger, haben die entsprechenden Frames einen signifikanten Einfluss auf Meinungen (Lecheler et al. 2015, S. 825 f.). Ein gegensätzliches Framing kann hingegen eher Empathie auslösen (Verkuyten 2004). So lässt sich über die Aktivierung spezifischer Emotionen gezielt die Meinungsfindung steuern.

Die Intensität, mit der Kognitionen und Emotionen die Entscheidungsfindung beeinflussen, hängt von ihrem Aktivierungsgrad ab. Je höher dieser ist, desto stärker wirken sie auch auf die Urteilsbildung (Kühne 2013, S. 18). Frames, die im öffentlichen Diskurs umstritten sind, rufen in der Regel stärkere emotionale Reaktionen hervor als weniger kontroverse Inhalte (Lecheler et al. 2015, S. 826). Zudem zieht die Zuschreibung von Verantwortung eine hohe Gefühlsaktivierung nach sich. Wenn beispielsweise bei Krisen die Verantwortung klar zugeschrieben wird, unterliegt dies der Handlungslogik *(Logic of Action)* und der als verantwortlich dargestellten Macht *(Target of Attribution)*. Werden beide Elemente in eine klare Verbindung gesetzt, kann dies affektive Frame-Wirkungen erzeugen. Auf diesem Wege kann die Wahrnehmung eines Missstandes, wie beispielsweise einer Krise, beeinflusst werden – und infolge auch die Reaktionen der Öffentlichkeit (von Scheve et al. 2016, S. 635). Negative Emotionen wie Wut und Ärger entstehen gegenüber den Beschuldigten umso intensiver, je deutlicher ihnen Verantwortung zugeschrieben werden kann und je stärker eine Absicht hinter der auslösenden Handlung vermittelt wird. Daher ist es mit Frames, die eine hohe Verantwortung zuweisen, möglich, sowohl indirekt als auch direkt Wut bei den Rezipienten zu entfachen. Wenn hingegen die Verantwortung abstrakten Kräften zugeschrieben oder die Ursache als unbeabsichtigt interpretiert wird, ergeben sich eher Emotionen in Form von diffuser Angst oder Unsicherheit (Kühne et al. 2015, S. 273; von Scheve et al. 2016, S. 648). Mit einem spezifischen Framing kann also ganz gezielt die Reaktion einer Zielgruppe geleitet werden. Auch in dieser Hinsicht ist es für Politiker erfolgsversprechender, eine Problematik zu vereinfachen und moralische Gefühle anzusprechen als diffizil-sachliche Gesichtspunkte zu präsentieren. Präziser gefasste, nüchterne Frames sorgen eher für Zweifel oder Verwirrung – vor allem, wenn sie der Meinung der Rezipienten entgegenstehen. Abstrakte Frames, die moralische Gefühle ansprechen, bergen dagegen eine größere Valenz in der Gesellschaft. Sie erhöhen zudem die Gewissheit eines Individuums bei der Bewertung von Policys (Kangas et al. 2014, S. 73, 87 f., 89).

Frames wirken generell effektiver, wenn sie ein Gefühl der Angst oder Sorge bei Empfängern auslösen, als wenn sie eher daraufhin ausgerichtet sind, Mitgefühl oder Besorgnis um ein Opfer hervorzurufen (Hart 2011, S. 46). In der Flüchtlingspolitik stehen beispielsweise die Erfolgschancen eines Framing auf der Basis von Angst besser als jene einer *Belief-Amplification* in Bezug auf die Hilfsbedürftigkeit von Flüchtlingen. Auch das ist jedoch relativ, denn Verlust-Frames, die Schuldgefühle erzeugen, zeigen einen größeren Effekt als jene, die lediglich ein Gefühl der Furcht auslösen. Sie steigern die Opferbereitschaft der Rezipienten wesentlich stärker (Bilandzic et al. 2017, S. 483 ff.). Es kommt also in emotionaler Hinsicht eklatant auf das jeweilige Framing an. Die jeweiligen Emphasen- und Kontextsetzungen sind davon abhängig, was Kommunikatoren mit ihren Framings bezwecken wollen. Für Frame-Analysen lassen diese bereits Rückschlüsse auf die Intention zu.

Die Strategie der Emotionsaktivierung birgt aus noch einem weiteren Grund Potenzial: Ein emotionales Framing beeinflusst nicht nur das Denken und die Einstellungen der Rezipienten, sondern kann auch ganz gezielt spezifische Verhaltensweisen hervorrufen. Es gibt Hinweise darauf, dass sthenische Affekte wie Wut und Ärger tendenziell zu einer gesteigerten Risikobereitschaft und einem offensiven Handeln führen. Asthenische Affekte wie Furcht, Angst und Unsicherheit verleiten hingegen eher zu risikoaversem Verhalten (von Scheve et al. 2016, S. 648). Außerdem stehen Emotionen durch ihre Wirkung in Zusammenhang mit gewissen Policy-Fokussierungen: Ist ein Frame auf das Entfesseln von Wut ausgerichtet, erhöht dies die Zugänglichkeit und die Präferenz für Strafmaßnahmen. Frames, die hingegen eher Traurigkeit auslösen, vergrößern die Empfänglichkeit für Informationen über Hilfe für Opfer und die Präferenz für Hilfsmaßnahmen (Kühne und Schemer 2015, S. 387).

Auf Basis der Erkenntnisse um emotionsbasiertes Framing lässt sich schließlich auch erklären, warum Empörungs-Frames so zahlreich auftreten: Wird eine gewisse Angelegenheit als Verstoß gegen geltende moralische Konventionen perzipiert, bringt dies häufig eine emotionsgeladene Entrüstung mit sich. Durch die gezielte Betonung oder Konstruktion von Moralwidrigkeit in emotionstangierenden Botschaften lassen sich also entsprechende Stimmungen leicht (weiter-)verbreiten. Nicht selten stehen derlei ‚Empörungs-Absichten' in Zusammenhang mit breit angelegten Strategien für eine neue Deutung eines Sachverhalts, mit denen sich ein dominantes Denken in der Gesellschaft oder gewissen Segmenten davon wandeln soll. Wenn Elemente eines Frames nicht vollständig mit den *Beliefs* einer Zielgruppe zusammenpassen, sind solche strategischen Bedeutungstransformationen erforderlich. Dabei werden allgemeine Annahmen über Personen, Ereignisse oder kulturelle Bestände modifiziert, indem sie in einen solchen Kontext gesetzt werden, dass eine gänzliche Neuinterpretation aus der veränderten Wahrnehmung resultiert. Über eine solche Ausrichtung können auch radikalere Positionen immer mehr dem gebräuchlichen Umgang in der politischen Mitte angenähert werden.

3.4.5 Reframings

Reframings sind Veränderungen in bestehenden Frames der geteilten Realität. Bei einem *Reframing* wird ein Sachverhalt umgedeutet und eine alte Bedeutung überschrieben. Damit verändert sich auch das Verständnis über den Sachverhalt. *Reframings* werden beispielsweise angestrebt, wenn Bedeutungen oder andere Elemente der jeweiligen Kultur, wie relevante Ereignisse oder Biografien, strategisch ‚angeglichen' werden sollen und können daher auch als *Neurahmungen* oder *Referenztransformationen* verstanden werden. Ein *Reframing* ist daher eigentlich weniger eine Technik als ein eingetretener Zustand: Von einem *Reframing* kann im Grunde nämlich erst dann gesprochen werden, wenn der Frame tatsächlich erfolgreich verändert wurde. In der Forschung – vor allem aber in der Alltagsdenke – unterscheiden sich jedoch die Handhabungen, wo ein *Reframing* beginnt. Mitunter wird in einer Analyse bereits dort angesetzt, wo eine neue Interpretation konstruiert wird; ein *Reframing* ist jedoch erst gegeben, wenn eine Änderung im Denken bei der Zielgruppe eintritt (Lakoff 2004, S. xv). Diese Einschätzung ist vor allem deshalb sinnvoll, da ein *Reframing* auch als ein Ergebnis einer anderen Framing-Technik eintreten kann.

Reframings werden immer dann erstrebt, wenn der beschriebene Sachverhalt nicht ohne eine Uminterpretation mit den Werten erklärt werden kann, die zur Verstärkung des Frames zur Verfügung stehen (Polletta 1998, S. 424). In einer solchen Situation werden Frames passend konstruiert, gegebenenfalls aber auch bestehende Deutungsrahmen angepasst. Durch die meisten dieser *Reframings* werden Bedeutungen verändert oder Werte neu besetzt und die alte Version überschrieben, um das Verständnis für diese an die Ziele der jeweiligen politischen Strömung anzugleichen. Ein einfaches Beispiel wäre es, dass eine Anti-Steuer-Bewegung Steuern nicht als Beitrag für die öffentlichen Aufgaben des Staates versteht, sondern als Raub, da die Regierung von dem nehme, was ihr nicht zustehe. Wenn diese Idee mit einem Teil der Gesellschaft resoniert und schließlich deren Denkweise erreicht hat, ist ein *Reframing* eingetreten.

Reframings knüpfen meist an einen breiteren, bekannten und daher leicht zugänglichen Diskurs an. Akteure nutzen dafür diskursive Gelegenheitsstrukturen, an denen sie ihr Framing ausrichten. Dabei werden die bisher vorherrschenden Denkschemata neu besetzt und bei einem erfolgreichen *Reframing* erlangen die Inhalte eine neue Bedeutung – in Abhängigkeit zu dem dahinterliegenden Frame (Werner und Cornelissen 2014, S. 1466 f.). Dies beginnt bei der Umdeutung von Biografien und endet mit dem *Reframing* einer ganzen Nationalgeschichte. In der Regel ist es einfacher, bestehende Elemente des kulturellen Kontextes zu *reframen* als neue Begriffe oder Diskurse einzuführen (Entman 1993, S. 55). Selbst ein radikales *Reframing,* mit welchem eine vorherrschende Denkstruktur fundamental verändert werden soll, baut daher meist auf einen bereits vorhandenen Diskurs auf. In der öffentlichen Debatte zu einer Thematik kursieren meist konsistente Gegenkonzepte, an die das *Reframing* anknüpfen kann. Dabei muss der Diskurs einerseits extensiv, andererseits aber auch flexibel genug geführt werden, dass mit dem *Reframing* der vorherrschende Diskurs und das bestehende systemische Wissen vollständig verdrängt werden kann (Werner und Cornelissen 2014, S. 1464). Ein *Reframing* wird aufgrund der Möglichkeit eines solchen Wandels häufig mit dem Begriff des Paradigmenwechsels[10] gleichgesetzt. Dies mag als allgemeine Analogie sinnvoll sein, im wissenschaftlichen Diskurs ist ein Paradigmenwechsel jedoch weit umfassender (Kuhn 1979). Ein *Reframing* verändert zwar eine Denkweise und überschreibt alte Bedeutungen; es lässt jedoch selten ein gesamtes Denk-Paradigma hinter sich. Dennoch ermöglicht diese Technik bisweilen groß angelegte Veränderungen in der Gesellschaft.

Strukturell wird bei *Reframings* an der Interpretativität des bestehenden Diskurses angeknüpft und die Bedeutung des hierbei existierenden Vokabulars

---

[10] Der Begriff des Paradigmenwechsels wurde von Thomas S. Kuhn in der Wissenschaftstheorie für die Ablösung eines gesamten Denk-Paradigmas geprägt. Paradigmenwechsel treten äußerst selten auf, da sie die gesamte theoretische Grundlage einer Wissenschaft oder einer Teilströmung davon ungültig machen. Albert Einsteins Relativitätstheorie löste einen Paradigmenwechsel in der Physik aus (Kuhn 1979).

umgedeutet. In diesem Vorgehen kann über Metaphern, spezifische Muster, Argumente und Bilder die Bedeutung des Inhaltes neu besetzt werden (Van Gorp 2007, S. 64). Da geschichtliche Ereignisse, Aktivitäten und Biografien in der Regel in primären Frames vordefiniert sind, ordnet sie der umgebende existenzielle Inhalt in eine bestimmte politische Dimension ein und verleiht ihnen analog einen entsprechenden Sinn. Mit den neu implementierten Bedeutungen werden alte Vorstellungen überschrieben, indem ‚falsche' *Beliefs* oder *Misframings* umformuliert und in ihrem neuen Verständnis kommuniziert werden (Snow et al. 1986, S. 469; Snow und Benford 1988, S. 473).

Der ‚Raub-Frame' mag für den Großteil der Gesellschaft zu radikal sein, da kulturell eine relativ hohe Akzeptanz für Steuern in Deutschland besteht, aus denen schließlich auch die Infrastruktur, Ausbildungsstätten und vieles mehr finanziert werden. Wenn nun jedoch die Verbindung zur Erkenntnis der OECD hergestellt wird, dass in Deutschland Steuern und Sozialabgaben im Vergleich immens hoch sind, mag die Neuinterpretation bei einigen auf Resonanz stoßen. Auf diesem Wege können Frames abstrakt bestehenden Denkmustern, Interpretationen, Ideen oder Biografien einen neuen ideologischen Meinungsdrall *(Spin)* verleihen (Entman 1993, S. 52; Oliver und Johnston 2000, S. 47). Das Framing wird damit für eine breitere Masse zugänglich.

Werden die Grenzen eines legitimen Kontextmodelles nicht verletzt, können Strategen auf Basis einer breiten Kommunikation das Verständnis von bekannten Begriffen oder von einer Reihe konkreter Ereignisse *reframen* (Benford 1993, S. 678). Ein *Reframing,* das außerhalb dieser legitimen Grenzen eines Kontextmodelles liegt, resoniert weniger mit der breiten Gesellschaft. Die Kontextsetzung der Massentierhaltung als Holocaust ist hierfür ein Beispiel. Während große Teile der Tierschutzbewegung dieses *Reframing* gerne akzeptieren, stößt es bei anderen Teilen der Gesellschaft mitunter auf Ablehnung: Die Qualen, die Tiere erleiden, werden von ihnen aufgrund der Singularität des Zivilisationsbruchs nicht als Vergleich und neue Bedeutung akzeptiert – gerade in der Politischen Kultur Deutschlands.[11]

Mitunter gibt es Vorstöße, die gesamte Politische Kultur einer Nation *reframen* zu wollen. Ein Beispiel der letzten Jahre ist das *1619 Project,* mit dem das *New York Times Magazine* versuchte, die Geschichte der USA zu *reframen:* „The goal of The 1619 Project is to reframe American history by considering what it would mean to regard 1619 as our nation's birth year" beschreiben die

---

[11] Hierfür existieren verschiedene Ansätze, wie das Overton-Fenster. Joseph P. Overton sah die Resonanz von politischen Ideen vor allem davon abhängig, inwiefern sie im öffentlichen Diskurs akzeptiert. Ähnliche Ansätze sind auch die Konzepte des ‚Meinungskorridors' (Henrik Oscarsson) und der Hallin-Sphären (Daniel C. Hallin).

Autoren das Projekt. Das Gründungsjahr soll also nach einem erfolgreichen *Reframing* historisch-kulturell nicht mehr 1776 sein, sondern 1619, das Jahr in dem das erste Sklavenschiff am amerikanischen Kontinent angelegt hat. Das *New York Times Magazine* wählte im Jahr 2019 den vierhundertsten Jahrestag, „to reframe the country's history by placing the consequences of slavery and the contributions of black Americans at the very center of our national narrative." Nicht nur sollte damit das Jahr der Nationengründung überschrieben werden, sondern auch seine Bedeutung: 1776 steht für die Loslösung der Unterdrückung des britischen Königreichs und auch für die damals festgeschriebene Floskel, dass alle Menschen gleich geschaffen seien – eine Grundlegung, die im Lichte der Sklaverei geradezu zu einem *Reframing* einlädt. Dem ist entgegenzusetzen, dass die ‚Vereinigten Staaten' im Jahr 1619 weder existiert haben noch eine unabhängige Nation waren. Außerdem ist der Akt der Staatsgründung mit einem konkreten Event und Tag verbunden – die ‚Interpretativität' dieser Fakten ist damit eingeschränkt. Dem *New York Times Magazine* war es also vermutlich mehr daran gelegen, das Denken dahingegen zu ändern, dass die USA eine auf Sklaverei begründete Nation ist.

Auch wenn *Reframings* mitunter radikale Umstrukturierungen im Denken und in der Sprache zur Folge haben können: Wie bei allen Framings gilt auch bei einer solchen Konstruktion, dass die Elemente zuvörderst kontextuell angepasst werden. Zumindest wird die Umdeutung oft über den Kontext vollzogen, in welchen die Situation in ihrer ursprünglichen Form eingebettet ist. Dieser kann systematisch so verändert werden, so dass die Realität in gewissen Zügen neu konstruiert wird. Dennoch sind sie eher interpretative Variationen, in welchen die objektiven Ränder und Tatsachen fortwähren. Obwohl sich also Bedeutungen mit einem erfolgreichen *Reframing* in ihrem Sinne stark gewandelt werden können, werden diese in der Regel nicht grob inhaltlich verfälscht (Hajer 1993, S. 45). Ein Interpretationswandel der bedeutungstragenden Elemente kann jedoch so gravierend sein, dass Gegner eines neuen Verständnisses von einer Verfälschung sprechen. Bei einer solchen Situation wird häufig auch auf die starke Wirkung von Werten vertraut und eine divergierende Haltung in einer Sachfrage wird zu einem Wertekonflikt transformiert. So kann der Kontext eines Sachverhalts nach einem problematisch und reformbedürftig erscheinen, selbst wenn er bislang akzeptiert wurde. Besonders gute Erfolgsaussichten auf *Reframings* bergen Neuinterpretationen, bei denen die jeweiligen Inhalte mit vorhandenen gesellschaftlichen Ideologien verknüpft werden können. Die Einbindung wichtiger gesellschaftlicher Werte oder Symbole in einem Framing sorgt dafür, dass sich auch die Bedeutung und Legitimität dieser Elemente in die umgedeutete Variante überträgt.

3.4 Techniken des Framing

In der Praxis gibt es verschiedene Beispiele für *Reframings* mit unterschiedlicher Tragweite. Teilweise dreht es sich bei einem strategischen Wandel von Bedeutungen um neue kulturell-gesellschaftliche Befindlichkeiten, die in das öffentliche Denken für ein gutes Zusammenleben integriert werden sollen; es kann sich aber auch um die Vermarktung von Partikularinteressen handeln. Um die Tragweite von *Reframings* und *Reframing*-Strategien zu demonstrieren, werden infolge Beispiele beschrieben, in denen diese eine weitreichende gesellschaftliche Veränderung mit sich brachten.

In der Parteipolitik hat ein *Reframing* Ende der 1990er Jahre eine politische Situation erwirkt, welche bis zu diesem Zeitpunkt eigentlich undenkbar war: Nicht nur wurde der erste deutsche Kriegseinsatzes nach dem Zweiten Weltkrieg beschlossen, dieser wurde darüber hinaus unter einem Außenminister von *Bündnis90/Die Grünen* gefasst – der Anti-Kriegs-Partei. Um dafür von seinen Anhängern Zustimmung zu erhalten, musste Joschka Fischer einen tragenden Frame der Bewegung umdefinieren, aus der die Partei einst hervorgegangen war. Er transformierte das Verständnis für die Parole *Nie wieder Krieg!* dahingehend, dass sie nunmehr auch die Pflicht zur Abwehr eines weiteren Genozids implizieren sollte. Dass von deutschem Boden nie wieder Krieg ausgehen solle, war klar; dass jedoch auch das Schaffen von Frieden zu diesem Leitmotiv gehöre, war ein neues Denken, besonders für *Bündnis90/Die Grünen*. Hierzu seien nun unter zwingenden Umständen eben auch Kriegseinsätze geboten. Dieses *Reframing* machte es möglich, dass die Partei dem Einsatz zustimmte – wenngleich teilweise mit Widerwillen sowie erst nach weiteren Verhandlungen und Absprachen. Eine solche Wirkung wäre ohne die Anbindung und gleichzeitige Umdeutung des Bewegungs-Frames kaum denkbar gewesen. Die einfache Erklärung des Kriegseinsatzes wäre sicherlich auf erbitterten Widerstand in der Partei gestoßen. Letztendlich galt die Umdeutung der Losung *Nie wieder Krieg!* aber auch der Einstellung gegenüber militärischen Einsätzen in der deutschen Gesellschaft insgesamt. Und obgleich sich die grundsätzlich ablehnende Haltung gegenüber einer Beteiligung an Kriegen nicht wesentlich verändert hat, wandelte sich doch die Öffentliche Meinung hinsichtlich der absoluten Missbilligung von Interventionen (vgl. Abschn. 3.4.17.2 für ein weiteres Beispiel eines tiefgreifendes *Reframings* in Verbund mit einem Narrativ). Spezifisch ist dieser Wandel aber bei der Partei *Bündnis90/Die Grünen* bis heute zu betrachten, so dass sogar Übertretungen der Konvention zustande kommen, wie bei der Forderung nach Waffenlieferungen in die Ukraine vom Bundesvorsitzenden Robert Habeck. Auch bei der Abstimmung über den Bundeswehreinsatz zur Evakuierung aus Afghanistan im August 2021 votierten alle Abgeordneten, die abstimmten, mit ‚ja'. Auf Basis des Wandels innerhalb von *Bündnis90/Die Grünen* hat sich vor allem *Die Linke* als Partei der absoluten Verweigerung für Militäreinsätze positioniert. Die Enthaltungen und ‚Nein'-Stimmen der Mehrheit ihrer Abgeordneten bei der oben genannten Abstimmung ist symbolisch für die Ablehnung jedweder Bundeswehreinsätze – selbst für Evakuierungen.

Wie dargestellt wurde, sind *Reframings* oft strategisch intendierte Änderungen eines bestehenden Frames. Im Beispiel des Bewegungs-Frames *Nie wieder Krieg!* wurde ein Denkmuster im Umfeld von *Bündnis90/Die Grünen* transformiert. Auch wenn dieser Wandel nicht ohne interne Konflikte möglich war, zeigt die Haltung der heutigen Partei, dass sich das Verständnis nachhaltig veränderte. Dieses *Reframing* ist daher eigentlich das Ergebnis einer *Frame-Transformation*.

3.4.6 Frame-Transformationen

Eine *Frame-Transformation* hat die weitläufige Veränderung eines bestehenden Frames zum Ziel und kann daher – wie im Beispiel von *Bündnis90/Die Grünen* – ein *Reframing* zum Ziel haben. Während bei einem *Reframing* sowohl Deutungs- als Denkprozesse bereits überschrieben wurden, verändern *Frame-Transformationen* zunächst die Perspektive; sie müssen jedoch nicht unbedingt in das eigene Denkrepertoire übernommen werden. Das Konzept der *Frame-Transformation* hat ihren Ursprung in der Bewegungsforschung und wird daher vor allem in der Betrachtung von Bewegungs-Frames verwendet. Allerdings ist der Ansatz auch auf andere Frame-Analysen übertragbar.

Frame-Transformations kommen als *Alignments* zum Einsatz, wenn ein Frame nicht mit konventionellen Lebensstilen, Ritualen oder bestehenden Interpretationsrahmen in Resonanz stehen und manchmal sogar antithetisch erscheinen (Snow et al. 1986, S. 473). Dies ist eben der Fall bei einer Anti-Kriegs-Bewegung, die als parlamentarische Vertretung einen Kriegseinsatz befürworten oder zumindest dulden soll. Um das Konzept der *Frame-Transformations* zu verstehen, ist es zuträglich, dass man auf seine Ursprünge eingeht.

Goffman definierte die Transformation primärer Rahmen, bei welcher der Kern einer Situation selbst unangetastet bleibt, als *Keying*. Ein satirischer Beitrag in der Politik-Sparte bei ‚The Onion' ist beispielsweise im Blick der Betrachter, die den Rahmen (er)kennen, genau das: eine Persiflage der Politik. Ohne die Kenntnis der Satire wird das *Keying* nicht wahrgenommen und die Interpretation des Inhaltes ist eine völlig andere. Goffmann bezeichnete *Keying* als „the set of conventions by which a given activity, one already meaningful in terms of some primary framework, is transformed into something patterned on this activity but seen by participants to be something quite else." (Goffman 1974, S. 44). Er führt weiter

3.4 Techniken des Framing

aus, dass eine solche Transformation oder Veränderung insofern systematisch ist, als dass sie radikal rekonstituiert, was für die Rezipienten vor sich geht (Goffman 1974, S. 45). Dies ist die Grundlage der *Frame Transformation,* ein Begriff, der von Benford und Snow geprägt wurde. Goffmans Idee des *Keyings* wurde mit dieser Umwidmung zumindest für die empirische Sozialwissenschaft überschrieben, insbesondere, da Benford und Snow auch weiter auf die Mechanismen hinter einer *Frame Transformation* eingehen.

Um für das Verständnis für eine *Frame Transformation* nochmal auf das Beispiel zurückzugreifen, sehen Menschen in einer satirischen Berichterstattung nicht den Humor sondern etwa einen Skandal und bringen ihren Unmut etwa in Social Media Posts zum Ausdruck. Sobald sie durch einen Kommentar darauf hingewiesen werden, dass dies Satire ist, ändert sich ihr Betrachtungsframe: Ihnen wird klar, dass sie durch ihren falsch gesetzten Rahmen die Situation missinterpretiert haben. Im besten Fall löschen sie nun ihren Post; bisweilen beharren sie darauf, dass hier ja aber tatsächlich ein Problem vorliegt. Das Beispiel der satirischen Berichterstattung kann auch auf TV-Sendungen übertragen werden, wie der früher ausgestrahlte *Colbert Report,* die *Daily Show* oder die deutsche – in puncto Niveau und Humor aber weit von diesen Beispielen entfernte – Kopie, die *Heute Show.* Aber auch unabhängig von satirischen Sendungen ist im Fernsehen die *Frame-Transformation* zu einem Standardrepertoire geworden, auch innerhalb eines Filmes: Häufig werden verschiedene Perspektiven eingenommen und wenn wir durch einen kurzen Blick auf das Handy vielleicht nicht mitbekommen haben, dass ein Perspektivenwechsel stattgefunden hat, sind wir zunächst verwirrt.

In der Politik sind *Frame-Transformationen* beispielsweise dann konkret erforderlich, wenn die Inhalte von politischen Programmen, Forderungen von Protestgruppen oder Vorhaben von Akteuren nicht mit den primären Frames einer Zielgruppe in Einklang stehen. Der ursprüngliche Gedanke von Benford und Snow war es, zu verstehen, wie in sozialen Protestbewegungen Elemente zur Mobilisierung genutzt werden können, die auf den ersten Blick nicht viel mit Anliegen zu tun haben oder wie generell mobilisierende Elemente für eine Bewegung nutzbar gemacht werden können. Da verfügbare Kommunikations-Frames keine Resonanz hervorrufen, wenn diese im Kontrast mit den Lebensstilen der Adressaten oder deren vorhandenen Heuristik-Frames stehen, sind hier Anpassungen des primären Rahmens notwendig: Man bringt – oder mitunter ‚zwingt' – die Rezipienten dazu, einen anderen Blick auf einen gegebenen Sachverhalt zu werfen.

Beispielsweise wird die Energiewende zu Teilen mit einem Umstieg auf Elektro-Motoren vollzogen. Der primäre Blick auf diesen Wechsel dürfte eine positive Entwicklung vom doch recht ineffizienten und emissionslastigen Verbrennungsmotoren sein. Uns ist nun klar, dass ein ‚Motorenthusiast' dieses Framing von vorneherein ablehnen würde, denn er würde keinesfalls auf seinen brabbelnden V8-Motor verzichten wollen. Das Interesse gilt daher jenen, die sich vielleicht denken, dass eine umweltschonende Alternative für die Verbrennung keine schlechte Idee ist, sich inhaltlich jedoch nicht übermäßig mit Elektroantrieben auseinandergesetzt haben. Konfrontiert man sie nun mit der Umweltbelastung und Rohstoffabhängigkeit durch Batterien und illustriert dies am Beispiel, dass Minengesellschaften jährlich Milliarden Liter an Salzwasser zur Rohstoffgewinnung aus dem Boden pumpen, was zur Vertrocknung gesamter Landstriche führt, kann es sein, dass sich ihr primärer Betrachtungsframe wandelt. Dies ist allerdings kein *Reframing,* da die Vorteile von Elektroantrieben immer noch Bestand hat und sich an der Bedeutung des Elektromotors nicht grundlegend etwas verändert hat. Hier liegt ein Perspektivenwechsel vor, bei dem der Sachverhalt einer alternativen Antriebsart mit geringeren Emissionen vorhanden bleibt, aber der Blick auf diese neue Technologie vielleicht etwas skeptischer ausfällt. Natürlich nutzen wiederum Aktivsten diesen Sachverhalt, um die Debatte zu *reframen* und machen die Umweltbelastungen zu einem Hauptthema, vor allem, der den ‚Umweltschutz-Frame' des Elektro-Autos neutralisieren kann. Dies ist Teil des Framing-Wettbewerbs.

Gerade die Elektromotoren-Debatte zeigt auch, wie sehr Menschen in ihren Heuristik-Frames ‚gefangen sind'. Natürlich sind einige der Positionen generell eine Ablehnung des progressiven Gedankens und eben die ‚Liebe' zum Verbrennungsmotor. Die gesamte Debatte ist jedoch auch ein Prozess, wie er sich über die Generationen hinweg immer wiederholen wird. Als die ersten Autos in den USA auf die Straße kamen, wurden sie umgangssprachlich *Horseless Carriages* genannt. Der Frame der Kutsche ist also immer noch so präsent gewesen, dass Autos eben als pferdelose Kutschen gesehen wurden. Das ist jedoch noch lange nicht alles. Autos wurden von vielen abgelehnt, weil ihre Reichweite begrenzt war, weil sie unzuverlässig waren und weil sich niemand vorstellen konnte, wo den nachgetankt werden solle. Wo solle schließlich das ganze Benzin herkommen oder wo sollte man es deponieren? Städte könnten schließlich komplett abbrennen, wenn große Mengen an Benzin gelagert würden. Die Debatte dürfte allen bekannt vorkommen: Geringere Reichweite, wenig Ladestationen und Fälle von Akku-Bränden. Dabei dachte auch damals jene, die das Automobil ablehnten, dass es keine Zukunft haben werde und sie setzen weiterhin auf Pferde. Auch heute setzen E-Auto-Gegner die heutige Elektrotechnik mit den über vielen Jahrzehnten erforschten und verbesserten Verbrennern gleich. Es ist also ähnlich, den

3.4 Techniken des Framing

Ford T mit einem heutigen VW Golf zu vergleichen: Die Entwicklung der Motoren, der Akkus, des Ladenetzes etc. steckt im Grunde noch in den Kinderschuhen. Ebenso ist auch das Potenzial der Stromgewinnung lange nicht ausgereizt. Wenn wir jedoch spezifisch über die Bewegung sprechen, deren geteiltes Ziel der Erhalt des Verbrennungsmotors ist, wäre hier jedweder Versuch des Aufzeigens der Fehler in dieser Denkweise müßig. Bis sich also der Betrachtungs-Frame bei ‚Elektro-Gegnern' wandelt, wird weiterhin auf die Probleme verwiesen, bis kein Weg mehr an alternativen Antrieben vorbeigeht. Ein breites gesellschaftliches *Reframing* ist aufgrund dieses Aktivismus auch erschwert.

Die *#MeToo*-Bewegung hat es hingegen geschafft, den damals in weiten Teilen der Gesellschaft bestehenden Frame über sexuelle Übergriffe als ein individuelles Problem hin zur Wahrnehmung eines strukturellen Missstandes zu transformieren. Mit der *#MeToo*-Kommunikation wurde die Vielzahl und Alltäglichkeit dieser Übergriffe in das gesellschaftliche Bewusstsein gerückt. Da hierbei aufgrund von immer mehr bekannt gewordenen Fällen – von Studierenden bis hin zu Filmstars – nun die gesamte Breite des Problems thematisiert wurde, wechselte auch der Betrachtungs-Frame hin zu einer Wahrnehmung als gesamtgesellschaftliches Problem. Dies verlieh nicht nur dem Thema eine herausragende Relevanz, auch die Sensibilität im gesellschaftlichen Umgang sollte zumindest ein neues Moment erhalten: Die Dimension, in der Übergriffe als solche definiert werden, wurde ebenso erweitert. Hierbei wurde also die Perspektive einer Gesellschaft auf ein Problem durch ein aktives Vorgehen gegen die ursprüngliche Auffassung verändert. Dass diese positive Entwicklung nicht dazu geführt hat, dass die sexuelle Ausbeutung von Frauen endet, ist leider klar. Und gewiss halten nun auch Menschen um so fester am alten Denkframe fest und monieren, dass nun jede ‚unschuldige Umarmung' als ein Fall von sexueller Belästigung gewertet werden könnte. Doch bei dem Teil der Gesellschaft, bei dem diese Transformation vollzogen wurde, ist die Situation des sexuellen Missbrauchs *reframed* und das Verständnis hierfür, dass vor allem Frauen, Menschen aber auch generell, selbst definieren können sollen, ob für sie eine Umarmung des Chefs oder anzügliche Aussagen bereits das Überschreiten einer Linie ist.

Obwohl sowohl *Frame-Transformations* als auch *Reframings* in der Regel innerhalb der legitimen Grenzen eines Kontextmodells verortet sein müssen, um Resonanz zu finden, können mitunter auch radikale Diskurse in die politische Mitte gehievt werden. Ein solches Ergebnis erhoffen sich auch die Nutzer einer weiteren Diskursstrategie. Diese Taktik wird gemeinhin als Normalisierung beschrieben.

3.4.7 Technik der Normalisierung

Bei einer Normalisierung steht die gesellschaftliche Akzeptanz von oftmals radikalen politischen Ideen im Zentrum der strategischen Kommunikation. Dies kann über die Einführung neuer Begriffe oder die Verschiebung einer gesellschaftlich dominanten Betrachtungsweise erreicht werden. Für die Erhebung von Forderungen in einen gesellschaftsverträglichen Duktus kreieren Kommunikatoren Frames der Normalisierung. Diese Technik steht damit für eine Art Migration von Themen, die in der Regel eine gesellschaftliche Splittergruppe vertritt, hinein in vorherrschende Normensysteme. Sie werden mit einer erfolgreichen Normalisierung in den allgemeinen gesellschaftlichen Diskurs übernommen. Häufig werden solche Diskursverschiebungen als ein *Reframing* rubriziert, da eine neue Bedeutung für Sachverhalte erwirkt wird. Dies muss zwar nicht falsch sein, wenn die Normalisierung in einem *Reframing* endet. Allerdings ist diese Technik nicht lediglich eine Umdeutung bekannter Deutungsmuster, sondern eine Verschiebung von radikalen Ansichten in den *Mainstream*. Damit beschreibt die Normalisierung präzise eine weitere Legitimisierungsstrategie für spezifische politische Ideen, die abseits des gesellschaftlich akzeptablen Diskurses stehen.

Wie bereits angesprochen, ist der Erfolg von Framing-Strategien unter anderem davon abhängig, inwiefern sich die genutzten Kontextmodelle innerhalb der bestehenden Grenzen einer politischen Debatte und der Öffentlichen Meinung befinden (Ihlen et al. 2015, S. 833). Die Kontextmodelle der Individuen steuern also nicht nur diskursive Aspekte, sie stellen auch sicher, dass diese sozial angemessen sind (Van Dijk 2006, S. 123). Eine Forderung, die fernab der gesellschaftlich akzeptierten Normen steht, erzeugt kaum Resonanz mit der breiten Bevölkerung. Mit der Hilfe eines gezielten Einsatzes von Normalisierungs-Strategien wird jedoch eine gewisse ‚Einschleichtaktik' für derlei Themen möglich, indem die Inhalte in den Kontext des ‚Normalen' und Akzeptablen gestellt werden. Hinter einer solchen Normalisierung steht zum einen das Konzept, dass in einem Framing die Realität so dargestellt werden kann, dass die radikale Denkweise als ‚normal' erscheint, während die bislang vorherrschende Interpretation als abweichend kontextualisiert wird. Weiterhin ist von einer Normalisierung zu sprechen, wenn Sachverhalte mit spezifischen, meist gesellschaftlich verträglichen Begriffen besetzt und diese in einem abgemilderten Kontext fortlaufend öffentlich diskutiert werden, um schließlich Teil des gesellschaftlichen Alltagsdenkens zu werden. Um dieses Ziel zu erreichen, wird die neue Begrifflichkeit fortwährend in Verbindung mit dem angeprangerten Missstand kommuniziert, bis diese Verbindung zum Alltags- oder Allgemeinverständnis geworden ist (Berlet

2012, S. 49). Diese ‚Einschleichtaktik' funktioniert meist über Bedeutungsänderungen von Begriffen. Da die Begriffe oder Situation, die umgedeutet werden soll, selbst gleich bleiben, verändert sich in der Regel auch ihre Nutzung nicht. Es wandelt sich allerdings, wie Menschen das Thema wahrnehmen und schlussendlich auch über jenes denken. Da die spezifische Vordefinition von Begriffen und ihre umgebenden Bedeutungen leitend darin sind, in welcher Weise über ein Problem geurteilt werden soll, kann eine solche Strategie schließlich ein radikales Denken in die gesellschaftliche Mitte führen (Hajer 1993, S. 44; Kinder und Sanders 1996, S. 164; Van Dijk 2006, S. 123).

Die Normalisierung ist damit eine zentrale Funktion in Framing-Strategien. Auf diesem Wege können Debatten begrenzt werden und Neudefinitionen darüber auftreten, welche Alternativen und Argumente zur Diskussion zugelassen werden (Ihlen et al. 2015, S. 833). So können einerseits neue Gedankenimpulse für Handlungen oder Denkweisen in eine Gesellschaft eingeführt werden – ein neuer Meinungsdrall kann schließlich für gesellschaftliche Erneuerungen durchaus zuträglich sein. Dies ebnet andererseits aber auch den Weg, Ideen in den politischen *Mainstream* einfließen zu lassen, die vorher tabu für eine Mehrheit waren, und dabei zugleich die Gegenpositionen ins Abseits zu drängen. Die Debatte über ein bedingungsloses Grundeinkommen kann beispielsweise als Normalisierung eines Kerngedankens des Sozialismus interpretiert werden, da mit dem Vorschlag das Einkommen von der Arbeitsleistung entkoppelt werden soll. Während diese Idee im Gedankengebäude des Sozialismus in der breiten Gesellschaft eher auf Ablehnung stößt, birgt es im Diskurs des Grundeinkommens Chancen auf Akzeptanz, insbesondere wenn beispielsweise zusätzlich kontextualisiert wird, dass Bürokratiekosten ausgleichend eingespart werden könnten.

Die fortlaufende öffentliche Diskussion von radikalen Ansichten und die damit einhergehende Normalisierung und Übernahme in gesellschaftliches Alltagsdenken kann auch im Rahmen von gesellschaftlichen Wandlungsprozessen miteinhergehen. So hatte die Generation der ‚68er' einen starken Einfluss auf die Politische Kultur in Deutschland, obwohl sich deren Ideen nicht als mehrheitliche Repräsentation über das letzte Jahrhundert hinweg im Parlament abgebildet hatten oder die Gesellschaft diese breit vertreten hätten – sie haben sich im Laufe der Zeit ‚normalisiert'. Was unter dem Begriff der ‚kulturellen Hegemonie' beschrieben wird, ist häufig genau jene Migration randständiger Ideen in das öffentliche Bewusstsein. Vormals ‚grüne Visionen' wie der Atomkraft-Ausstieg sind heute durch ihren Einzug in den politischen *Mainstream* normalisiert. Im Nachbarland Frankreich konnte die Anti-Atomkraft-Bewegung nicht im Ansatz einen ähnlichen Effekt erzielen. In Deutschland hingegen zeigt sich zu Teilen sogar eine konträre Entwicklung: Der Gedanke, Atomkraft doch noch länger nutzen zu wollen, scheint heute vielen Menschen eher der radikale Plan zu sein.

Auch der Impuls der ‚sexuellen Befreiung' der ‚68er'-Bewegung brachte Änderungen wie die Akzeptanz der ‚wilden Ehe' mit sich – also ein Zusammenleben unverheirateter Paare. In den 1960er Jahren war dies eine recht unsägliche Lebenssituation, heute ist sie eher der Standard unter jungen Menschen. Ohne jenen Impuls wäre beispielsweise auch die Anerkennung von mehr als zwei Geschlechtern heute auf der Regierungsebene schwer vorstellbar. Diese Gedanken waren einst radikal, aber sie sind im Zuge neuer Befindlichkeiten normalisiert worden.

Die Normalisierung ist also ein unauffälliges, aber dennoch wirkungsmächtiges Konzept. Mit ihr ist es möglich, unter kontinuierlicher Arbeit, die Politische Kultur eines Landes zu verändern, indem die Grenzen der Kontextmodelle immer mehr in eine Richtung verschoben werden. So wird von den Flanken des politischen Spektrums der politische Diskurs durch die Übernahme von Begriffen und Konzepten geprägt. Dies ist seit langem in der politisch linken Sphäre als das Konzept der ‚kulturellen Hegemonie' bekannt. Allerdings haben auch rechte Gruppen dieses Konzept für sich entdeckt. Dabei versuchen Kommunikatoren beider Seiten des politischen Spektrums, die Deutungshoheit über Begriffe zu erlangen oder Wortneuschöpfungen in den gesellschaftlichen *Mainstream* einzuspeisen. Mit der Übernahme solcher Diskurse, werden das jeweilige Denken und die diskutierte Thematik in die politische Richtung verschoben, aus der sie stammen. Wenn also etablierte Parteien radikale (Begriffs-)Konzepte übernehmen, legitimieren sie zugleich auch die politischen Vorstellungen dieser Lager. So verschieben sich mitunter die Mediane in der Politik und Agenden werden bestimmt. Derlei Prozesse bergen damit auch Gefahren. Wenn beispielsweise eine Kriegsrhetorik wie das Führen eines ‚Bürgerkriegs' von Politikern etablierter Parteien benutzt wird, wird diese extreme Rhetorik nicht nur zum politischen Vokabular, sondern zudem als Gedanke in die breite Gesellschaft gehievt.

Mit einer Normalisierung geht häufig auch eine Annäherung einer eher am Rande situierten politischen Strömung oder Bewegung an die Gesellschaft einher. Wenn deren Ideen oder Ideale an die gesellschaftliche Mitte heran reichen, steht ihr auch automatisch die Bewegung selbst näher und kann als akzeptiert oder legitim gelten. Bisweilen nähert sich die Mitte der Gesellschaft auch radikalen Bewegungen an, wenn diese sozial verträglichere Inhalte propagieren. Beschäftigt sie sich mit gesellschaftlichen Problemfeldern, kann sogar der Eindruck entstehen, dass sich die vormals randständige Bewegung mit den besten

Interessen für das Allgemeingut engagiert, insbesondere, wenn gesellschaftliche Missstände angeprangert werden. So kann auch ein Wählerspektrum einer radikalen Bewegung vergrößert werden, wenn sie parteiförmig organisiert ist.

In das Normalisierungs-Repertoire fallen auch Aussagen, die eine Gruppe von Menschen als potenziell diskriminierend empfindet und über deren Wirkung sich die Kommunikatoren durchaus bewusst sind. Sie ‚immunisieren' ihre Aussagen deshalb von vorneherein und nutzen dafür häufig einen generischen ‚Das-wird-man-ja-wohl-noch-sagen-dürfen-Frame'. Damit geben sie zwar preis, dass sie sich über die wahrscheinliche Anstößigkeit ihres Standpunktes im Klaren sind; die implizite Unterstellung eines potenziellen Redeverbots soll jedoch eine Art Unantastbarkeit der Botschaft liefern, die als verbotene Wahrheit gekennzeichnet ist. Der Kontext der ‚normalen Kritik' und die Andeutung der Einschränkung der Redefreiheit soll hierbei für die Legitimierung der Aussage sorgen.

Problematisch wird eine Normalisierungs-Strategie spätestens, wenn radikale Vorstellungen in das gesellschaftliche Denken importiert werden, die ein anderer Teil der Gesellschaft nicht mitträgt. Dabei kommt es zu politischen Lagerbildungen, die Polarisierungstendenzen in Gang setzen. In einer solchen Konstellation geht die Basis für einen pluralistischen Meinungsaustausch und politische Kompromisse verloren. Zwischen solchen Lagern kommt es stattdessen zu breiten öffentlichen Framing-Wettbewerben, die ein stetiges Aktions-Reaktions-Kommunikationsmuster in sich tragen. Diese sind von harschen Frame- und *Counter-Frame*-Dynamiken bestimmt.

3.4.8 Counter-Framings, Mediation & Frame-Contestation

In der Öffentlichkeit besteht meist nicht nur ein einziger Frame zu einem bestimmten Thema; vielmehr konkurrieren dort in der Regel verschiedene strategische und nicht strategisch intendierte Frames in Framing-Wettbewerben. In diesen versuchen Akteure auf beiden Seiten einer Konfliktsituation, die Version der Realität der gegnerischen Gruppe zu überschreiben, um die Diskurs- und Deutungshoheit zu erlangen oder zu wahren (Benford 1993, S. 679). Hierunter fallen auch Medien- und PR-Agenturen, deren jeweilige Framings in Rivalität stehen. Die Aufgabe von Strategen ist es dabei, *Counter-Frames* für einen in bestimmter Perspektive dargestellten Sachverhalt oder gegen dominante Deutungen zu entwickeln. Das Ziel dieses Wettbewerbs ist es, mittels dieser *Counter-Frames* eine vorhandene Darstellung zu konterkarieren und die Wirkung der ursprünglichen Frames aufzuheben. Im besten Fall gelingt hiermit ein *Reframing,* mit dem die

Bedeutung eines Sachverhalts für die Gesellschaft – oder zumindest einen Teil – umgeschrieben wird. Akteure versuchen damit die Deutungshoheit über einen Sachverhalt zu gewinnen und reagieren dabei auf konkrete Frames bestimmter Akteure. Counter-Frames sind entsprechend oft konfrontativ, indem ihre Urheber der gegnerischen Darstellung gezielt entgegentreten und versuchen, diese aufzulösen (Benford 1993, S. 679). Die dominante Interpretation der anderen Seite soll somit offen herausgefordert werden.

Counter-Frames sind weiterhin, wie der Name schon verrät, reaktiver Natur. Sie sind daher nicht nur aus strategischen Motiven konstruiert, sondern auch spezifisch auf die jeweilige Lage und den gegenwärtigen Diskurs zugeschnitten. Daher sind *Counter-Frames* wie auch *Reframing*-Prozesse konkret auf bestehende Forderungen, Mythen, kollektive Identitäten, Deutungsrahmen oder Ansprüche gemünzt. Sie sollen anhand von *Counter-Frames* diskreditiert, untergraben, entkräftet oder neutralisiert werden (Benford 1997, S. 418). Dies ist auch fruchtbar: Wenn alternative Frames vorliegen, sind Individuen für den ursprünglichen Frame weniger empfänglich. So kann die Wirkung ursprünglicher Kommunikationsmuster begrenzt werden (Jou et al. 1996, S. 8).

Diese Art von Framing-Wettbewerb kann eine kritische Reflexion in der Gesellschaft fördern, indem verschiedenste Akteure die Darstellung der anderen Gruppen in Frage stellen, umformulieren oder ausweiten. Zudem können so die wichtigsten Gräben in der Diskussion offengelegt werden, wodurch sich neue Räume für die Debatte öffnen (Dodge 2015, S. 262). Insofern kann ein solcher Framing-Wettbewerb belebend für die Demokratie sein. Immerhin ist es für die Wirkung von Framing-Strategien entscheidend, ob Rezipienten nur einseitigen oder mehreren sich ausgleichenden Frames ausgesetzt sind. Ein starker Wettbewerb erhöht damit auch die Wahrscheinlichkeit, dass Framing-Strategien ihre überzeugende Kraft nicht entfalten können (Druckman und Chong 2007, S. 101).

Der Wettbewerb um die Deutungshoheit über politische Belange ist eine fortwährende Interaktion zwischen verschiedenen Segmenten innerhalb der Gesellschaft. Schon aufgrund der öffentlichen Austragung wird einer solchen Auseinandersetzung stetig eine neue Dynamik verliehen (Gahan und Pekarek 2012, S. 759). In dieser Sicht werden Frames und *Counter-Frames* als Teil eines dynamisch-dialogischen Prozesses verstanden, da sie von den beteiligten Akteuren durch einen iterativen Prozess erstellt und neu gestaltet werden. Dieser kann daher als dialogisches ‚*Mobilization-Countermobilization*'-Modell, kurz MCM, beschrieben werden. Framing-Prozesse auf diese Weise zu verstehen, hilft, die komplexe Beziehung zwischen oppositionellen Akteuren zu beleuchten und erweitert die Möglichkeit für Forscher, einen Framing-Prozess zu analysieren (Andits 2016, S. 323). Insgesamt ist ein Verständnis von solch öffentlichen

3.4 Techniken des Framing

Auseinandersetzungen über die Deutungshoheit von rivalisierenden zentralen politischen Konzepten entscheidend, wenn politisches Denken und Verhalten in Gesellschaften analysiert werden sollen (Maynard 2013, S. 302).

Beispielsweise hat die *National Rifle Association* (NRA) einen wirkungsvollen *Counter-Frame* auf die in der Gesellschaft laut gewordene Forderung lanciert, dass weniger Waffen in den USA mehr Sicherheit bedeuten würden. Der Chef der NRA, Wayne LaPierre, konterte diese Forderung in einer Rede nach dem Sandy Hook-Massaker im Jahr 2012 mit dem Framing, dass ‚gegen böse Menschen mit einer Waffe nur ein guter Mensch mit einer Waffe ankomme'. Dies impliziert also das Gegenteil der öffentlichen Forderung nach einer stärkeren Waffenkontrolle, indem eine andere Emphase genutzt wird: Ihr zufolge sollten viel mehr Waffen in den Händen privater Personen sein, denn ‚böse Menschen' würden immer an Waffen gelangen und die Guten stünden ohne Bewaffnung da wie ‚Lämmer vor dem Schlachter'. Dieser Frame hat sich in den USA weit verbreitet und konnte damit auch Einfluss auf das Denken in der Debatte um Waffenrechte erwirken. Dabei bewegt sich die Framing-Dynamik im Reaktionsnetz zwischen Regierungen, Medien sowie gesellschaftlichen und strategischen Gruppen. Schließlich ist die Kommunikation der NRA meist eine strategische Reaktion auf gesellschaftliche Ereignisse wie Amokläufen. Nach solchen Vorfällen wird die Regierung in der Regel von gesellschaftlichen und politischen Gruppen unter Druck gesetzt, gesetzliche Änderungen herbeizuführen.[12] Aufgrund solcher Entwicklungen ist ein Framing-Wettbewerb nie als statisch zu betrachten, er muss stattdessen als stetige Aktions-Reaktions-Dynamik verstanden werden.

Allerdings können sich derlei Demobilisierungsversuche auch als kontraproduktiv für die Kommunikatoren erweisen: Mit *Counter-Frames* werden neue diskursive, emotionale und performative Ressourcen zur Verfügung gestellt, anhand derer die gegnerische Gruppe ihre Ziele neu ausrichten kann. Damit liefern *Counter-Frames* beispielsweise auch eine Grundlage für eine entsprechende Reaktion der gegnerischen Gruppe (Andits 2016, S. 329). Zudem wird durch das ‚Hochziehen' eines möglicherweise bereits akzeptierten Zustands eine neue Debatte entfacht, die vor allem auch Gegner mobilisieren kann. Das kann im Endeffekt unerwünschte Rückschritte für die eigenen Interessen bedeuten.

Wie an dem Beispiel der NRA weiterhin klar geworden sein sollte, sind *Counter-Frames* selbst scharfe Waffen in der Politischen Kommunikation. Sie können schließlich gegenläufige Forderungen neutralisieren. Zumindest bergen

---

[12] Es ist sogar beachtlich, dass die NRA fast nur im Lichte von Vorfällen weitläufig agiert. Deren Kommunikationsmuster kann daher im Grunde schon als Krisenkommunikation gelten, da die Vertreter von Waffenrechtsbeschränkungen auch ihrerseits stets innerhalb der politischen Möglichkeiten, also medialen Ereignissen, agieren.

sie das Potenzial, die Effekte eines Kommunikations-Frames durch einen alternativen, konternden Frame deutlich zu reduzieren (Borah 2011; Druckman et al. 2012; Druckman und Nelson 2003). Vor allem kompetitive Frames, die entgegengesetzte Positionen unterstützen, dämpfen aufgrund ihrer Eigenschaft als alternatives Informationsangebot die jeweilige Wirkung ab. Studien haben beispielsweise gezeigt, dass in einer Diskussion über die Rechte von Homosexuellen in der einem Gleichberechtigungs-Frame ein Moral-Frame gegenübergestellt wird, die Wirkung der Gleichstellungs-Argumentation abgeschwächt wird (Brewer 2001). Ein *Counter-Framing* kann also auch andere Werte-Bereiche hervorheben, um eine gewisse Wirkung zu entfalten. Bisweilen können sich Frame und Gegen-Frame sogar gegenseitig neutralisieren. In einem solchen Fall verbleiben die Rezipienten in der Regel bei ihrer Ausgangsinterpretation. So werden weniger Menschen von ursprünglichen Frames beeinflusst. Dabei ist es unerheblich, ob die entgegengesetzten Frames dieselbe Emphase nutzen oder verschiedene Teile des Sachverhaltes betonen (Detenber et al. 2018, S. 189 f.; Jou et al. 1996, S. 8).

Wie bereits angeschnitten, verringert die Verfügbarkeit von Alternativen die Empfänglichkeit für Frames deutlich (Jou et al. 1996, S. 8). *Counter-Frames* können damit durch ihre Hervorhebung von verschiedenen Standpunkten ähnlich wie eine Mediation wirken. Bei einer Mediation werden konkurrierende Frames durch Moderatoren oder Gruppendiskussionen ‚aufgedeckt'. Das heißt, in dem Prozess wird zum einen der gesamte Sachverhalt erläutert – und nicht nur der im Frame betonte Teil. Zum anderen werden auch weitere Faktoren erklärt, zum Beispiel wo die Emphase gesetzt wurde, wo Verantwortungsprojektionen auftauchen oder wo das moralische Urteil zu dem spezifischen Ausschnitt der Realität vorhanden ist. Die Mediation ist eine wirkungsvolle Methode, um Framing-Effekte zu mindern und kann eine balancierende Wirkung haben. Frame-Effekte können also durch ein einfaches Aufklären deutlich reduziert werden. Das ist sogar bereits der Fall, wenn auf Frames in Aussagen nur hingewiesen wird. Konkret zeigte sich dies in Studien zum Klimawandel. Hierbei hatte das Aufzeigen eines Frames, das auch als *Highlighting* bezeichnet wird, einen Einfluss darauf, ob Menschen den Klimawandel für real halten oder nicht. Entsprechend beeinflusste die jeweilige Wahrnehmung des Klimawandels auch die Frage nach der Verantwortung und einer möglichen Lösung des Problems. In Bezug auf die politische Praxis deuten Ergebnisse in der Wirkungsforschung darauf hin, dass eine entsprechende Intervention nicht nur die meinungsprägende Kraft von Frames reduziert, sondern auch Polarisierungstendenzen verringern kann. Es ist außerdem anzunehmen, dass von einer Mediation auch öffentliche Kommunikationsstrategien profitieren, da Protestgruppen-Frames für das Allgemeinverständnis zugänglicher

3.4 Techniken des Framing

werden (Baumer et al. 2017, S. 18). In dieser Hinsicht kann neben der Aufklärung über einen Frame auch das bestehende politische Vorwissen einer Person die Frame-Rezeption mindern, da die eigene Sachkenntnis über den Gegenstand den Frame neutralisiert (Brewer 2003; Chong und Druckman 2007b).

Da auch in *Counter-Frames* ein weiterer Teil des Sachverhalts aufgegriffen und bisweilen die Kontextverschiebung deutlich gemacht wird, können auch sie nivellierend wirken. Denn selbst wenn *Counter-Frames* nicht überzeugen, hinterlassen sie Spuren in der öffentlichen Debatte. Durch sie kommt es schließlich auch zu einer größeren Vielfalt der angebotenen Frames (Eising et al. 2015, S. 531). Damit erzwingen sie bei Individuen eine kognitive Verarbeitung der eingehenden Information und geben somit zumindest eine andere Perspektive auf das Problem preis (Druckman 2004, S. 675). Infolgedessen werden Framing-Effekte gemäßigt oder gar eliminiert. Dies kann sowohl die meinungsbildende Wirkung von Frames als auch ihre mögliche polarisierende Disposition reduzieren. Selbst Beobachter eines Framing-Wettbewerbs, die keinen einseitigen Frames ausgesetzt sind, können damit ein besseres Verständnis für die Mechanismen von Frames entwickeln und gegebenenfalls reflektierter agieren (Baumer et al. 2017, S. 18). Es gibt zudem Hinweise, dass Personen, die in der Diskussion einer heterogenen Gruppe beiwohnten, weniger anfällig für Framing-Effekte sind als diejenigen, die keinen anderen Meinungen ausgesetzt waren (Druckman 2004, S. 683).

Politische Präferenzen werden nicht nur durch den Inhalt von Nachrichten tangiert, sondern auch über die Reihenfolge und den Zeitpunkt ihrer Wahrnehmung: Die jüngsten Frames haben mitunter die stärkste Auswirkung auf die Meinungsbildung. Wenn konkurrierende Frames gleichzeitig empfangen werden, können die einzelnen Argumente abgewogen werden. Bei einer zeitversetzten Stimulanz nimmt jedoch die Zugänglichkeit der früheren Frames ab, daher messen Personen der unmittelbareren Darstellung meist mehr Gewicht bei. Dies wird als ein Rezenz- oder Aktualitätseffekt bezeichnet. Ein demokratischer Wettbewerb kann Framing-Effekte also theoretisch nur dann reduzieren oder eliminieren, wenn Frames und Gegen-Frames gleichzeitig wahrgenommen werden (Chong und Druckman 2010, S. 677; Lecheler und De Vreese 2013, S. 158 f.). Wenn die Auswirkungen früherer Kommunikation jedoch geringer werden, steigt die Anfälligkeit der Individuen für Meinungsänderungen an (Chong und Druckman 2013, S. 13). Lediglich wenn Individuen die Informationen zu einem Thema selbst auswählen können, führt dies tendenziell zur Dominanz von frühen Frames, während später folgende Deutungen zurückgewiesen werden. Dabei werden Meinungen, die in Reaktion auf den ersten Frame ausgeformt wurden, eher dogmatisch aufrechterhalten, als dass sie durch folgende Frames in Frage gestellt würden (Druckman et al. 2012, S. 430). Die Rigidität der ursprünglichen Frames kann auf eine voreingenommene Informationssuche zurückgeführt werden. Dieser *Bias* löst eine Art Wiederholungseffekt hinsichtlich der ersten Botschaft aus und anstatt eines Meinungsverfalls oder eines Aktualitätseffekts wird die Dominanz des früheren Frames bei einer freien Informationssuche sogar verstärkt (Druckman et al. 2012, S. 444 f.). Politisch höher gebildete Menschen zeigten sich in einer Studie weniger anfällig für Aktualitätseffekte (Lecheler und De Vreese 2013, S. 147). Dies könnte allerdings auch in Zusammenhang mit einer politischen Vorprägung stehen.

Auch wenn es bisher so wirkt, als ob Framing-Wettbewerbe zuträglich für den Meinungsaustausch seien und sie den Pluralismus in einer Gesellschaft beleben würden, sind sie doch als ein zweischneidiges Schwert zu betrachten. Zwar existieren Studien, aus denen hervorgeht, dass die Begegnung von Trägern unterschiedlicher Meinungen in Diskussionen Framing-Effekte abschwächt (Kim 2015, S. 928 f.). Diese nivellierende Wirkung von Frames kann in mediatorischen Fällen oftmals beobachtet werden. Solche Effekte sind aber natürlich nicht garantiert. Häufig wird durch eine höhere Anzahl an Akteuren, die sich in eine politische Debatte einbringen, auch der Framing-Wettbewerb verschärft. Dies ist eine logische Konsequenz, da dann mit einer hohen Wahrscheinlichkeit mehr *Counter-Frames* zu bestehenden Positionen eingeführt werden und mehr radikale Gruppierungen an der Debatte teilnehmen. Aus einer solchen *Counter-* und *Reframing*-Dynamik können sich daher auch starre Kontroversen ergeben, die antagonistisch angelegt sind und einen argumentativen Prozess kaum mehr zulassen. Politikblockaden können in der Folge entstehen (Schneider 2010, S. 84). Dies ist auch in der Waffendebatte in den USA seit geraumer Zeit zu beobachten.

In einem Experiment mit konservativen und sozialliberalen Personen zeigte sich, dass Menschen, die bereits eine klare ideologische Leitlinie geformt haben, eher zur Verhärtung ihrer Position in politischen Diskussionen neigen (Sunstein und Hastie 2015). Die Probanden wurden in kleine gemischte Gruppen eingeteilt, um ihre Ansichten zu kontroversen Themen wie Klimawandel oder die gleichgeschlechtliche Ehe zu diskutieren. Anschließend wurden sie zu den Meinungen in ihren Gruppen sowie zu ihren eigenen Ansichten befragt. Beide Gruppen verhärteten in allen Streitfragen ihren Standpunkt und widerlegten damit die These, dass ein Austausch Annäherung bringen kann. Auch deshalb können weitläufige und mit harten Bandagen geführte Framing-Wettbewerbe zu einer Verhärtung der Positionen und zu Polarisierungstendenzen führen. Wenn starke Einstellungen vorherrschen, werden Gegenbilder eher zurückgewiesen und strategische Kommunikatoren sogar in die Lage versetzt, die ursprüngliche Einstellung in der

3.4 Techniken des Framing

Zielgruppe zu verstärken (Chong und Druckman 2013, S. 13). Bei stark polarisierenden Themen kann ein Framing, das der bestehenden Einstellung eines Individuums zuwiderläuft, zudem einen Bumerang-Effekt bewirken. Das deutet darauf hin, dass auch hierbei die politische Vorprägung eine Rolle für die Empfänglichkeit von Frames spielt. Für die nivellierenden oder balancierenden Wirkungen von *Counter-Frames* sind generell die Ideologisierung und das politische Interesse der Probanden ausschlaggebend – weniger ideologisierte oder nur mäßig politisch interessierte Personen sind weit anfälliger für solche Framing-Effekte. Damit sind sie auch eher durch *Counter-Frames* beeinflussbar. Bei Menschen mit einer vorgefassten politischen Meinung führen diese eher zu einem Bumerang-Effekt.

Tendenziell sind Präferenzen von politisch engagierten Menschen gefestigter. Und sind Identitäten besonders gefestigt oder extrem, immunisiert dies Menschen gegenüber Frames, welche nicht in Einklang mit der eigenen Weltsicht stehen (Luttig und Lavine 2016, S. 463 f.). Effekte eines Frames treten eher bei denjenigen ein, die der Botschaft nach ihrer Ideologie tendenziell zustimmen, während die Botschaft bei denjenigen, deren Ideologie sie zuwiderläuft, negiert wird (Thibodeau und Flusberg 2017, S. 1179). Zudem werden diese Personen weniger davon beeinflusst, ob ein politisches Grundsatzstatement als *Gain*- oder *Loss*-Frame formuliert wird (Luttig und Lavine 2016, S. 463 f.). So vermindert auch eine in der Gesellschaft bereits existente Polarisierung Framing-Effekte an den Extremen, da hier die geschlossensten politischen Einstellungen vorherrschen. Dies bedeutet, dass Menschen immer weniger von ihrer eigenen Ideologie abweichen, je extremer diese wird. Entsprechend werden auch Kommunikations-Frames zunehmend wirkungslos, da die eigenen Heuristik-Frames ohnehin stark einseitig verzerrt sind und damit alternative Interpretationen keinen Raum einnehmen können. Dies bedeutet im Umkehrschluss, dass jene Individuen mit moderaten politischen Einstellungen am stärksten empfänglich für Frames sind. Moderate Überzeugungen sind also anfälliger für Etikettierungs- und Framing-Effekte (Benjamin et al. 2017, S. 760 f.). Framing-Wettbewerbe sind damit aber weder zu verteufeln noch zu lobpreisen – sie sind einfach Teil des politischen Prozesses.

Während der Wettbewerb über *Counter-Frames* in bestimmten Fällen ausgleichend wirken kann, ist die Technik der Frame-Anfechtung *(Frame-Contestation)* von Grund auf konfliktträchtig. Sie geht einen Schritt weiter als ein *Counter-Frame,* wenngleich es ein ähnliches Konzept ist. Dabei wird nicht nur nicht nur ein inhaltlicher Gegen-Frame gesetzt, sondern die gegnerische Interpretation wird offen ‚kontestiert' – also kritisiert oder gar angegriffen. Derlei ‚Anfechtungen' sind gezielt konfrontative Framing-Techniken, mit denen Akteure versuchen,

Behauptungen, Policy-Ideen oder die gesamte Gruppe der Kontrahenten zu diskreditieren (Boscarino 2016, S. 280). Bei einer Frame-Anfechtung können insbesondere nicht nur die Behauptungen oder Ideen der jeweiligen Opposition angegriffen werden, sondern auch deren Charakter (Boscarino 2016, S. 302). Ebenso wird mitunter auf andere augenscheinliche Fehler der Kommunikatoren hingewiesen oder ihre gesamte politische Einstellung diffamiert. Auch bei der *Frame-Contestation* hängt die Intensität der Dynamik und damit auch eines etwaigen Konflikts vor allem von den Ideologien der beteiligten Gruppen und den Beziehungen zwischen den Kommunikatoren untereinander ab (Boscarino 2016, S. 302).

Als Frame-Anfechtungen werden auch jene Aussagen verstanden, mit welchen versucht wird, nicht den Inhalt einer Aussage zu untergraben, sondern stattdessen einen Gegenaspekt aufzugreifen, der die Intention der Kommunikatoren ausgleicht. Die Diskussion um Art. 13 der EU-Urheberrechtsreform war ein klassisches Beispiel von stetigen *Frame-Contestations* auf beiden Seiten, ohne dass tatsächlich über den faktischen Inhalt debattiert wurde. Die Gegner der Reform wurden stetig als unreif und von *Google* oder *YouTube* gesteuert dargestellt. So konnte jedwede Auseinandersetzung mit der inhaltlichen Kritik zurückgewiesen werden. Allerdings wurde auch auf der anderen Seite die Frage nach dem Schutz des Urheberrechts übergangen und die Befürworter der Reform als ‚alte Leute' dargestellt, denen schon die Kompetenz im Umgang mit dem Internet fehlte. *Frame-Contestations* tauchen wie auch in diesem Beispiel häufig als Diskursverschiebungen auf. So lautet eine häufige *Frame-Contestation,* dass Umweltschutz in Form einer Stilllegung von Atom-Reaktoren oder eines Stopps der Kohle-Produktion zwecklos sei, weil andere Länder erst gerade mit dem Aufbau solcher Industrien beginnen würden. Ähnliche Beispiele sind als *Whataboutism* bekannt geworden und werden in Diskussionen häufig klar als solche benannt – auch dies ist eine Form der Mediation. Trotzdem ist eine derartige Verschiebung des Kontextes weg von der inhaltlichen Ebene oft nicht minder wirksam, um Unterstützung für eine Position zu generieren oder sie zu verhindern.

Gerade in und um Protestbewegungen kommen Frame-Anfechtungen häufig zum Tragen. Dies liegt nicht zuletzt an der gefestigten Identität solcher Gruppierungen. Bei dem Ansatz der Mesomobilisierung ist bereits durchgeklungen, dass auch diese Identitäten mitunter strategisch konstruiert sein können. Insbesondere in dem Bestreben, eine möglichst weitreichende Unterstützung zu generieren, werden hierfür ideologische Brücken konstruiert und eingesetzt. Das hieraus abgeleitete *Frame-Bridging* ist einer der vier Ansätze der Ausrichtungsanalyse von Snow und Benford.

3.4.9 Frame-Bridging

Frames stehen häufig als leitende Konstrukte hinter Protestbewegungen oder anderen sozialen Gruppierungen. Damit ist nicht gemeint, dass die ganze Bewegung sich hinter einem einzigen Kommunikations-Frame oder Ähnlichem versammelt; unter Bewegungs-Frames vereinigen sich oft Menschen, die zwar ein ähnliches politisches Ziel haben, aber nicht unbedingt eine einheitliche ideologische Richtung vertreten. Eine Protestgruppe wie *#MeToo* oder auch die ‚Querdenken'-Bewegung führt eine ganze Menge von Menschen zusammen, die ein Anliegen teilen. Deren gemeinsame natürliche Identifikation ist damit das Hauptthema der Bewegung, während jedoch politische Haltungen innerhalb der Gruppe divergieren können. Gerade bei der ‚Querdenken'-Bewegung sind Aktivisten vertreten, die gegensätzlichen politischen Ideologien anhängen.

Für Protestbewegungen ist eine kohärente Identität essenziell, insbesondere da interne ideologische Gräben ihre Wirkungsmacht aufgrund von Auseinandersetzungen oder verschiedenen strategischen Ausrichtungsvorstellungen schwächen würden. Da also zumindest größere Protestgruppen ideologische Differenzen überbrücken müssen, sind die verbindenden Bewegungs-Frames auch leitend in deren Selbstverständnis eingebettet.

Bewegungs-Frames können zwar auf natürliche Weise mit einer Protestgruppe entstehen, indem beispielsweise ein gesellschaftliches Problem publik gemacht und infolge über eine Bewegung öffentlich angeprangert wird. Mitunter werden allerdings bewusst Frames verschiedener Gruppen taktisch miteinander verbunden, um eine höhere Reichweite zu erzielen. In diesem Fall ist der Bewegungs-Frame durch ein *Frame-Bridging* entstanden – eine Frame-Brücke. Wie bereits angeschnitten, verlaufen Untersuchungen solcher Gruppenausrichtungen auf Basis des Framing-Ansatzes zunächst mit einem kritischen Blick auf die Grundlagen einer Bewegung: Eine gemeinsame ideologische Vision ist häufiger ein Produkt von präziser Planung und Strategieentwicklung als gemeinhin angenommen. Aus derlei Kreationen resultieren häufig Neudefinitionen von politischen Phänomenen oder Prozessen (Payerhin und Zirakzadeh 2006, S. 91 f.; Snow et al. 1986, S. 467). Diskurskoalitionen sind besonders auf jene Art der strategischen Steuerung angewiesen, da sie häufig von verschiedenen ideologischen Ausprägungen durchdrungen sind (Gerhards und Rucht 1992, S. 558–560; Hajer 1993, S. 45). Diskurskoalitionen sind per definitionem relativ heterogene Gruppen, deren Mitglieder Vorstellungen über gewisse Policies oder soziale Konstrukte teilen. Diese geteilten Vorstellungen leiten nicht nur eine gemeinsame Interpretation eines Sachverhaltes, sondern auch eine spezifische Bedeutung, die hinter dieser steht (Hajer 1993, S. 45, 47). Hierbei dienen *Frame-Bridgings* dazu, einen größeren Zusammenschluss von Menschen zu erreichen.

Ein *Frame-Bridging* ist im grundlegendsten Verständnis tatsächlich eine Brücke, die Menschen mit verschiedensten Hintergründen ideologisch verbindet. Im Detail handelt es sich dabei um eine Verbindung von zwei – oder mehr – ideologisch (teil-)kongruenten, aber strukturell nicht verbundenen Frames (Benford 1993, S. 691). Für die Brückensetzung werden ideologische Stränge und *Cluster* – sich überschneidende Überzeugungen oder Werte – ausgewählt und zu einem kohärenten, übergeordneten Gedankenbild zusammengesetzt, um den Integrationsanforderungen gerecht zu werden (Snow und Benford 1992, S. 135 f.; Snow 2004, S. 384, 399 f.; Melucci 1996, S. 13; Taylor und Van Dyke 2004, S. 271; Payerhin und Zirakzadeh 2006, S. 111).[13] Hierbei können auch neue übergreifende Themen für eine politische Gruppierung gesetzt werden, um einen weiteren Kreis an Menschen zu erreichen und zu integrieren.

Bei einer solchen strategischen Ausrichtung filtern Strategen die Haltung der Zielgruppen und erheben deren gemeinsame Anliegen zu einem neuen Leitbild (Gerhards und Rucht 1992, S. 559 f.; Taylor und Van Dyke 2004, S. 269). Diese partielle Deckungsgleichheit fungiert daher als Brücke, die eine künstliche Kohärenz generiert und als ‚gemeinsamer Nenner' die einzelnen Strömungen integrieren soll. Die gemeinsame Ausrichtung wird zum Kern des entstehenden Gruppen-Frames, der auch in Form eines konkreten geteilten Ziels die Basis der Bewegung formiert. Bisweilen wird diese Strategie lediglich in Bezug auf ein bestimmtes Thema oder Problem sowie zur Überbrückung von etwaigen Differenzen eingesetzt (Snow et al. 1986, S. 467, 2004, S. 399; Benford 1993, S. 691).

Die gewählte Brücke besteht aus zentralen Komponenten aller vertretenen ideologischen Ausrichtungen. Sie bildet schließlich nicht nur die Grundlage für die Diskurskoalition, sondern muss auch stark und bedeutsam genug sein, um ideologische Gegensätze kaschieren zu können. Nur so gelingt es Mesomobilisierern relativ heterogene (Einzel-)Gruppen einer Bedeutung unterzuordnen und diese auch zusammenzuhalten (Hajer 1993, S. 45, 47; Melucci 1996, S. 15; Payerhin und Zirakzadeh 2006, S. 107; Munro und Schurman 2006, S. 6). Mit diesem Ziel in Sicht stellen Strategen darauf ab, die ideologische Klammer überdauernd aufrecht zu erhalten, um die erforderliche Kohäsion in dem Zusammenschluss nicht nur zu generieren, sondern fortdauernd zu gewährleisten (Payerhin und

---

[13] Mit einer Analyse auf Basis des *Frame-Bridgings* können sogar latent gesteuerte Brückensetzungen identifiziert werden, was bei der Verwendung des *Advocacy-Coalition-Ansatzes* beispielsweise übersehen werden kann.

3.4 Techniken des Framing

Zirakzadeh 2006, S. 107; Snow 2004, S. 399 f.). Ein auffälliges Merkmal solcher Framing-Prozesse ist daher, dass divergierende Elemente und strittige Themen unterdrückt werden, um offene Auseinandersetzungen oder ein Auseinanderbrechen der Bewegung zu vermeiden (Gerhards und Rucht 1992, S. 559 f.; Taylor und Van Dyke 2004, S. 269).

Jene Art von Diskurskoalitionen ist sicherlich nur bei Personen oder Gruppen möglich, die entweder eine Überschneidung in der ideologischen Einstellung oder ein gewisses Ziel teilen (Snow et al. 1986, S. 467). Dies erfordert in der Regel auch eine breitere natürliche ideologische Kohärenz, sonst sind *Cluster* nur themenspezifisch möglich – und diese sind auf lange Frist eher instabil (Benford und Snow 2000, S. 613; Snow 2004, S. 384). Wenn die Strategen passende Leitmotive zur Überwindung der ansonsten bestehenden Differenzen kreieren und diese überzeugend einsetzen, kann mit jener Technik jedoch die innere Heterogenität zu einer äußerlichen Homogenität überführt werden. Gut konstruierte Bewegungs-Frames verfügen dabei über das Potenzial, einzelne Zielgruppen sogar in einer Bewegung zu vereinen (Snow und Benford 1992, S. 135 f.; Snow 2004, S. 399 f.; Tarrow 1998, S. 137). Dabei steht nicht nur ein Zugewinn von Mitgliedern oder Sympathisanten in Aussicht; auch Infrastrukturen und Ressourcen einzelner Teilgruppen können hierbei Vorteile ermöglichen (Gamson 2004, S. 257; Payerhin und Zirakzadeh 2006, S. 93).

Da eine Frame-Brücke ein Gerüst bildet, in dem funktionale gruppenspezifische Elemente miteinander verbunden werden, fixieren sie sowohl gewisse Richtlinien als auch Anweisungen kollektiven Handelns. So kann mittels einer Brückensetzung auch eine Einheit für gemeinsame Mobilisierungskampagnen entwickelt werden (Gerhards und Rucht 1992, S. 559 f.; Snow 2004, S. 399 f.). Bewegungs-Frames erfüllen daher – neben der Identifikation – den Zweck, die Gruppe zu leiten (Conley und Heery 2007, S. 13). Da hierbei jedoch nur Teilinteressen oder Segmente der verschiedenen Strömungen strukturell und ideell verbunden werden, entsteht stets das Risiko eines *Frame-Disputes* (vgl. hierzu den folgenden Einschub, Abschn. 3.4.10). Allerdings können Brücken zumindest eine äußere Konsistenz erzeugen und damit Geltung in der Öffentlichkeit erfahren – die ‚Marketing-Aktivitäten' der Strategen täuschen schließlich über den inneren Pluralismus der Gruppe hinweg (Payerhin und Zirakzadeh 2006, S. 91 f., 111; Snow et al. 1986, S. 467).

Ein Beispiel für die politische Nutzung einer Frame-Brücke ist die *Tea-Party*-Bewegung in den USA. Deren ideologisches Fundament ist ein homogenes und ausgefeiltes Konstrukt, welches das Leitziel eines ‚schmalen Staates' verwendet, um eine künstliche Kohärenz zwischen ihren Zielgruppen zu ermöglichen. Dieser ideologische Pfeiler ist für alle Teilgruppen bedeutend – sowohl für die Sozialkonservativen, die Fiskalkonservativen, die Christliche Rechte als auch die Libertären –, wenngleich andere Teile ihrer politischen Einstellungen nicht in Einklang stehen. Aus dieser Gemeinsamkeit leitet die *Tea Party* ihren Bewegungs-Frame ab und konnte so die einzelnen Strömungen zu einer großen Protestbewegung zusammenführen. Dieser besteht auf den Grundpfeilern *Limited Government, Fiscal Responsibility* und *Free Markets*. Eine schmale Regierung, weniger (Sozial-)Ausgaben und Freie Märkte haben dabei einen wichtigen Rang in den ideologischen Orientierungen aller Teilgruppen. Andere, mindestens ebenso wichtige Ideale, wie beispielsweise die *Social Issues* der Sozialkonservativen wurden dabei strategisch unterdrückt und die Ausrichtung stetig auf die drei gewählten Grundpfeiler reorientiert (Oswald 2018a).

Die heterogene Zusammensetzung der *Tea Party* macht einen Framing-Theoretiker schnell stutzig. Da in dieser Perspektive die mechanistische Sichtweise kollektiver Identitäten hinterfragt wird, sind diese in sozialen Bewegungen nicht zwingend als einfach bestehende Entität anzusehen. Deren innere Strukturen sind häufig fragmentiert, vor allem wenn sich Aktivisten lose zusammenschließen, die nur ein spezifisches Ziel teilen. Ideologische Kongruenzen werden mitunter erst von Mesomobilisierern geschaffen. Es ist zwar nicht ungewöhnlich, dass sich Personen verschiedener ideologischer Strömungen in der Interessengruppe engagieren – beispielsweise in Organisationen zum Umweltschutz oder für Menschenrechte finden sich oft Menschen unterschiedlichster Couleur zusammen; für eine politische Organisation ist es jedoch meist nötig, ein einigendes Bindeglied zu finden. Andere Angelegenheiten sollen in dieser Gruppe auch nicht diskutiert oder beworben werden, da ansonsten stets die Gefahr eines auftretenden *Frame-Disputes,* eines Framing-Konfliktes, besteht.

Ähnliche Beispiele sind in vielen Protestbewegungen zu finden; so ging das Konzept der Mesomobilisierer durch das Aufdecken erfolgreicher Brückenelemente bei Gerhards und Rucht hervor, die eine vereinende Frame-Setzung über die Ökologie-, Friedens-, Arbeiter-, Nachbarschaft- und Frauenrechtsbewegung fanden (Gerhards und Rucht 1992). Mitunter geht die Mobilisierung einer Protestbewegung auch durch die spezifische Koordination von solchen bestehenden Gruppen oder Organisationen vonstatten (Gerhards und Rucht 1992, S. 558–560, 571; Hajer 1993, S. 45).

3.4.10 Einschub: Frame-Disputes

Der Wettbewerb des politischen Framings findet nicht nur zwischen sozialen Bewegungen und ihren Gegnern statt – er tritt auch innerhalb von Parteien

3.4 Techniken des Framing

sowie politischen Bewegungen oder Strömungen etc. auf. Bei den Führungspersonen können unterschiedliche Vorstellungen darüber bestehen, welche Arten von Frames Resonanz oder Mobilisation nach sich ziehen. Auch heben sich deren Vorstellungen in Bezug auf bestimmte Ziele, Strategien und Taktiken meist voneinander ab und werden daher gelegentlich von anderen Mitgliedern bekämpft (Benford 1993, S. 678, 692; Payerhin und Zirakzadeh 2006, S. 111). Insbesondere wenn die Bewegung nur durch eine strategische Zusammenführung der *Cluster* geeint wird, wie bei einer Frame-Brücke, bergen ihre verschiedenen Ausprägungen eine stetige Gefahr für einen Disput (Snow 2004, S. 399 f.).

Da Framing-Prozesse auf breite Teile der Gesellschaft abzielen, sammeln sich bei einem Erfolg auch ihre verschiedenen Segmente in einer unterstützenden Bewegung – und damit eine Vielzahl von Bedeutungs-, Aktions- und Organisationsvorstellungen (Melucci 1996, S. 13; Taylor und Van Dyke 2004, S. 271). Dies erfordert ein besonderes Augenmerk für die Integration und Identitätsbildung, mit welcher verschiedene ideologische Strömungen ideell aggregiert werden müssen, um eine künstliche Homogenität zu erzeugen (Snow et al. 1986, S. 469; Taylor und Van Dyke 2004, S. 269).

In Rückbezug auf Goffman bezeichnen Snow und Benford die relativ häufig auftretenden internen Meinungsdifferenzen als *Frame-Disputes*. Strategen versuchen diese Framing-Konflikte meist von vornherein zu unterdrücken. In Zeiten von *Social Media* und der damit wichtiger werdenden Stimme der Einzelnen, ist dies jedoch immer seltener gewährleistet. Bei einer *Framing-Bridge* erhöht sich beispielsweise das Potenzial für einen internen Disput, wenn Themenfelder vertreten werden sollen, welche nicht mit der Ideologie anderer Teilgruppen kompatibel sind (Benford 1993, S. 679). Zwar steht so eine Ausweitung der Protestgruppe in Aussicht, allerdings wird gleichzeitig ihre ideologische ‚Reinheit' untergraben, was in einem Ausrichtungsstreit enden kann (Benford 1993, S. 679). Da ein Konglomerat an ideologischen Strömungen unterschiedliche Wertzumessungen in die Gruppe bringt, ist zu erwarten, dass die beteiligten Parteien schließlich immer auf einen *Frame-Disput* stoßen (Benford 1993, S. 678 f.).

Ein geschlossenes Auftreten in Strategie, Ziel und Taktik ist wichtig für das öffentliche Wirken und die kongruente Wahrnehmung eines Problems oder einer gesamten Bewegung. Bei Framing-Prozessen sind Konflikte aufgrund der stetigen Interaktionen jedoch kaum zu vermeiden: Die Konstruktion von Realität und die Ausrichtung der Bewegung sind fortwährende Debatten, die sich auch aus den Orientierungen der Mitglieder speisen. Sie stehen jedoch selbst in Rückkopplungsprozessen mit neuen gesellschaftlichen Entwicklungen (Benford 1993, S. 678 f., 695). Deshalb ist die Regulation eines gemeinsamen Bedeutungsframes mühsam, auch wenn Strategen auf eine strukturelle und kulturelle Integration abzielen (Gerhards und Rucht 1992, S. 558 f.).

Bei Protestbewegungen ist ein Hauptstreitpunkt, welche ideologischen Fragmente nach außen getragen und kommuniziert werden sollen. Wenn bei Strategen konkurrierende Ansichten darüber aufkommen, welche Realität konstruiert werden soll, um den maximalen Effekt an Resonanz und entsprechender Mobilisierung zu garantieren, sind Antagonismen keine Seltenheit (Snow und Benford 2000, S. 626). Eine geschlossene Einheit ist aufgrund divergierender (Teil-) Vorstellungen nur über einen starken bedeutungstragenden Frame erreichbar. Mit ihm können die geteilten Visionen aggregiert und in eine akzeptierte, gemeinsame und kohärente *Outside-In*-Perspektive abstrahiert werden. Die Voraussetzungen hierfür lassen sich sowohl durch einen diagnostischen und prognostischen Rahmen, als auch durch eine gewisse äußere Ordnung schaffen (Benford 1993, S. 678 f.). Als sich *Fridays For Future* beispielsweise auf Twitter mit der *Free-Palestine*-Bewegung solidarisierte und Greta Thunberg einen Tweet einer Unterstützerin der israelfeindlichen BDS-Kampagne teilte, resultierte diese Ausrichtung in einem Frame Disput, da sich zumindest die deutsche Sektion von *FFF* von dieser Solidarität der internationalen *FFF*-Bewegung distanzierte. Dies löste einen internen Konflikt über die Positionierung in anderen politischen Belangen aus. Ähnlich haben auch Distanzbekundungen der ‚Querdenken'-Bewegung zum rechten Lager für interne Querelen gesorgt. Allgemein traten in der Gruppe einige Dispute auf, die sogar nach außen getragen wurden.

Die Strategen hinter einer Bewegung haben aufgrund dieser komplexen Wirkungszusammenhänge bei *Alignments* eine Balance zu wahren, die oft einer Gratwanderung gleichkommt. Einerseits erhöht eine organisatorische Flexibilität und Offenheit für ideologischen Pluralismus die Erfolgschancen der Mobilisierung: Wenn die Dachorganisation einen offeneren ideologischen Grundkonsens verfolgt, kann schließlich auf einen größeren Pool an Unterstützern zurückgegriffen werden (Gerhards und Rucht 1992, S. 567). Andererseits ist die Integration vieler ideologischer Ausprägungen umso schwerer. Zudem sind diese Ausrichtungs-Prozesse nicht folgenlos für ideologische Hardliner, insbesondere wenn einer ihrer Kernwerte dadurch tangiert oder gar marginalisiert wird (Snow und Benford 1988, S. 478). Für diese Fragestellung dehnen Benford und Snow die Reichweite des *Dispute*-Begriffs zusätzlich aus und erweitern diesen bis hin zu *Frame-Resonance-Disputes*. Sie lenken damit den Untersuchungsfokus auf die Mesomobilisierungsgruppe und deren Vorstellungen von Resonanz-Schaffung (Snow und Benford 2000, S. 626).

Frame-Disputes treten zwar in jedweden politischen Gruppierungen auf, in Parteien genauso wie in Protestbewegungen; besonders häufig sind jedoch strategische Arrangements von der Absicht geprägt, möglichst viele Menschen anzusprechen, wie eben mit einer *Framing-Bridge*. Besonders viele Individuen – oder gar andere existierende Bewegungen – können auch noch auf einem anderen Weg angesprochen werden: Die *Frame-Extension* ist ein der Brückensetzung recht ähnliches Mittel, um einen Bewegungs-Frame für einen größeren Teil einer Gesellschaft attraktiv zu machen.

3.4.11 Frame-Extension

Die *Frame-Extension* ist eine Technik, mit der ein bestehender Frame strategisch erweitert werden kann, um eine größere Zielgruppe zu erreichen (Scheufele und Scheufele 2012, S. 9). Das Ziel einer *Extension* ist es entsprechend, den Frame attraktiver für ein Publikum zu machen, dessen Ideologie oder Interessen er bislang gar nicht oder nur unzureichend berührt hatte. Die Ausweitung kann dabei Inhalte oder Werte betreffen, die eine größere Anzahl von Menschen anzusprechen vermögen, als dies im ursprünglichen Framing der Fall war. Die Strategen greifen hierfür Anliegen auf, die zwar in unmittelbarer Nähe zu den Interessen der Zielgruppe liegen, die bis dato für sie jedoch noch nicht relevant erschienen. Auch entferntere *Beliefs* sowie verwandte Elemente von zentralen Forderungen oder Interessen einer potenziellen Klientel können dabei erfasst werden (Conley und Heery 2007, S. 7; Snow und Benford 1988, S. 478).

Anders als bei einer Brücke wird bei einer Ausdehnung nicht nach einem verbindenden Frame-Muster gesucht, sondern es werden die Grenzen des bestehenden Frames erweitert. Das heißt, ein Denkschema, das bereits besteht, wird verändert oder abstrahiert, damit seine Reichweite erhöht wird. Aktivisten, die für die Rechte von Prostituierten eintreten, haben beispielsweise das Framing dahingehend verändert, dass sie die Problematisierung der Situation vieler Prostituierter auf den Kontext von Arbeitsrechten und Gleichberechtigung ausgedehnt haben. Mit diesem rechtebasierten Framing wird die oftmals problematische Lage von Prostituierten für ein breiteres Feld an Menschen relevant (Jackson 2016, S. 27). Bei dem Konflikt über Abtreibungen in den USA wurde jüngst der ‚Pro-Life'-*Frame* sogar auf den Rassismus ausgedehnt: Immer öfter wird damit argumentiert, dass Abtreibungen eine latente Form von Rassismus darstellten, da überproportional viele Kinder von Minderheiten abgetrieben würden. An dem Beispiel zeigt sich, dass Kontextsetzungen sogar weite ‚Dehnungen' bei einer *Frame-Extension* zulassen, auch wenn sie mitunter groteske Züge annehmen können.

Bei der sinnvollen Ausdehnung eines Frames besteht eine recht gute Aussicht auf die Mobilisierung von weiteren politischen Gruppen oder Strömungen: Nach Heery und Conley konnte in einigen Fällen gezeigt werden, dass eine *Frame-Extension* eine Mobilisierung nach sich zog, während anderweitige Annäherungsversuche an nahestehende Bewegungen oder gemeinsame Proteste dagegen weniger in einer Expansion resultierten (Conley und Heery 2007, S. 10). Bei genuin politisch-ideologischen Belangen tritt jedoch auch häufig ein Problem mit einer solchen Ausdehnung auf: Ein negativer Effekt der *Frame-Extension* ist die ‚Verwässerung' der ursprünglichen ideologischen Inhalte eines Gruppen-Frames. Diese führt zu einer geringen Spezifität und zu Thema-Überdehnungen. Folglich nimmt seine Attraktivität für die ursprünglichen Unterstützer ab (Snow und Benford 1988, S. 478). Auch werden interne Fehden und *Frame-Disputes* so wahrscheinlicher. Als Dr. Martin Luther King beispielsweise versuchte, den Frame der Bürgerrechtsbewegung auf die Ablehnung des Vietnamkriegs zu erweitern, kam es zu einem Konflikt, da er damit den ursprünglichen Beweggrund zu weit spannen wollte. Andere Bürgerrechtler denunzierten ihn daraufhin.

Strenggenommen wurde #MeToo der Frame der sexuellen Belästigung auch erweitert. Durch die Veränderung im Denk-Frame kam nun der Fakt in das öffentliche Bewusstsein, dass dies keine Einzelfälle sind. Das Verständnis wandelte sich dahingehend, dass zahlreiche Frauen in alltäglichen Situationen derlei Erfahrungen machen mussten, ohne dass dies thematisiert oder ihnen geglaubt worden wäre. Die Betroffenheit von sexuellen Übergriffen und Belästigungen bezieht sich nunmehr nicht nur auf die vermeintlich Wenigen, die ähnliche Erfahrungen machen mussten, sondern wurde auf alltägliche Situationen ausgeweitet. Dadurch tangiert das Problem alle Menschen in der Gesellschaft, da die Alltäglichkeit und Nähe von Übergriffen das gesellschaftlich-strukturelle Problem allen verdeutlichte und über das Gesamtgefüge auch bei jedem Einzelnen verortete. Dies sendete ein Signal an die gesamte Gesellschaft. Obwohl das Problem sicherlich nicht gelöst ist, dürfte sich die Befindlichkeit zumindest etwas verändert haben. Die *#MeToo*-Bewegung hat damit ein gesellschaftliches Denkmuster *reframed*.

Ein solcher Wandlungsprozess wird häufig als *Frame-Shift* bezeichnet, womit rein deskriptiv eine Verschiebung des Deutungsrahmens gemeint ist. Diese Bezeichnung ist jedoch nicht korrekt: *Frame-Shiftings* und *Frame-Blendings* sind eher plötzlich auftretende Effekte, die Frames verbinden oder sie ‚drehen'. Aber auch die Techniken des *Frame-Shiftings* und *Frame-Blendings* eignen sich besonders gut dazu, etablierte Denkstrukturen anzugreifen. Hierbei wird zwar die Perspektive und damit auch die Bedeutung radikal verändert, der Frame dreht sich aufgrund einer i. d. R. sprachlichen Technik jedoch plötzlich und vor allem auch für alle Betrachter.

3.4.12 Frame-Shifting und Frame-Blending

Ein *Frame-Shift* geht in der Regel aus einer spezifisch angelegten Konstruktion hervor, mit dem die Perspektive der Empfänger durch einen plötzlichen und überraschenden Wechsel verändert werden soll. Häufig ist ein *Frame-Shift* ein Prinzip von (meist flachen) Witzen. Brône et al. stützen sich auf das folgende Beispiel: ‚Wir hatten so viel Spaß dabei, vom Baum in den Pool zu springen, dass wir beschlossen, Wasser einzufüllen' (Brône et al. 2015). Wenn man den ersten Teil des Satzes hört, entsteht im ‚geistigen Auge' der Betrachtungs-Frame, wie Menschen platschend in einen Pool hüpfen. Da sich dieser jedoch im letzten Teil des Satzes zum trockenen Betonloch wandelt, ‚dreht' sich auch der Betrachtungs-Frame, wodurch die Komik der Situation entsteht. Die Einsetzung des neuen Rahmens beim *Frame-Shifting* beinhaltet im Wesentlichen analoge Abbildungen von Akteuren und Aktivitäten in ähnlichen, aber dem eigentlichen Sinn widersprechenden Szenarien oder sich plötzlich für alle Beobachter ändernde *Keyings*. Darin liegt auch der Unterschied zur *Frame Transformation*. Beim Einsatz einer *Frame Transformation* muss kein Effekt eintreten, wenn das Framing für Rezipienten keinen Sinn ergibt. Bei *Frame Shifts* ist dies jedoch unwillkürlich der Fall, da sie auf genau jenen Effekt ausgerichtet sind. Der Effekt beruht auf dem Umstand, dass Menschen eine Situation nicht erst vollständig wahrnehmen und dann erst ihre verfügbaren Denk-Frames anwenden bzw. ist der *Frame Shift* strategisch auf den Umstand hin angelegt, dass nicht das gesamte Bild über die Situation vorhanden ist. Die menschlichen Filter wirken schon sobald wir genug Informationen haben, um ein Ereignis (vorerst) ausreichend zu begreifen. Dass wir uns in einem Denk-Frame befinden, wird uns selbst auch erst dann klar, wenn das unerwartete *Shifting* auftritt. Wir nehmen also lediglich den Wechsel bewusst wahr, nicht den Ausgangszustand.

Im Film ‚Fight Club' ist ein *Frame Shift* so im Skript angelegt, dass die Zuschauer plötzlich realisieren, dass Tyler Durden nicht existiert. Die Rückblende auf vorherige Szenen mit dem ‚neuen Keying' verdeutlichen die Veränderung des Betrachtungsframes. Spezifisch für den *Frame Shift* ist dabei der strategisch angelegte plötzliche Wandel, der eine Wirkung entfalten soll, die für alle Beobachter zugänglich ist. Dies ist auch der Unterschied zur Technik der *Frame Transformation*.

Die rein deskriptive Variante des Begriffs *(‚Frame-Shift')* könnte theoretisch jede Situation beschreiben, in der sich ein Deutungsrahmen verschiebt. Damit bliebe der *Frame-Shift* jedoch insoweit unterkomplex, als er die Ursache des Deutungswandels ausblendet und somit die strategische Arbeit vernachlässigt, die hinter einem spezifisch konstruierten *Frame-Shift* steht. Der Effekt entsteht hierbei schließlich vor allem aus dem plötzlichen ‚Dreh' der Perspektive an sich. Wenn der Begriff jedoch für strategisch intendierte Effekte, als auch unwillkürliche Frame-Wandlungsprozesse verwendet wird, verlieren die Definitionen des Framing-Ansatzes ihre Präzision.

In einem *Frame-Shift* können auch semantische Neuausrichtungen einer bestehenden Information oder bestehender Konventionen vorgenommen werden. Die ursprüngliche Bedeutung wird dabei in einem neuen Frame gezielt so reorganisiert, dass sich eine Dissonanz zwischen der Erwartung des Inhalts und der inneren Struktur der Aussage ergibt. Dies tangiert auch die Schlussfolgerung. In der Praxis tritt ein solches Framing in Form von direkten Negationen des Vorwissens auf oder es besteht in einfachen wortbasierten Hinweisen, die darauf hindeuten, dass Informationen anders dargestellt und interpretiert werden können. Der Wechsel zu einem neuen Frame resultiert daher aus einem Bruch des inhaltlichen Sinnes. Praktisch werden dabei disjunktive und kontrafaktische Sprachkonstruktionen genutzt, um institutionalisierte Denkstrukturen infrage zu stellen. Auf diesem Wege werden Aussagen mit einer neuen Interpretation umgedreht. Der Disjunktor, der das *Frame-Shifting* veranlasst, wird dabei in der Regel sprachlich betont und häufig als Satzendnomen eingesetzt (Werner und Cornelissen 2014).

Ein *Frame-Shifting* tritt beispielsweise an Stellen ein, an denen ein gewisses Wort oder eine Äußerung erwartet wird, um den Satz oder die Aussage sinnvoll zu schließen – diese Erwartung wird dabei jedoch gebrochen. Mannigfache Beispiele hierfür bestehen bei Musiktexten, in denen die Reimstruktur und der Inhalt nach einem spezifischen Wort verlangen. Die Aussage textet sich aufgrund der Erwartungshaltung der Zuhörer im Grunde selbst weiter. Wenn nun jedoch ein völlig unerwartetes Wort gesetzt wird, das die Bedeutung der Aussage dreht – und das sich möglicherweise nicht einmal in die Reimstruktur fügt –, fallen Zuhörer in einen effektvollen Frame-Wechsel. So kann mit dieser Erwartung in Kommunikations-Frames gespielt werden, in denen ganz plötzlich eine ganz neue Perspektive auftaucht.

Auf einer politischen Ebene provoziert ein solches *Frame-Shifting* meist einen Kontrast zu den alten Denkstrukturen. Oftmals wird hierfür bei bekannten Slogans oder Sprichwörtern lediglich ein Wort ausgetauscht. ‚Reden ist Silber, Schweigen ist Öl' titelte beispielsweise der SPIEGEL zu Zeiten der Ölkrise – eine Übernahme der Aussage im ständigen Krisenkomitee des Wirtschaftsministeriums. Auch der ‚Söder macht's' Slogan wurde 2018 von der *Sozialdemokratischen Partei Deutschlands* (SPD) für den Versuch eines *Frame-Shiftings* verwendet. Die SPD griff dabei den Wahlkampfspruch des bayerischen Ministerpräsidenten Markus Söder auf und buchte dazu eine Internetdomain (soeder-machts.de). Söder

3.4 Techniken des Framing

wollte mit seinem Slogan positive Errungenschaften oder Versprechen vermittelt wissen; bei Aufruf der Website wurden dagegen ausschließlich Themen aufgelistet, die Söder aus der Sicht der SPD schlecht gemacht hat. Der Betrachtungsframe dreht sich also plötzlich für die Beobachter; ob das Framing final akzeptiert wird, bleibt jedoch auch bei einem *Shift* offen.

Ein dem *Frame-Shifting* sehr nahestehendes Konzept ist das *Frame-Blending*. Beim *Frame-Blending* werden zwei Themen zusammengeführt, die strukturell nichts miteinander zu tun haben. Sie stehen jedoch in einem solch deutlichen Zusammenhang und sind sich thematisch so ähnlich, dass sie in einem Frame aufgehen können. Meist wird dabei ein neuer Frame mit einem bereits etablierten Frame vor allem sprachlich zu einem neuen Ausdruck verknüpft, um so ein integriertes Verständnis von einem Sachverhalt zu schaffen, das sich aus zwei Konzepten speist, die bislang nicht miteinander verwoben waren und ggf. sogar in vermeintlicher Konkurrenz zueinander standen. Im Endeffekt wird damit also letztlich ein ‚hybrider Frame' geschaffen, der etwas schon Bekanntes modifiziert (Werner und Cornelissen 2014, S. 1456 f.).

Beim *Frame-Blending* werden konjunktive Sprachkonstrukte und Analogien genutzt, um Denkstrukturen diskursiv zu verschieben oder in eine Interpretation zu integrieren (Werner und Cornelissen 2014, S. 1450). Dies wird häufig als eine Form des *Frame-Bridging* missverstanden: Während bei einer solchen Überbrückung aber nur solche Elemente aus den Überzeugungen der zu einenden Zielgruppen ausgewählt und betont werden, die ohnehin zusammenpassen oder im Grunde dasselbe meinen, werden bei einem *Blending* die gesamten Ausgangs-Frames miteinander zu einem ganz neuen Deutungsrahmen verschmolzen. Ein Beispiel ist der Protestgruppen-Frame der modernen Umweltbewegung. Aus der Alternativbewegung heraus fand sich ein neues Moment für den Umweltschutz, das sich an den sozialen Gedanken koppelte und diesen schließlich nahezu untrennbar integrierte. Sehr einfache Beispiele hierfür sind etwa die „Grüne Mobilität", „künstliche Intelligenz" oder sogar die „Soziale Marktwirtschaft", in denen die Ausgangsschemata noch begrifflich erkennbar sind.

Bis heute leitet der ‚grüne' Bewegungs- und Denk-Frame zwar eine auf den Umweltschutz fokussierte, aber soziale Bewegung. Die Frames ‚links' und Naturschutz verschmolzen hier vollständig. Dabei hätte die Naturschutzbewegung auch mit einer rechten Interpretation verbunden werden können. Für die konservativen Parteien und Bewegungen waren jedoch stets die finanziellen Aspekte dominierend. Damit war jedoch die Konter-Bewegung in ihrem Frame geradezu bestärkt: Der Kapitalismus schien sowohl Feind der Umwelt als auch des sozialen

Gedankens zu sein. Beim *Blending* ist es eher der (zwar optimale und erstrebenswerte) Ausnahmefall, wenn tatsächlich beide Ausgangsframes wie bei der grünen Bewegung in einem einzelnen Schlagwort kulminieren.

Über das Schlagwort des ‚Wiederaufbaus' ‚blendete' Sigmar Gabriel – wahrscheinlich unabsichtlich – zwei Frames und machte sich damit angreifbar: Er sprach bei einer Pressekonferenz darüber, dass türkische Gastarbeiter einen wichtigen Beitrag zur Entwicklung Deutschlands beigetragen haben: „Diese Menschen aus der Türkei, ihre Eltern, türkisch stammend, sind für unser Land ungeheuer wichtig. Sie haben das Land aufgebaut", sagte Gabriel. Der Wiederaufbau Deutschlands wird im Gründungsnarrativ der Bundesrepublik zunächst jedoch den Trümmerfrauen[14] zugeschrieben; der Beitrag der türkischen Gastarbeiter ist dagegen Teil des Wirtschaftswunder-Narrativs der 60er Jahre. Der Mangel an Arbeitskräften führte damals zum Anwerben von vorrangig italienischen und türkischen Gastarbeitern. Auf *Twitter* und anderen Online-Portalen wurde Gabriel daraufhin eine Verdrehung der Wahrheit vorgeworfen. Es kann jedoch auch sein, dass er den physischen Wiederaufbau Deutschlands in den Jahren nach dem Krieg mit dem wirtschaftlichen Aufschwung und seinen enormen Wachstumsraten in den 1960er Jahren verbunden hat. Die Bedeutung des Begriffs des allgemeinen ‚Wiederaufbaus' umfasste dabei also nicht nur den physischen sondern auch den wirtschaftlichen Wiederaufbau. Dieser Kontext wurde in Gabriels Aussage allerdings nicht explizit erwähnt; daher konnte sie auch als Verschiebung und versuchtes *Reframing* des Wiederaufbau-Narrativs gedeutet werden. Infolge könnte dies als Geschichtsklitterung oder als Wandel des Betrachtungs-Frames bezeichnet werden – das hängt wohl von der Perspektive auf Gabriel ab. Ein Wandel von Betrachtungs-Frames kommt in der Geschichte häufig vor, so wird zunehmend der erste und der zweite Weltkrieg als ein großer Krieg betrachtet.

An dem Beispiel des Wiederaufbaus und der reinen Interpretation der Intention Gabriels ist erkennbar, dass die Techniken des Framings auch sehr gut reaktiv angewendet werden können. Da Gabriel nicht explizit betonte, welche Art von Wiederaufbau er meinte, konnten politische Gegner das *Frame-Blending* als Kritik nutzen: Mit dem Vorwurf, dass Gabriel somit das Narrativ der Trümmerfrauen *reframen* und dafür die Leistung der Gastarbeiter einsetzen möchte. Ähnlich unbedachte Aussagen von Politikern, wie von Frans Timmermans (damals Spitzenkandidat der europäischen Sozialdemokraten), der beim ZDF TV-Duell zur Europawahl auf die Frage antwortete, ob der Islam zu Europa gehöre: „seit

---

[14] Auch die Interpretation des Aufbaus durch Trümmerfrauen ist freilich ein Frame, der die ersten Aufräumarbeiten fokussiert und die Leistung der Frauen in der Nachkriegszeit hervorhebt. Ohne den Einsatz von schwerem Gerät etc. hätten jedoch weder Frauen noch Männer den Wiederaufbau leisten können.

3.4 Techniken des Framing

2.000 Jahren schon, ja", lassen in der modernen Medienstruktur schnell Anschuldigungen laut werden, die Eliten wollten die Geschichte neu konstruieren; schließlich ist der Islam erst im 7. Jahrhundert entstanden, in Mekka und Medina. Gerade durch das Vermischen *(blending)* von unfundierten Annahmen, wie der Islam sei wohl genauso alt wie das Christentum, entstehen schnell Falschaussagen, die Angriffspunkte in der strategischen Kommunikation bieten, da sie ein strategisches Framing unterstellen lassen.

Aus strategischer Sicht ist der Einsatz von *Frame-Shifting* aussichtsreicher im Kontext ungenauer und plötzlich auftretender Gelegenheitsstrukturen; das *Frame-Blending* setzt dagegen eher etablierte Diskurse und stabilere Gelegenheitsstrukturen voraus, an denen sich der neue Deutungsrahmen anheften kann (Werner und Cornelissen 2014, S. 1462 f.). Beide Kommunikationstechniken beruhen auf der Annahme, dass die Sinnfindung im menschlichen Denken über implizite Vergleiche mit den vorherigen Denkschemata stattfindet (Werner und Cornelissen 2014, S. 1458). Daher können sie strukturell erfasst und an zwei Dimensionen der Veränderung beschrieben werden, wie Abb. 3.1 verdeutlicht.

Die Effektivität von *Frame-Shiftings* und *Frame-Blendings* ist davon abhängig, wie gut sie zum Vokabular und institutionellen Kontext des bestehenden Deutungsrahmens passen. Daher sind moderate Formen des *Frame-Shiftings* oder *Frame-Blendings*, mit denen nur einzelne Elemente des vorherrschenden Denkschemas angegriffen werden, erfolgsversprechender, wenn der bestehende Diskurs eng und nur mit wenigen Schlüsselbegriffen strukturell verbunden ist.

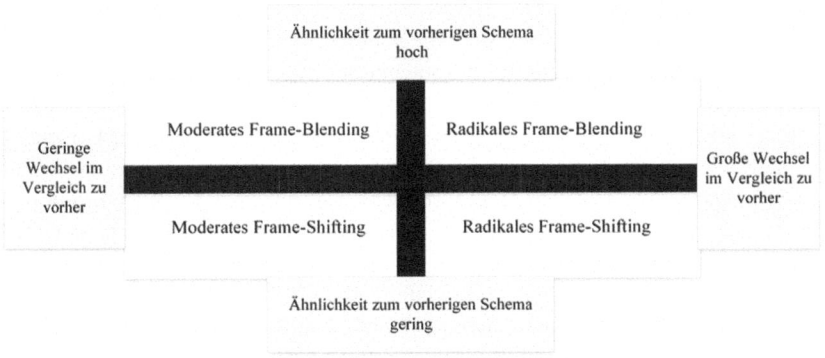

Abb. 3.1 Verhältnis Frame-Shifting/Frame-Blending nach (Werner und Cornelissen 2014)

Radikalere Wandel würden in diesem Fall wahrscheinlich als inkohärent angesehen werden (Werner und Cornelissen 2014, S. 1464). Dagegen erlaubt ein breiter Diskurs, der extensiv genug geführt wird, dass in ihm konsistente Gegenkonzepte zum vorherrschenden Frame bereits vorhanden sind, auch radikalere Formen des *Frame-Shiftings* oder *Frame-Blendings*. Schließlich können anhand dieser Technik bestehende Denkstrukturen fundamental verändert und letztlich nachhaltig *reframed* werden (Werner und Cornelissen 2014, S. 1464). Sowohl *Frame-Shiftings* als auch *Frame-Blendings* fungieren über strukturell verknüpfte Schlüsselwörter. Vor allem das *Frame-Shifting* lebt häufig von konzeptionellen Verbindungen zu Formen der bildlichen Sprache.

3.4.13 Semantisches Framing: Figurative und imaginäre Framing-Techniken

In Abschn. 1.1.2 wurde angeschnitten, dass ein Framing bereits bei der jeweiligen Wortwahl anfangen kann. Wörter sind bedeutungstragend und geben mitunter bereits ideologische Tendenzen preis. Weiterhin ist die von den Kommunikatoren verwendete Sprache ein wichtiger Faktor für den Framing-Ansatz, weil Framing-Effekte schließlich dann auftreten, wenn die öffentliche Wahrnehmung durch die kommunizierten Inhalte geprägt wird. Zuletzt ist die Sprache sowohl in diesem Prozess als auch generell im öffentlichen Wirken wichtig: Politische Ideen, Meinungen und Konzepte oder auch einfach Informationen über Ereignisse werden über sie vermittelt (Burgers et al. 2016, S. 413 f.; Entman 1993, S. 55; Freeden 2003, S. 57, 119; Lakoff 2004, S. 23; van Hulst und Yanow 2016, S. 92). Bezüglich des Framings sind vor allem Metaphern, Metonymien, Synekdochen, Schlagwörter, Phrasen und Sprachbilder *(Symbolic Devices)* von großer Bedeutung (Gamson et al. 1992).

In der kognitiven Semantik als auch in der Ideologie- und Framing-Forschung gilt, dass Menschen über spezifische Begriffe eine vordefinierte Meinung haben (Lakoff 2009, S. 44). Diese bedeutungstragenden Komponenten von Wörtern prägen die Perzeption einer Aussage. Die Verwendung einer bestimmten Metapher bei der Beschreibung eines Sachverhaltes, ordnet diesen bereits spezifisch ein, da sie die wesentlichen Assoziationen aktiviert, die mit ihr verknüpft sind (Burgers et al. 2016, S. 413 f.). Daher interagiert ein metaphorisches Framing mit den bestehenden *Beliefs* und Einstellungen der Botschaftsempfänger (Landau et al. 2014). Durch diese Verknüpfung mit den jeweiligen Vordefinitionen lösen sie auch spezifische Vorstellungen bei Menschen aus. Diese werden bei metaphorischen Framings gezielt genutzt (Thibodeau et al. 2017, S. 1179). Derlei figurative

Framings, also die Darstellung eines Sachverhalts im Bildlichen, setzen diesen in den direkten Vergleich mit einer strukturell nicht unbedingt verbundenen Sache. Durch die Metaphorik wird deren Bedeutungskontext jedoch auf den Sachverhalt übertragen.

Insbesondere jene figurativen Framings sind wirkungsvoll, die über eine Metapher aufgeladen sind (Landau et al. 2014, S. 126; Lakoff 2006, S. 37). Dies konnte in einer Studie sogar in Bezug auf Policy-Präferenzen gezeigt werden: Thibodeau und Boroditsky ließen Probanden zwei fast identische Texte über die Kriminalitätsentwicklung in einer fiktiven Stadt lesen. Eine Gruppe bekam den Bericht mit der Interpretation der Kriminalität als ‚Virus' vorgelegt, der sich in der Stadt ausbreitet. In der zweiten Gruppe wurde die Kriminalität als Raubtier beschrieben, das sich seine Beute sucht. Im Anschluss sollten die Probanden unter verschiedenen Maßnahmen auswählen, mit welchen diese Entwicklung eingedämmt werden soll. Die jeweilige Metapher zeigte einen deutlichen Effekt auf die Präferenzen der Teilnehmer: Diejenigen aus der Gruppe, in der die Metapher des Virus verwendet wurde, plädierten mehrheitlich für sozialpräventive Mittel. Bei dem metaphorischen Framing über das Raubtier zeigte sich hingegen eine starke Tendenz hin zu repressiven Maßnahmen wie härteren Strafen und mehr Polizeipräsenz (Thibodeau und Boroditsky 2011). Dies ist ein Beispiel dafür, dass es einen Unterschied macht, wie man ein soziales Problem mit Metaphern beschreibt. Hierbei wurde vielleicht auch klar, dass ein figuratives Framing aufgrund seiner hohen Einprägsamkeit, Zugänglichkeit und Intensität die Salienz und Bedeutsamkeit gegenüber anderen Frames verstärken kann (Burgers et al. 2016, S. 423). Zum einen kann hierbei an die verankerten Denkstrukturen der Rezipienten angedockt werden, zum anderen erleichtern die vertrauten Wörter das Verständnis für die Inhalte. Insbesondere ‚zugängliche Metaphern' unterstützen die Interpretationen (Landau et al. 2014, S. 126; Lakoff 2006, S. 11).

Figurative Framings sind immer imaginäre Framings; die Verbildlichung eines Sachverhalts findet schließlich in der Vorstellung – also eben imaginär – statt, da jeder Mensch eine andere bedeutungstragende Vorstellung von Begriffen hat. Jeder Mensch, der an einen Baum denkt, wird die Grundzüge eines Baumes bei der Nennung des Begriffs vor dem geistigen Auge sehen: Stamm, Äste und eventuell Blätter. Jede Vorstellung wird sich aber von einer anderen unterscheiden, marginal oder auch fundamental, allein ob Ahorn oder Fichte macht einen großen Unterschied. Manche denken vielleicht sogar an eine Palme, obwohl diese eigentlich keine Bäume sind; hier verzerrt der eigene Denk-Frame die Wahrnehmung. Auch eine solche Fehlinterpretation kann mit dem strategischen Framing gezielt gefördert werden. Mit figurativen Frames lässt sich generell leicht ein gedankliches Bild bei den Rezipienten zimmern. Die Aufforderung, nicht an einen rosa Elefanten zu denken, ist schließlich eine bekannte Demonstration unseres Verstandes und seiner Negierungsfähigkeit.

Bei sämtlichen imaginären Frames gilt die Annahme, dass die Übertragung des Bedeutungskontextes für die Konnotation von sämtlichen Wörtern funktionieren kann, die für die Beschreibung genutzt werden. Auch hierbei färbt die ursprüngliche Bedeutung auf die jeweilige Angelegenheit ab, da Individuen durch das bedeutungstragende Vorwissen unterbewusst all ihre Assoziationen zu dem eingesetzten Wort abrufen (Burgers et al. 2016, S. 413 f.). Bei imaginären Framings werden daher gezielt jene Begriffe genutzt, die eine bestimmte Konnotation mitliefern (Price et al. 2005). Menschen bemerken die Wirkung von Wörtern nicht unbedingt, jedoch kann sich ihr Verhalten der Wortwahl entsprechend verändern. Eine Studie zeigte beispielsweise, dass sich Menschen langsamer bewegen, wenn sie zuvor mit Wörtern *geprimed* wurden, die stereotypisch für alte Menschen stehen, also alt, grau, Bingo, pensioniert etc. Den Probanden war dies freilich nicht bewusst, umso mehr ist dies ein eklatantes Beispiel dafür, dass Worte in diesem Wege tatsächlich einen Einfluss auf Menschen haben (Bargh et al. 1996). Somit können unterschiedliche Wörter in Kommunikations-Frames ein neues Verständnis für politische Situationen schaffen.

Imaginäre Framings ergeben sich, wenn Wörter benutzt werden, die eine bestimmte Interpretation suggerieren. Dies muss keine bildhafte Sprache sein, sondern kann auch durch Ironie oder Zynismus geprägt sein; bisweilen reicht aber auch ein spezifisches bedeutungstragendes Wort. Durch die unterschiedlichen Bedeutungs-Assoziationen ergeben sich auch unterschiedliche Wirkungen von ähnlichen Wörtern. In der Diskussion oder auch im Journalismus werden beispielsweise die Begriffe ‚globale Erwärmung' und ‚Klimawandel' oft als Synonyme verwendet. Allerdings zeigen Studien, dass Diskussionen um die *globale Erwärmung* emotionaler und polarisierender verlaufen (Benjamin et al. 2017, S. 760). Die in diesem Beispiel noch unscheinbare Wortwahl hat also bereits einen Effekt darauf, wie die Debatte geführt wird. Dies geht auf die Konnotation der Begriffe zurück: Der Begriff ‚Klimawandel', suggeriert eine schleichende Veränderung, die ‚globale Erwärmung' bringt dagegen bereits eine stärkere Bedrohung zum Ausdruck und die ‚Erderhitzung' ist dann die Kulmination des Bedrohungsszenarios. Somit können unterschiedliche Wörter in Kommunikations-Frames ein neues Verständnis für politische Situationen schaffen. Damit beeinflusst der Einsatz von spezifisch konnotierten Wörtern, Metaphern, Hyperbeln etc. den öffentlichen Diskurs, da sie dem Thema konzeptionelle Inhalte beisteuern (Burgers et al. 2016, S. 410).

3.4 Techniken des Framing

Die Relevanz von semantischen Unterscheidungen – und das Bewusstsein dafür – ist auch dem Steuerungspersonal von sozialen Bewegungen oder politischen Parteien klar. So wird beispielsweise in einer zentralen Forderung der Initiative *Fridays for Future* die Bezeichnung einer ‚Klimakrise' statt eines ‚Klimawandels' gefordert: „Fridays For Future Deutschland fordert die Regierungen auf Kommunal- Landes- und Bundesebene auf, die Klimakrise als solche zu benennen [...] Noch haben wir die Chance und damit die Verantwortung, eine Klimakatastrophe abzuwenden." Während der Begriff ‚Wandel' nicht nur eine schleichende Veränderung, sondern womöglich auch eine relative Harmlosigkeit impliziert, suggeriert eine Krise einen erhöhten Handlungsbedarf und auch eine Lösungsmöglichkeit. Wenn sich das Klima von selbst ‚wandelt', ist diese Möglichkeit möglicherweise nicht gegeben. Die letztliche Steigerung zur Katastrophe impliziert etwas plötzlich Auftretendes, das eine sofortige Reaktion fordert, wenn man sich nicht dem Schicksal ausliefern will.

Semantische Framing-Effekte wirken bei politisch unabhängigen und unengagierten Personen stärker als bei parteipolitisch engagierten oder ideologisierten Personen (Benjamin et al. 2017, S. 760). Ebenso zeigen sich metaphorische Framings am effektivsten bei Menschen mit geringem politischem Vorwissen; verfügen Personen dagegen über ein hohes politisches Vorwissen, sind die effektivsten figurativen Framings tendenziell jene, die an bestehende Frames anknüpfen. Frames mit Metaphern sind vor allem bei neuen, relativ unbekannten Themen erfolgversprechend. Häufig werden diese bei abstrakten und komplexen Themen eingesetzt, da sie einfache und leicht vorstellbare Erklärungen liefern (Burgers et al. 2016, S. 422, 424). Es existieren Hinweise darauf, dass die Kombination verschiedener bildhafter Sprachformen in komplexen Frames stärkere Effekte bewirkt. Insbesondere kann der Frame in dieser Form erheblich schwerer angegriffen werden (Burgers et al. 2016, S. 420). Auch andere sprachliche Elemente wie die Ironie können bei Frames als *Reasoning Device* (argumentatives Schlussmittel) dienen, indem sie die Defizite bestehender Frames hervorheben und deren Schwachstellen in den Fokus der Debatte rücken. Ähnlich ist dies mit Hyperbeln der Fall, die den Fokus auf bestimmte Elemente eines existierenden Frames lenken oder den Diskussionsrahmen begrenzen können. Zum Beispiel können sie den Diskurs von der Frage, ob eine Policy gut oder schlecht sei, hin zur Frage verlagern, ob sie die schlechteste der Geschichte sei, so dass letztlich nur noch über den Grad der Schlechtigkeit diskutiert wird, ihre vermeintlich schädliche Tendenz aber gar nicht mehr in Frage gestellt wird (Burgers et al. 2016, S. 415–417).

Mit Metaphern oder bedeutungstragenden Wörtern können auch unbewusst Frames gesendet werden. Als sich der Politiker Armin Schuster der *Christlich*

Demokratischen Union Deutschlands (CDU) beispielsweise von der Vorstellung abgrenzen wollte, dass die damalige CDU-Generalsekretärin Annegret Kramp-Karrenbauer im Grunde denselben politischen Kurs wie Kanzlerin Angela Merkel verfolgen würde, nutzte er eine Metapher und machte damit ungewollt den Eindruck dieses Vorwurfs erst perfekt: „Ich bin überzeugt, dass kaum etwas stimmt an der Formulierung, sie sei ein Abziehbild oder sowas. Wer das sagt, kennt die beiden Frauen nicht, oder er will ganz bewusst eine Kampagne fahren." Dabei hat Schuster verkannt, dass er mit der Metapher des Abziehbildes diese Vorstellung bei den Rezipienten gerade erst entstehen lässt, da sie sich nun erst vor dem geistigen Auge verbildlicht und so nachhaltiger im Gedächtnis bleibt. Es ist dabei egal, ob er den Frame negiert oder nicht; er setzt vielen Menschen nun genau dieses Bild von Kramp-Karrenbauer in den Kopf.

Auch die Bundesregierung hat erkannt, dass figurative und imaginäre Frames ein Mittel sind, um einen bestimmten Eindruck für Policys zu erwirken. Nicht nur gibt es das ‚Gute-KiTa-‘ und das ‚Starke-Familien-Gesetz‘, auch eine ‚Respekt-Rente‘ für Geringverdiener schlug der Arbeitsminister Deutschlands, Hubertus Heil, im Jahr 2019 vor. Gesundheitsminister Jens Spahn wollte den gesetzlich Krankenversicherten mit dem ‚Faire-Kassenwahl-Gesetz‘ größere Wahlmöglichkeiten geben und Innenminister Horst Seehofer benannte seine neuen Abschieberegeln als das ‚Geordnete-Rückkehr-Gesetz‘. Immer mehr solcher imaginärer Framings finden ihren Weg in die Regierungssprache und vom *PATRIOT Act* hin zum *For the People Act* in die Gesetzgebung. Dies sind deshalb Frames, weil der präferierte Kontext bereits mitgeliefert wird – und damit auch eine spezifische Konnotation. Von imaginären Framings spricht man also dann, wenn an Konzepte, Sachverhalte oder Ideen Wörter angefügt werden, die eine bestimmte Interpretation nahelegen – und damit eine entsprechende Imagination liefern. Dabei ist es als kritisch zu erachten, wenn Regierungen solche Bezeichnungen zur Vermarktung ihrer Gesetze nutzen, da hierbei auch ein manipulativer Faktor enthalten ist.

Über die symbolische Sprache der imaginären Framings werden meist Emotionen angesprochen (Wolf und Van Dooren 2017, S. 466). Mit imaginären Framings werden aber auch Begriffe in die Alltagssprache übertragen, die eigentlich Oxymora sind, wie beispielsweise ‚sauberer Diesel‘ oder ‚saubere Kohlekraftwerke‘. Der Frame ist bei diesen Beispielen einfach zu erkennen: Diese Technologien mögen sauberer sein als Anlagen oder Motoren, die vor 20 Jahren konstruiert wurden. So werden Rußpartikel vielleicht nicht mehr neben die Straßen verteilt, wie es bei alten Diesel-Motoren der Fall war; heute werden sie in Filtern als Problemmüll gesammelt. Der Ausstoß mag durch effizientere Verbrennung auch

3.4 Techniken des Framing

deutlich geringer sein – das macht sie aber noch lange nicht sauber. Das imaginäre Framing funktioniert jedoch, weil es die Bedeutung des Wortes ‚sauber' auf den Diesel-Motor oder das Kohlekraftwerk überträgt. Besonders vor PR-Frames sind wir also wenig gefeit, wenn die Bedeutung nicht hinterfragt wird. Dies ist insofern auch für das strategische Framing wichtig, da sich imaginäre Frames und Frames mit Beweisen (Appelle an die Rationalität durch Sachsprache) gegenseitig verstärken (Wolf und Van Dooren 2017, S. 466).

In der Politik war Donald Trump seinerzeit Meister des imaginären Framings: ‚crooked Hillary', ‚sloppy Steve', ‚little Marco', ‚Al Frankenstien', ‚Cryin' Chuck', ‚Schumer Puppet' (Debbie Stabenow), ‚failed writer Harry Hurt', ‚Leakin' James Comey', ‚Little Bob Corker', ‚Shady Eric' – diese Liste könnte noch lange fortgesetzt werden. Trump wusste wohl um die Wirkung des imaginären Framings. Zudem machte er häufig Gebrauch von der stetigen Wiederholung dieser bildhaften Beschreibungen seiner Kontrahenten.

Vor allem die linguistische Framing-Forschung hat die Wiederholung als Grundpfeiler in deren Framing-Ansatz eingeführt: Sie geht davon aus, dass Strategien über einen längeren Zeitraum aufrechterhalten und dabei die Metaphern stetig wiederholt werden müssen, um politische Bedeutungen zu wandeln (Lakoff 2009, S. 44). Da die Rezeption der Begriffe in Verbund mit einem politischen Inhalt das dahinterstehende ideelle Konstrukt immer wieder in das Bewusstsein der Menschen ruft, werden die Gedanken-Frames der Individuen stetig mit dem Thema assoziiert. So werden deren Wertesysteme fortwährend aktiviert und infolgedessen verstärkt (Lakoff 2006, S. 7, 14; Snow 2005, S. 399 f.).

Die Wiederholung kann ein wichtiger Faktor dafür sein, dass der Frame möglichst viele Personen erreicht. Tatsächlich können Framing-Effekte stärker werden, wenn der zeitliche Abstand zwischen Abfolgen von zwei Expositionen gering ist (Lecheler und De Vreese 2013, S. 147). Durch stetige Wiederholungen verfestigen sich in jedem Fall imaginäre Framings wie *‚crooked Hillary'*. Wenn Trump diese Kombination immer wieder in einem Atemzug verwendet, schleicht sich das *‚crooked'* bei jedem Gedanken an Hillary Clinton mit ein. Bei Clinton-Supporten wird dieser Frame jedoch schnell zu einem Bumerang geworden sein, denn jede neue Erwähnung dieses Framings hat potenziell die Ablehnung Trumps bei ihnen verstärken können. Dennoch war das spezifische Framing von Trump gut gewählt: Die *Clinton-Foundation* galt für viele bereits vor der Kandidatur von Hillary Clinton als ein Vehikel für Korruption. So wird an eine bereits vorhandene Vorstellung angeknüpft. Zudem ist in dem Framing ein Widerspruch zwischen der geforderten Integrität einer Amtsinhaberin und der Person Clintons enthalten. Dies ist eine häufig genutzte Framing-Strategie zur Delegitimierung: Wenn Kampagneninhalte Widersprüche zu geltenden Normen aufweisen, sie nicht im Einklang mit Elementen des politischen Systems stehen oder sie von starren Kontroversen begleitet werden, vollziehen Strategen intensivere Kampagnen über einen längeren Zeitraum, um sich genau diese Wirkung zunutze zu machen (Snow 2005, S. 399 f.).

Allerdings darf der Faktor der Wiederholung nicht überbewertet werden. Bereits das singuläre Aufzeigen einer problematisierten Situation kann effektvoll sein, wenn die Botschaft mit einem vorhandenen Glaubenssystem des Empfängers resoniert (Entman 1993, S. 53). Zudem wirken auch konstante Wiederholungen nicht verstärkend auf die Meinungsbildung, wenn keine Resonanz entsteht. Wiederholungseffekte treten vor allem bei politisch relativ ungefestigten Menschen ein oder wenn der Frame bereits auf passende Empfängerstrukturen trifft. In anderen Fällen lösen stetige Wiederholungen sogar schnell Bumerang-Effekte aus (Lecheler und De Vreese 2013, S. 147) (vgl. hierzu Abschn. 3.3).

Die These der Wiederholung geht vor allem auf George Lakoff zurück. Lakoffs Annahmen gehen weiter als die anderer Framing-Wissenschaftler: Er versteht Frames im neuropsychologischen Sinn als mentale Strukturen, das heißt er interpretiert sie als im Gehirn verankerte Muster, die es Menschen ermöglichen, die Realität zu verstehen. Bis zu diesem Punkt sind seine Annahmen relativ konform mit den in Abschn. 2.1 beschriebenen Ideen der Heuristik-Frames; er versteht jedoch Framing-Effekte eher im neuronalen Sinne, also als bio-chemische Prozesse im Gehirn. Dabei bezieht er sich auf Erkenntnisse in der Neurowissenschaft, wonach ein neuroplastischer Effekt auftritt, wenn dem Gehirn eine neue Information zugeführt wird. Allerdings ist die Framing-Forschung mit direkten Bezügen auf die Neuroplastizität kaum ergründet. Um diese Thesen zu prüfen, bedarf es konkreter neurowissenschaftlicher Studien zur Persuasion. Generell wird mit bestimmten Wörtern ein Kontext gesetzt, jedoch ist das kommunikative Framing eher auf der diskursiven Ebene verortet. Untersuchungen einzelner Wörter und deren neuronaler Wirkung sind im Grunde nur durch Experimente möglich, was die Möglichkeiten zur Überprüfung dieser Thesen stark einschränkt. Es scheint jedoch durchaus plausibel, dass politische Metaphern bestimmte neuronale Verbindungen aktivieren. Schließlich verbinden sich generell Neuronen, die immer wieder zusammen aktiviert werden. Welchen Einfluss dies in Bezug auf das figurative Framing auslöst, ist bis dato aber nicht hinreichend geklärt.

Als relativ gesichert gilt hingegen, dass für das strategische Framing ein natürlicher Vorteil entsteht, wenn nicht nur seine tragenden Elemente, sondern auch die in ihm verwendete Sprache in Resonanz mit der vorherrschenden Kultur steht (Gamson 2004, S. 254). Ein *Alignment* an den allgemeinen soziokulturellen Hintergrund der Zielgruppe kann ein erfolgversprechendes strategisches Mittel sein, da die Kultur generell ein bedeutungstragender Resonanzfaktor ist (Kubal 1998, S. 551; Williams 2004, S. 107). In der konstruktivistischen Perspektive wird daher die Wirksamkeit von Frames als besonders hoch eingestuft, wenn sie über vertraute, größere Kulturrahmen gespannt sind (Van Gorp 2007, S. 72; Williams 2004, S. 98 f., 103).

3.4.14 Kulturelles Framing

Timothy J. Kubal formulierte 1998 noch einige Kritikpunkte an dem jungen Konzept der Frame-Resonanz. Er bemängelte vornehmlich verschiedene ‚Kinderkrankheiten' des Ansatzes. Insbesondere monierte er, dass Analysen auf Basis des Framing-Konzeptes zu dieser Zeit rein auf die Teilnehmer-Mobilisierung sozialer Protestbewegungen ausgerichtet waren; der Aufbau und die Darstellung von Frames blieb seiner Einschätzung nach weitestgehend unbeachtet.[15] Theoretisch schienen die Individuen mit der Bewegung über eine *Black-Box* verbunden zu sein, die eine Form von menschlicher Motivation involvierte, diese aber nicht zu erklären vermochte. Weiterhin fußte diese Annahme auf dem Problem einer tautologischen Begründung: Frames galten als wirksam, weil sie resonant waren. Und sie zeugten von Resonanz, weil sie erfolgreich waren. Im Laufe der Weiterentwicklung des Framing-Konzeptes wurde deutlich, dass es einen Schwachpunkt in ihm gab – die vernachlässigte Rolle des kulturellen Kontextes (Kubal 1998, S. 542). Indem dieser als ein Erklärungsansatz eingeführt wurde, konnte die Lücke hinsichtlich der Verbindung zwischen Bewegung und Individuum weitgehend geschlossen werden. Allerdings ist das kulturelle Framing noch immer nicht ausreichend erforscht (Lempiälä et al. 2019, S. 3).

Annahmen über die Kultur als wesentlicher Resonanz-Faktor fanden Einzug in die Framing-Theorie, da Forscher beobachteten, dass viele Bewegungs-Frames auf weit verbreiteten Grundhaltungen und Glaubensvorstellungen basierten. Zudem schien diese Form von Verankerung besonders zuträglich für die Sinndeutung und Wirkung von Frames zu sein (Benford und Snow 2005, S. 209). Zuletzt ließ sich wiederholt bestätigen, dass kulturelle Elemente in Frames ein Motor für deren Akzeptanz sind (Payerhin und Zirakzadeh 2006, S. 95). Der kulturelle Kontext kann einen Frame stützen oder auch in die Schranken weisen. Die

---

[15] Das mag in der Soziologie richtig sein, diese Kritik ist jedoch so nicht vollständig gerechtfertigt. Spätestens mit Entman (1993) begannen andere Perspektiven in der Framing-Forschung relevant zu werden.

Kultur ist letztlich ein solch fundamentaler Faktor, dass sie bei Kampagnen häufig als ein wichtiges – wenn nicht sogar tragendes – Element fungiert (Entman 1993, S. 52).

Williams und Kubal begannen damit, kulturelles Framing als eigenen Forschungsfaktor zu sehen. Dabei stellten sie zunächst fest, dass die Verfügbarkeit von einem gewissen ‚kulturellen Repertoire' in historischen und sozialen Kontexten hilft, Resonanz zu schaffen. Williams und Kubal sprechen daher von einer ‚kulturellen Resonanz' (Williams 1995, 2004, 2007; Williams und Kubal, 1999). Diese „has to do with the extent to which the frame taps into existing cultural values, beliefs [and] narratives" (Benford und Snow 2000, S. 624). Frame-Resonanz und die kulturelle Resonanz unterscheiden sich hauptsächlich in Bezug auf die potenzielle Zielgruppe. Eine Frame-Resonanz wird meist auf ein relativ begrenztes Zielpublikum ausgerichtet, das sich in puncto Ideologie und Interessen nahesteht. Bei einer kulturellen Resonanz wird meist auf eine breitere Öffentlichkeit abgezielt, die außer der Kultur nicht viel einen muss.

Obgleich das Konzept der kulturellen Resonanz relativ jung ist, geht die Erkenntnis über die Bedeutsamkeit der Kultur im Framing-Ansatz bis auf den Begründer des sozialwissenschaftlichen Strangs zurück. Goffman beschreibt:

> The primary frameworks of a particular social group constitute a central element of its culture, especially insofar as understandings emerge concerning principal classes of schemata, the relations of these classes to one another, and the sum total of forces and agents that these interpretive designs acknowledge to be loose in the world (Goffman 1974, S. 27).

Unter der Annahme, dass diese Frameworks identisch mit *Belief Systemen* sind, stehen diese also zu einem gewissen Grad auch in Relation zur jeweiligen Kultur (Goffman 1974, S. 27). In Bezug auf Heuristik-Frames ist es für die Akzeptanz einer Information vor allem wichtig, dass das, was perzipiert wird, sinnhaft ist:

> [I]n our society the very significant assumption is generally made that all events – without exception – can be contained and managed within the conventional system of beliefs. We tolerate the unexplained but not the inexplicable (Goffman 1974, S. 30).

Wenn sich also dem Individuum der Sinn des erklärten Sachverhalts erschließt, dann kann die Interpretation eher ‚toleriert' werden. Daher sind bestimmte Formen des kollektiven Handelns davon abhängig, wie gut politische Konzepte oder Forderungen in einen kulturellen Rahmen gesetzt werden können (Taylor und Van Dyke 2004, S. 272). Dieser Rahmen verleiht oftmals deshalb Sinn, weil er Denkmuster tangiert und in weiten Teilen einer Bevölkerungsgruppe bereits in

3.4 Techniken des Framing

Heuristiken verankert ist: „[C]ulture might be defined as the empirically demonstrable set of common frames exhibited in the discourse and thinking of most people in a social grouping" (Entman 1993, S. 52 f.). Der Einfluss eines kulturell angebundenen Frames ist damit nach Williams der größte, der geschaffen werden kann (Williams 2004, S. 107). Dies liegt an der Wechselwirkung zwischen den politischen Präferenzen der Individuen und dem soziokulturellen Kontext einer Gesellschaft.

Politische Präferenzen sind ein wertegeleitetes soziales Konstrukt im Wettbewerb um die Meinungshoheit: „What is deemed political is not a preexisting entity but is constructed through social conflict." (Wildavsky 1993, S. 81). Politische Interessen sind dieser Ansicht zufolge keine aus sich selbst heraus erwachsenden Entitäten, sondern – bis zu einem gewissen Grad – von kulturellen Prädispositionen beeinflusst. Im Rahmen der *Cultural Theory* von Wildavsky werden deshalb Menschen, ihre Strategien und der soziale Kontext in Abhängigkeit zu ihrer Kultur untersucht (Wildavsky 1987, S. 4 f., 1993, S. 81). Auch das Framing ist daher – meist auf nationaler Ebene – pfadabhängig in Bezug auf kulturelle Resonanz (Brüggemann 2014, S. 67). Soziokulturelles Framing ist sowohl auf der Ebene der strategischen Framing-Prozesse als auch in den tiefgreifenden, kulturellen Framing-Prozessen angesiedelt (Lempiälä et al. 2019, S. 3).

Wildavsky eröffnet auf Basis der *Cultural Theory* eine Perspektive, welche die politikwissenschaftliche Kulturforschung stark beeinflusst hat: Er konstatiert, dass die politischen Präferenzen von Individuen wertegeleiteten Grundlagen entstammen, die in ihrem *Belief System* verankert sind. Da der kulturelle Kontext einer Gesellschaft sie selbst und ihre Ideologien prägt, sind auch die *Beliefs* der Individuen über diesen Kontext endogen induziert (Lippmann 1990 [1964],

S. 61, 63; Wildavsky 1987, S. 8).[16] Aus diesem Grund hat der kulturelle Kontext einen Einfluss auf die politischen Präferenzen der Individuen und auf ihr alltägliches Denken. Er ist somit nicht nur federführend in vielen Diskursen, sondern schlägt sich auch im Denken der meisten Menschen nieder (Entman 1993, S. 53; Lakoff 2006, S. 14). Der kulturelle Kontext ist in Framing-Prozessen daher ein resonantes Mittel, weil diese Prägung ein spezifisches Wahrnehmungsmuster bei den Individuen hinterlässt, das strategisch genutzt werden kann (Payerhin und Zirakzadeh 2006, S. 95; Wildavsky 1987, S. 8).[17] Viele Erkenntnisse in der Framing-Forschung deuten darauf hin, dass Resonanz durch Korrelation mit kulturellen Vorstellungen der jeweiligen Gesellschaft erzeugt wird (Hajer 1993, S. 45).

Im kulturellen Erbe einer Gesellschaft existieren Ideologien, Werte oder Glaubenssysteme, denen eine Vielzahl von koexistierenden – wenn auch mitunter widersprüchlichen – Wertepositionen innewohnen. Diese können für Frames instrumentalisiert werden (Polletta 1998, S. 424). Mit einer kulturellen Anbindung greifen die Strategen auf Inhalte zurück, die in breiten Teilen der Gesellschaft bekannt und meist auch geschätzt sind. Zudem stehen die Heuristik-Frames von Individuen in einer engen Abhängigkeit zum kulturellen Kontext, da sie durch Werte, Überzeugungen, Erzählungen, Volksweisheiten und dergleichen vorgeprägt sind. Die geteilte Kultur hat also einen Einfluss auf das Alltagsdenken der Individuen in einer Gesellschaft, weil sie deren Kontextmodelle teilen. Die Ausrichtung eines Frames auf solche bekannten Strukturen lässt die enthaltenen Botschaften unkompliziert verarbeiten. Der Frame ist dann leicht zugänglich, was

---

[16] Die Annahme, dass die Kultur eine Gesellschaft spezifisch prägt, ist weitaus älter als die Abhandlungen von Wildavsky und Douglas (1991, 1996). Insbesondere Franz Boas, Ashley Montagu und auch B.F. Skinner erhoben diese Annahme zu ihrem zentralen Axiom – vornehmlich im Behaviorismus. Dabei wurde die Variable allerdings in ihrer Bedeutung überhöht und am äußersten Ende der *Nature/Nurture*-Debatte angesetzt, weshalb der Behaviorismus schon seit längerem irrelevant ist. Auch wenn die genetischen Voraussetzungen einen großen Einfluss im menschlichen Denken und Handeln haben, wurde der Faktor der kulturellen Prägung nicht widerlegt. Wildavsky und Douglas stützen sich in ihrer Argumentation auf jenen Aspekt. Dabei wird anerkannt, dass eine Wirkung von der Kultur ausgeht, die relativ umfassend ist. Dass daneben genetisch verankerte Verhaltensweisen bestehen, steht außer Frage und wird nicht negiert. Die genaue Position auf der *Nature-Nurture*-Skala, also der Frage, inwiefern Menschen von Genen auf der einen Seite und von der Enkulturation auf der anderen Seite geprägt sind, ist zwar nicht bekannt; jedoch sind wir an einem Punkt in der Debatte, wo beide Einflüsse allgemein anerkannt werden.

[17] Die Analyse einer politischen Kultur beginnt bei tradierten sozialen Verhaltensmustern und bei dem sozialen Kontext einer Gesellschaft, denn das kulturelle Gedächtnis umfasst die absolute Vergangenheit, außerdem tendiert es zur Schriftlichkeit und wird damit erhalten (Assmann 2007, S. 56, 59).

3.4 Techniken des Framing

seiner Akzeptanz stark zuträglich ist: Deutungsrahmen mit derlei vertrauten Elementen verfügen über die größten Erfolgschancen (vgl. hierzu auch Abschn. 2.1). Daher ist es wenig überraschend, dass kulturelle Resonanzen bisweilen keine natürliche Erscheinung und Frames häufig gezielt auf die Resonanz mit diesen Strukturen ausgerichtet sind. Oftmals wird ein Framing erst dadurch ermöglicht (Benford und Snow 2000, S. 624, 2005, S. 209; Gamson 2004, S. 254; Gillan 2008, S. 261; Gerhards und Rucht 1992, S. 558; Williams 2004, S. 98 f., 107, 103, 107). Mit dieser Erklärung der Verbindung zwischen der interpersonellen Ebene und dem kulturellen Kontext können Mobilisierungserfolge über die Konstruktion und Wirksamkeit jener Konzepte erklärt werden (Kubal 1998, S. 551).

Entman skizziert in einem theoretischen Abriss eine neue Stufe der Frame-Akzeptanz und erweitert sie um die Ebene der ‚kulturellen Kongruenz'. Er stellt diese gar über die Resonanz: Je weiter Frames auf einer Linie mit den dominierenden Schemata der politischen Kultur liegen, desto höher ist ihre Erfolgsaussicht. Kulturelle Frames verfügen ach Entman über eine größtmögliche intrinsische Kapazität, sind also aus sich heraus am wirkmächtigsten (Entman 2009, S. 14). Kurz gefasst sind Frames besonders stark, wenn sie an weit verbreitete kulturelle Werte anknüpfen (Ihlen und Thorbjørnsrud 2014, S. 139).

Die kulturelle Verwurzelung verleiht einem Frame auch Legitimität. Insbesondere sind die Handlungsanweisungen und Forderungen leichter zu rechtfertigen, wenn sie innerhalb breiter Glaubensstrukturen und ideologischen Konzepten verortet werden können. Die in dem kulturellen Kontext vorhandenen Weltanschauungen, Werte, Normen und Denkweisen bieten einen Pool potenzieller Legitimationswerkzeuge für bestimmte Arten von thematischen Frames. Kulturelle Elemente verstärken somit einen Frame auch in dieser Hinsicht immens (Gamson 2004, S. 254; Gerhards und Rucht 1992, S. 558; Gillan 2008, S. 261; Snow et al. 1986, S. 469; Williams 2004, S. 98 f., 103). Dabei kann der Ursprung der allgemein verbreiteten Glaubenssätze normativer Natur oder durch historische Ereignisse begründet sein. Für das strategische Framing müssen diese lediglich gewisse Andockfähigkeit liefern, damit sie zusammen mit der Botschaft des Frames einen gemeinsamen Orientierungsrahmen abgeben können. Ist eine entsprechende Konstruktion möglich, ist dies erfolgversprechend, da Ereignisse oder Forderungen in einer solchen Verflechtung als bedeutsam erscheinen. Lassen sich diese auf ein politisches Problem projizieren, dann ergeben die veranschlagten Lösungen für die Rezipienten meist Sinn. Damit kann die Legitimität, die einem Frame durch kulturelle Bezüge verliehen wird, eine eigene Dynamik erzeugen (Gillan 2008, S. 254, 261).

Mit einer kulturellen Anbindung wird weiterhin die *bias*-verursachte Ablehnung geringer: Obwohl Frames bei einigen Personen sofort Anklang finden und gleichzeitig von anderen ignoriert werden, ist die Wahrscheinlichkeit für eine allgemeine Resonanz ungleich höher, wenn kulturelle Elemente ihre zentrale Idee beherrschen (Van Gorp 2007, S. 69). Dies ist vor allem mit der weiten Verbreitung und der leichten Zugänglichkeit kultureller Anknüpfungspunkte zu erklären. Außerdem kann der Frame so in einen breiteren ideellen Vorstellungskomplex gesetzt werden. Insbesondere metakulturelle Frames leisten einer politischen Kampagne starken Vorschub (Schneider 2010, S. 85). Jene sind definiert als

> the broadly shared beliefs, values, and perspectives familiar to the members of a societal culture and likely to endure in that culture over long periods of time, on which individuals and institutions draw in order to give meaning, sense, and normative direction to their thinking and action in policy matters. (Schön und Rein 1994, S. xiii)

Die Verbindung mit bekannten und prägenden Strukturen einer mitunter glorifizierten Vergangenheit kann eine hohe Resonanz erzeugen. Da ihre Bedeutungen für einen großen Teil der Gesellschaft besonders tragend sind, sind diese Frames dazu prädestiniert, *Beliefs* zu aktivieren, zu verstärken oder wiederzubeleben (Benford 1993, S. 692; Snow et al. 1986, S. 469; Snow und Benford 1988, S. 473; Williams 2004, S. 98 f.). Anknüpfungspunkte finden sich aber auch in der Popkultur und bei gesellschaftlichen Ideologien, wenn diese stabile, unangefochtene Werte und *Beliefs* bieten (Benford und Snow 2005, S. 210; Payerhin und Zirakzadeh 2006, S. 93).

Die bestehende Politische Kultur gibt allerdings auch Grenzen vor, die eine politische Debatte maximal erreichen darf. Wenn die Wortwahl, der Kontext oder der Inhalt eines Frames das Akzeptable des politischen Klimas oder der politischen Debatte überschreitet, ist er höchstens für Menschen mit radikaler Gesinnung ansprechend (Ihlen et al. 2015, S. 833) (vgl. hierzu Abschn. 3.4.5).

Andererseits können umgekehrt auch radikale Inhalte oder Handlungen gerechtfertigt werden, wenn sie als notwendig zur Verteidigung einer kulturellen Leitlinie geframed werden (Swidler 1995, S. 35). Damit kann die Anbindung an kulturell wichtige Elemente eine Forderung auch erst gesellschaftsverträglich machen. Der Sinngehalt wird dabei neu definiert und so ausgerichtet, dass die Lösung in eine kulturhistorische Pfadabhängigkeit gesetzt werden kann. Häufig impliziert dies eine kulturelle Verpflichtung – und damit eine (stark moralisch aufgeladene) Rechtfertigung der vorgeschlagenen Maßnahmen (Hajer 1993, S. 45). Damit kann ein kulturelles Framing beispielsweise auch als Grundlage für eine Normalisierung dienen.

Im Zuge einer Neudefinition treten meist inhaltliche Verzerrungen auf. Zunächst ist dies häufig der Fall, weil der geschichtliche oder biografische Inhalt entlang einer bestimmten ideologischen Linie aufbereitet wird (Swidler 1995, S. 35). Häufig sind Vergleiche mit den Diskursen der Vergangenheit aus dem Kontext gerissen (Hajer 1993, S. 45); daher beginnt das Framing bereits bei der Wahl der Person, ihrem jeweilig repräsentieren Lebensabschnitt oder lediglich einem ihrer zugeschriebenen Zitate, bei welchen ohnehin der ursprüngliche Kontext außen vorgelassen wird. Bereits die Projektion von zeitgenössischen Problemen auf geschichtliche Ereignisse klittert die Darstellung: Alleine schon die zeitlichen Begleitumstände erwirken dies, da sich schon deren gesellschaftlich-politische Situation stets unterscheidet. In einem Framing ist jedoch die Verwendung historischer Analogien über sämtliche zeitliche Dimensionen möglich – Vergangenheit, Gegenwart und Zukunft (Snow et al. 1986, S. 474).

Kulturelle oder metakulturelle Frames können bisweilen auch *Master-Frames* sein. Diese haben zumindest häufig eine enge Verbindung zum kulturellen Kontext. Generell sind generische, breit nutzbare Frames meistens die in einer politischen Kultur weitläufig akzeptierten Normen, Narrative oder eben oft auch *Master-Frames*.

3.4.15 Anbindung an Master-Frames

Master-Frames sind als Begriff in der Framing-Literatur weit verbreitet; gleichzeitig ist das Konzept theoretisch nur in seinen Grundzügen ausgearbeitet. Dieses ist zudem stark auf soziale Protestbewegungen gemünzt, obgleich *Master-Frames* auch in anderen Bereichen des Framings eine wichtige Rolle spielen. Und selbst die wenigen einflussreichen Abhandlungen über sie liefern relativ wenig Information über ihre Beschaffenheit. Die einschlägigsten Arbeiten hierzu stammen von Snow und Benford (Benford 2013; Snow und Benford 1992; Snow 2004).

In der basalsten Definition sind *Master-Frames* weitläufig verbreitete und akzeptierte Interpretationsschemata, die von weiten Teilen einer Gesellschaft für ‚wahr' befunden werden. Dies können normative oder ideologische Vorstellungen, epochal gültige Werteideale oder auch eine Ansammlung von *Beliefs* sein, die in der breiteren politischen Kultur Bestand haben (Gerhards und Rucht 1992, S. 576; Gillan 2008, S. 261). *Master-Frames* tragen eine Bedeutung für große Gruppen von Menschen, in vielen Fällen sogar für ganze Gesellschaften (Snow 2004). Da ihre Inhalte oft Teil von dominanten Glaubens- und Normensystemen sind, finden sie nicht zuletzt auch einen leitenden Niederschlag in vielen Heuristik-Frames. Sie sind daher ein machtvoller Bezugspunkt für die Schaffung von Resonanz. Dies ist Kommunikations-Frames zuträglich, daher werden derlei

Anbindungen ausladend genutzt. In der theoretischen Konzeption werden *Master-Frames* aufgrund ihrer Verortung in der soziologischen Perspektive allerdings zumeist in Zusammenhang mit gesellschaftlichen Protestbewegungen gesehen.

Der *Equal-Rights*-Frame ist ein Beispiel für einen Master-Frame in Demokratien. Hervorgegangen ist er in diesen politischen Systemen im Kampf für die rechtliche Gleichstellung der Geschlechter und eines Verbots der Diskriminierung aufgrund des Geschlechts. Im Laufe der Zeit wurde dieser Frame für mannigfaltige Bewegungen ausgedehnt, modifiziert und verstärkt. Heute umfasst der *Equal-Rights*-Frame schließlich bei weitem nicht nur die Gleichberechtigung von Mann und Frau, er ist Grundlage für viele Formen von Diversitäten und Identitäten.

Strukturell fungieren *Master-Frames* zwischen der Mikro- und Makroebene. Das bedeutet, dass *Master-Frames* zwischen gesellschaftlichen Gruppen und der gesamten politischen Kultur eine Verbindung schaffen. Wie auch die Ausprägungen des kulturellen Kontextes finden sie dabei eine stetige Geltung im Deutungsrepertoire der jeweiligen Bevölkerungsteile (Benford 2013, S. 723). Damit tangieren sie auch die Mikro-Ebene. Da die Bedeutungen von *Master-Frames* jedoch an spezifische Entwicklungen oder Ereignisse in der Gesellschaft gebunden sind, können sie am ehesten als übergreifende Interpretationsschemata für ganze Gruppen von Menschen verstanden werden. Dies reicht von spezifischen Segmenten der Gesellschaft, über soziale Protestbewegungen bis hin zu ganzen Nationen oder gar Kulturkreisen. In jeder dieser Deutungsgemeinschaften sind verschiedene Arten von *Master-Frames* verfügbar, die entweder kulturell oder politisch eine besondere Geltung haben (Benford 2013, S. 723; Snow und Benford 1992). Mitunter sind sie daher von einer starken Pfadabhängigkeit geprägt.

In *Master-Frames* sind Kultur und Macht unmittelbar miteinander verbunden, da sie soziale Erfahrungen und Strukturen speichern und mit ihnen individuelle Ideen oder Werte gerechtfertigt werden können (Swidler 1995, S. 31). Hinter der Verwendung von *Master-Frames* steht daher auch häufig ein Wettbewerb um Bedeutung und soziale Macht (Williams 2004, S. 98 f., 103; Gerhards und Rucht 1992, S. 558). Die Verfügbarkeit eines innovativen *Master-Frames* ist für einen starken Protestmoment ein wertvolles Instrument, insbesondere wenn Missstände und Forderungen mit ihm strukturell verknüpft werden kann (McAdam 2005, S. 25). Mit einer Anbindung von *Master-Frames* wird der gesamte Protest in einen tieferen kulturellen oder politischen Sinn und Zusammenhang gesetzt. Daher bringen sie ein größeres Mobilisierungspotenzial mit sich, als dies bei regulären Bewegungs-Frames der Fall wäre (Gerhards und Rucht 1992, S. 558).

3.4 Techniken des Framing

Die potenzielle Resonanz von *Master-Frames* verleiht dabei zentralen Forderungen, Kritiken, Protesthaltungen oder neuen Ideen eine wesentliche Stärke. Dies gilt natürlich nur, wenn die Koppelung an den *Master-Frame* auch tatsächlich stimmig erscheint (Snow und Benford 1992, S. 135–137, 149 f.; Haunss 2004, S. 37).

Bei der Verbindung zu einem *Master-Frame* kann eine problematisierte Situation als Bedrohung eines allgemein gesellschaftlich wertvollen Guts aufgefasst werden. Damit überträgt sich zumindest ein Teil ihrer Bedeutung und Aussagekraft auf die hinter der Thematik stehenden Interessen (Benford 2013, S. 723; Gillan 2008, S. 247 f.). Wenn Bewegungs-Frames an bestehende *Master-Frames* angeknüpft werden können, werden sie folglich nicht nur stärker in ihrer Resonanz und Anziehungskraft – der verfolgte Zweck gewinnt in der Perzeption der Empfänger auch an Bedeutsamkeit (Snow und Benford 1992, S. 140 f.). *Master-Frames* werden deshalb gerne in Konstellationen eingesetzt, bei denen keine günstigen politischen Gelegenheitsstrukturen vorhanden sind (Benford 2013, S. 723).

Durch ihren breiten Wirkungsfaktor dienen *Master-Frames* häufig als Muster für kontextspezifische Bewegungs-Frames (Gahan und Pekarek 2012, S. 762). Sie sind jedoch wesentlich breiter, offener, elastischer und flexibler (Snow und Benford 1992, S. 137), wie auch bereits das Beispiel des *Equal-Rights*-Frames zeigt. Ihre weitgehend offene Beschaffenheit bringt allerdings die Konsequenz mit sich, dass sie von verschiedenen – mitunter sogar gegenläufigen – Protestbewegungen adaptiert werden können oder in Framing-Wettbewerben letztlich auf beiden Seiten einen Einsatz finden (Benford 2013, S. 723). Die *Counter-Framing*-Dynamik in der Debatte über Fahrverbote zum Abbau von Feinstaubbelastung ist ein Beispiel für diesen Fall. Die Vertreter der Autobesitzer beklagten, dass es bei einer Durchsetzung von Fahrverboten zu einer Beschränkung ihrer individuellen Freiheit komme. Die Befürworter der Maßnahme griffen diese Interpretation jedoch auf und betonten just ihrerseits eine Beschneidung der individuellen Freiheit, wenn ganze Stadtteile unter zu hohen Luftqualitätsgrenzwerten litten.

Gerade beim Thema Fahrverbot ist der Freiheits-Frame mitnichten ein Novum. Der immer noch verwendete Slogan *Freie Fahrt für freie Bürger!* Wurde vom *Deutschen Automobil-Club e. V.* (ADAC) in den 1970er Jahren für eine Kampagne gegen ein Tempolimit auf Autobahnen und Bundesstraßen kreiert. Die Debatte um das Tempolimit ist seit dieser Zeit sehr dynamisch. Erst jüngst haben *Bündnis90/Die Grünen* das Framing des Tempolimits mit dem Master-Frame ‚Sicherheit' verbunden, da sie ein ‚Sicherheitstempo' von 130 km pro Stunde fordern. Mit diesem Framing um die Sicherheit wird der klaren Zusammenhang zwischen Verkehrssicherheit und Geschwindigkeit kontextualisiert und bringt neben dem Umweltschutzargument eine weitere Entgegnung der derzeitigen Vorschriften.

Im Beispiel des Fahrverbots zeigt sich, dass *Master-Frames* bei ihrer strategischen Nutzung mit konkreten Zielen verbunden werden. Benford und Snow präzisieren dabei das Verhältnis zwischen Protestbewegung und *Master-Frame* mit der folgenden Analogie: „Master frames are to movement-specific collective action frames as paradigms are to finely tuned theories" (Snow und Benford 1992, S. 138). *Master-Frames* sind also generisch und relativ abstrakt. Im Zusammenhang mit spezifischen Bewegungs-Frames werden sie jedoch in Verbindung mit der Zielsetzung konkret – sie liefern für den spezifischen Frame mitunter den gesamten Kontext. Trotz dieser Konkretisierung verbleiben sie jedoch mit ihrer Bedeutung auf dem allgemein hohen Niveau. Die Vielfalt verfügbarer *Master-Frames* bietet dafür unterschiedliche Intensitäten (Gahan und Pekarek 2012, S. 762).

Auch der *#MeToo*-Bewegungs-Frame steht im Zusammenhang mit *Master-Frames*, wie dem Menschenrechts-Frame. Nicht nur, dass Frauenrechte[18] als Menschenrechte hervorgehoben werden, auch die Sprache in der Bewegung erinnert an die Wertigkeit der Menschenrechte. Die Zugänglichkeit des Themas wurde damit erhöht und und auch die *Master-Frame*-Perspektive hat sich mit der Bewegung verändert.

Nach Benford und Snow können als *Master-Frames* nur jene Deutungsrahmen gelten, die mindestens von zwei unterschiedlichen sozialen Bewegungen zentral in Anspruch genommen werden (Benford und Snow 2000, S. 619). Dies kann als ein legitimes Maß gelten, da sie von Protestbewegungen aufgrund ihrer starken Wirkung als gruppen- und bewegungsübergreifende integrative Organisationsmittel eingesetzt werden (Gerhards und Rucht 1992; Snow 2004). In dieser soziologischen Perspektive verliert sich allerdings der Fokus auf die breite kommunikative Wirkung von *Master-Frames*, die in vielen Problemdefinitionen auftauchen. In den Vereinigten Staaten wurden beispielsweise *Equal Rights*, Gerechtigkeit, Freier Markt, der Bürger-Rechte-Frame, Umweltgerechtigkeit-Frames und ähnliche Muster als *Master-Frames* identifiziert (Benford 2013, S. 723). Die Gleichberechtigung, die Freiheit, der Schutz der Menschenwürde, die Ablehnung eines Angriffskriegs oder ähnliche fundamentale Werte der Gesellschaft sind *Master-Frames*, die in Deutschland bestehen und entsprechend häufig auch strategisch genutzt werden. Im spezifischen Fall Deutschlands ist sicherlich auch der Kontext des Nationalsozialismus ein *Master-Frame* – alles, was in diesen

---

[18] Vorrangig ging es hierbei um Frauen, wobei sich die Thematik nicht auf sie beschränkt hat. Insgesamt ist der Bewegungs-Frame sehr inklusiv ausgerichtet.

3.4 Techniken des Framing

Bezugsrahmen gestellt werden kann, erfährt automatisch eine gesellschaftliche Delegitimation.

Wenn für ein Thema allgemein akzeptierte Werte genutzt werden können, die in einem *Master-Frame* enthalten sind, bringt dies der jeweiligen Position in einer Debatte Vorschub. Wichtige gesellschaftliche Konzepte wie eben der *Master-Frame* um die Frage nach Gerechtigkeit können dabei Resonanz und Überzeugungskraft schaffen. Wenn diese in konkreten Fällen eine Anwendung finden, verlieren sie ihren hohen Abstraktionsgrad und werden damit zugänglicher. Da sie zudem einen Teil ihrer Wertigkeit auf den jeweiligen Sachverhalt übertragen, finden sie sich häufig als Anhängsel von Themen wieder, die unbeliebt sind und daher zusätzliche Legitimität brauchen. Aus diesem Grund tauchen etwa Gerechtigkeits-Frames oft bei Plänen für Steuererhöhungen oder anderen tiefgreifenden Policy-Vorschlägen auf. So können Frames konstruiert werden, die relativ stark immunisiert sind, da ihnen kaum zu widersprechen ist. Dies hat schließlich Auswirkungen auf die Festlegung öffentlicher Prioritäten, denn eine Argumentation gegen Gerechtigkeit oder Freiheit ist nur schwer zu gewinnen. Bei einem substanziellen und kohärenten Frame kann dies schlechterdings nur über ein überzeugendes *Counter-Framing* gelingen, welches nicht selten einen anderen Teilbereich mit demselben *Master-Frame* hervorhebt. So werden dann allgemeine Fragen in demselben Kontext formuliert, wie beispielsweise, ob denn eine hohe Steuerbelastung überhaupt gerecht sein könne.

In Ausnahmefällen kann aber auch der bewusste Verzicht auf die Anbindung an gewisse *Master-Frames* die effektivere Framing-Strategie liefern. Barack Obama verzichtete beispielsweise im Vorfeld seiner Gesundheitsreform, des *Patient Protection and Affordable Care Acts,* auf starke Ungerechtigkeits-Frames, um die für den Policy-Erfolg notwendige Koalition aufzubauen – vermutlich, um bestimmte kritische Akteure nicht vollständig abzuschrecken (Druckman et al. 2012, S. 448). Schließlich stand der *Affordable Care Act* schnell unter dem Verdacht, gegen die traditionelle amerikanische Kultur und Lebensart zu stehen. Dies ist insbesondere auch auf das Framing von einigen Republikanern zurückzuführen, die jene Krankenversicherung nicht nur als ‚Obamacare' bezeichneten, sondern sie auch in den Kontext des ‚un-amerikanischen', ‚sozialistischen', ‚europäischen' oder auf andere Weise ‚fremden' stellten (Knoll und Shewmaker 2015, S. 104 f.). Ungerechtigkeits-Frames hätten den Eindruck einer sozialistischen Maßnahme nur verstärkt.

Master-Frames finden in allen Teilen der Gesellschaft Verwendung. Auch die PEGIDA-Bewegung nutzt beispielsweise den resonanten *Master-Frame* der Freiheit in ihrer Losung: „Weil wir die Knechtschaft kennen, ist uns die Freiheit heilig!" Der symbolische Frame des Kontextes der Montagsdemonstrationen ist für einen Teil der Gesellschaft sicherlich auch ein *Master-Frame,* zumindest aber ist er eng mit dem Kontext der Freiheit verwoben. Und obgleich PEGIDA entgegen des breiten gesellschaftlichen *Master-Frames* häufig in den Kontext des Nationalsozialismus gestellt wird, erzielte sie für eine rechte Bewegung eine große Resonanz. Man muss jedoch nicht bis an die politischen Ränder oder in Protestbewegungen gehen, um die Anbindung von Freiheits-Frames zu sehen. Sie sind allgegenwärtig und im Beispiel des *Veggie-Day*-Frames (Abschn. 4.1.4) zeigt sich auch die entsprechende Wirksamkeit.

Wie durch die Beispiele gezeigt wurde, gelingt es selbst unter Ausnutzung der großen Potenz von *Master-Frames* nicht, dass eine weitläufig resonante Frame-Konstruktion alle Teile der Gesellschaft erreicht. Dies kann zum einen am bevorzugten Lebensstil Einzelner und deren politischen Präferenzen liegen; zum anderen besteht aber auch der wesentlich banalere Grund, dass nicht alle Personen in einer Zielgruppe Erfahrungen mit den Forderungen im Frame gemacht haben. Sie mögen zwar aufgrund der vermittelten Bedeutung über ein gewisses Maß an Sensibilität für die angesprochene Situation verfügen; wenn sie jedoch im Alltag noch nicht selbst mit der problematisierten Situation konfrontiert wurden, ist bisweilen selbst eine diskreditierende Darstellung auf politisch-kultureller Ebene nicht ausreichend, um sie zu mobilisieren. Erst wenn die Thematik Einzug in ihre Realität gefunden hat, liefert dies mitunter einen Anknüpfungspunkt für den Frame (Snow und Benford 1992, S. 140 f.).

Auch wenn *Master-Frames* und Bewegungs-Frames nicht identisch sind, existieren doch gruppenspezifische *Master-Frames,* die zwar gesamtgesellschaftlich bekannt, jedoch nicht durchgehend befürwortet werden, wie beispielsweise der Antikapitalismus der linken Strömungen. Der aus der Arbeiterbewegung hervorgegangene Frame von ‚Arbeit vs. Kapital' stellt dabei als Grundlage des Denk- und Bewegungs-Frames auf Verteilungsungerechtigkeiten ab. Selbst dieser bewegungsnahe Frame ist relativ abstrakt und wird erst durch die Verbindung mit einzelnen Zielen konkretisiert. Obwohl viele originäre Forderungen der politischen Linken bereits erfüllt worden sind, begonnen mit den ersten Arbeitsschutzmaßnahmen bis hin zur Einführung eines gesetzlichen Mindestlohns, bleibt der übergeordnete *Master-Frame* davon jedoch unberührt. Dies ist zum einen der Fall, weil einige Vorhaben noch nicht umgesetzt wurden und neue Problemfelder hinzugekommen sind; zum anderen würde sich die Bewegung damit aber auch ihrer wohl stärksten Mobilisierungsgrundlage entledigen.

Auch wenn der Frame des Antikapitalismus schon lange Bestand hat, zeigen allein seine Ausweitungen, dass *Master-Frames* nicht statisch sind. Sogar die breiten, gesamtgesellschaftlichen *Master-Frames* können sich durch neue

3.4 Techniken des Framing   125

Ereignisse und Entwicklungen in dominierenden Normensystemen oder Interpretationsschemata verändern (Snow 2004). An Bedeutung verlieren *Master-Frames* erst durch einen Wandel in der Gesellschaft, sei es aufgrund von Veränderungen in normativen Vorstellungen oder wenn sie in spezifischen Sachfragen überflüssig werden (Snow und Benford 1992, S. 137, 149 f.). Solange ihr Wert jedoch beständig ist, werden sie kaum angefochten. Gerade deshalb sind sie bei Strategen oder Mesomobilisierern besonders geschätzt (Taylor und Van Dyke 2004, S. 272). Mitunter kommt es aufgrund dieser Beliebtheit vor, dass *Master-Frames* überstrapaziert werden. Allerdings scheinen Master-Frames aufgrund ihrer hohen kulturellen oder politischen Bedeutung sehr robust zu sein. In den Vereinigten Staaten werden beispielsweise immens viele Themen an den *Master-Frame* der Freiheit gebunden. Diesen *Master-Frame* nutzt entsprechend von Waffenlobbyisten bis hin zu linken Organisationen nahezu jede gesellschaftliche Gruppe. Dennoch hat dieser Wert kaum an Bedeutung eingebüßt.

Die Strategen von Organisationen wie der amerikanischen Waffenlobby NRA haben die starke Wirkung von Protestbewegungen bereits lange erkannt. Im Grunde war dies auch schon die Erkenntnis, die Edward Bernays mit dem *Torches of Freedom March* erfolgreich in seiner PR umsetzte. Heute ist jedoch das strategische Framing in und über derlei Gruppen weit verbreitet.

3.4.16 Strategisches Framing in sozialen Bewegungen

Soziale Protestgruppen oder -bewegungen konnten in vielen Ländern wiederholt eine besondere politische Durchsetzungsstärke entfalten. Daher ist es mittlerweile selbst für *Public-Policy*-Analysen üblich, Protestbewegungen als Institutionen des sozialen Wandels oder der Verteidigung gegen diesen anzuerkennen (Gillan 2008, S. 252). Für die Framing-Theorie sind die Verflechtung von Frames mit Akteuren, die hinter sozialen Bewegungen stehen, und das metakommunikative Framing bei Policy-Prozessen daher auch wichtige Elemente (van Hulst und Yanow 2016, S. 92).

Protestbewegungen sind Zusammenschlüsse zivilgesellschaftlicher Akteure, die einen Einfluss auf die Politik generieren wollen. Diese werden meist als Graswurzel-Organisationen bezeichnet, da sie von *Bottom-Up*-Strukturen geprägt sind. Der Begriff der Graswurzel steht dabei bildhaft für einen Grashalm, der im Boden verwurzelt ist und ‚von unten' herauswächst. Derlei Protestbewegungen haben meist einen politischen Wandel zum Ziel. Sie vertreten die politischen Anliegen ihrer Anhänger und Aktivisten, die oftmals mannigfaltige Hintergründe aufweisen. Die Strukturen solcher Zusammenschlüsse sind relativ lose und ihr Organisationsgrad ist im Gegensatz zu etablierten Institutionen eher unprofessionell (Fuchs 2013, S. 274; Irmisch 2013, S. 202).

Graswurzel-Strategien sind in erster Linie als ein Informations- und Mobilisierungsengagement konzipiert, in welchem ein Anliegen publik gemacht und schließlich Potenzial zu seiner Umsetzung geschaffen werden soll. Die Aktionsformen umfassen daher vor allem diverse Formen von Öffentlichkeitsarbeit, mit denen auf Missstände in der Gesellschaft aufmerksam gemacht werden soll – darin sind Begehren häufig als dem Gemeinwohl zuträglich formuliert. Für derlei Gruppen besteht in der Regel ein Pool von Sympathisanten, der bereit ist, sich ihnen anzuschließen, sobald ein Protest lanciert wird; der Großteil der Gesellschaft ist dafür jedoch nur schwer zu motivieren. Für einen breiten Rückhalt müssen sie deshalb oft weitere Unterstützergruppen mobilisieren (Fuchs 2013, S. 274; Gillan 2008, S. 247 f.; Irmisch 2013, S. 202; Payerhin und Zirakzadeh 2006, S. 92; Snow et al. 1986, S. 467).

Um eine oftmals heterogene Gruppe zusammenzuführen, stehen für die Mesomobilisierer vor allem die folgenden Aufgaben im Mittelpunkt ihres Handelns: Sie müssen eine strukturelle Integration der Segmente vollziehen, Ressourcen sammeln, gemeinsame Protestaktionen vorbereiten und extensive Öffentlichkeitsarbeit leisten. Wenn diese Faktoren erfüllt und schließlich eine breite gesellschaftliche Unterstützung gewonnen wurden, ist das Mesomobilisierungspotenzial der Bewegung hoch (Gerhards und Rucht 1992, S. 558).

Soziale Bewegungen greifen mit ihren öffentlichkeitswirksamen Methoden – wissentlich oder instinktiv – die Grundsätze des Framings auf. Sie mobilisieren in der Regel mittels Rückgriffen auf Identitäten, Praktiken, Überzeugungen und Symbole, die zumeist in vorherrschenden Ideologien vorhanden sind – diese werden lediglich strategisch und verstärkend eingesetzt (Taylor und Van Dyke 2004, S. 269).

Nach Doug McAdam sind vier Faktoren für die Stärke einer Protestbewegung entscheidend. Er verortet diese innerhalb der Politischen Möglichkeiten, die aufgrund eines Wandels oder einer virulenten Misere ausgelöst werden – und ihrem entsprechenden Framing:

1. Die mögliche Dramatisierung von offenkundigen Widersprüchen zwischen einem hoch salienten kulturellen Wert und einer ausgeführten Praxis. Hierzu zählen Frames, die für eine spezifische Situation entsprechend aufbereitet und aufgeladen werden.

3.4 Techniken des Framing

2. Plötzlich auferlegte Missstände. Neben den möglicherweise schon länger bestehenden Widersprüchen in der politischen Praxis sind plötzlich auftretende Probleme, welche die Zielgruppe (bisweilen vermeintlich) tangieren, ein Mobilisierungsfaktor für Protest.
3. Die Dramatisierung einer Verwundbarkeit oder Illegitimität des politischen Systems. Wenn politische Zwänge oder der Eindruck eines eruierenden Systems im Lichte einer Krise hervorgerufen werden können, erhöht dies das Protestpotenzial.
4. Die Verfügbarkeit eines innovativen *Master-Frames,* innerhalb welchem sich die Missstände und Forderungen verorten bzw. aufhängen lassen (McAdam 2005, S. 25).

Mobilisierungsstrategien stehen also den ersten beiden Punkten zufolge stets in Rückbezug auf aktuelle Begebenheiten in der Gesellschaft. Dazu zählen insbesondere die Stimmung innerhalb gesellschaftlicher Segmente sowie deren Polarisierung[19] und generelle Konflikthaftigkeit (Benford 1993, S. 679). Beispielsweise konnte die ‚68er'-Bewegung unter anderem mit Forderungen der sexuellen Befreiung erfolgreich sein, weil der Ansatz eines Wandels in der Gesellschaft bereits erkennbar wurde. Das bedeutet nicht, dass ohne die Bewegungs-Frames die Veränderung so durchgreifend und schnell gekommen wäre; ohne den breiten Wunsch nach dieser Emanzipation und ersten Strukturbrüchen wären die Forderungen aber womöglich verhallt. Diese Art von Resonanz in der Bevölkerung ist ein stets wichtiger Faktor. Der Erfolg solcher Ideen hängt jedoch auch davon ab, ob die monierten Probleme in effektive und anhaltende politische Auseinandersetzungen mit ihren Antagonisten übersetzt werden können (Munro und Schurman 2006, S. 22).

Aus den letzten beiden Punkten geht hervor, dass ein Potenzial für Mesomobilisierungsmaßnahmen nicht immer nur den vorhandenen Strukturen entstammt.

---

[19] Ideologische Distanzen in Gesellschaften und politischen Systemen werden häufig als Polarisierung bezeichnet. Eine Polarisierung tritt auf, wenn die politischen Präferenzen zu ideologisch extremen Positionen neigen. Gesellschaftliche Mehrheiten an beiden Extremen sind in ihren Einstellungen dabei nicht primär zentristisch und unimodal ausgerichtet, sondern stehen sich diametral gegenüber. Bei einer Polarisierung liegen damit die Einstellungen mehrheitlich an den Rändern einer ideologischen Strömung verortet und nicht in ihrem gemäßigten Bereich (Levendusky 2009, S. 4 f.). Eine Gesellschaft wie jene in Deutschland ist also nicht polarisiert, obwohl es auch extreme Meinungen gibt. Die Mehrheit der Gesellschaft ist in ihrer politischen Einstellung schließlich nicht an den Rändern verankert. Das Gros der Menschen ist eher zentristisch ausgerichtet, auch wenn verschiedene politische Lager bestehen. Eine polarisierte Gesellschaft gab es beispielsweise in der Weimarer Republik. Auch die Vereinigten Staaten befinden sich gerade in einem Polarisierungsprozess.

Dieses Potenzial muss bisweilen kreiert und enthaltene Ideen integrativ gebündelt werden. Neben der Dramatisierung und der Verfügbarkeit eines innovativen *Master-Frames* ist dafür zunächst eine gemeinsame Identität notwendig. Diese zu schaffen ist eine der zentralen Herausforderungen einer Mesomobilisierungsgruppe (Vliegenthart 2012, S. 944 f.). Protestgruppen-Frames sind häufig um die dichotomische ‚Wir' und ‚Sie' Gruppenzugehörigkeit angelegt. Die Motivation eines Menschen kann dadurch besonders stark geschürt werden, wenn die eigene Identität als bedroht empfunden wird. Nicht umsonst sind *Motivational-Framings* oft auf die Kommunikation einer gemeinsamen Identität ausgerichtet (Benford und Snow 2000, S. 615). Das Framing über die soziale Identität ist eine zuträgliche Kommunikationstaktik für Strategen, welche eine Unterstützung für ihr Bestreben um einen sozialen Wandel suchen. Integrative Sprache oder eine positive soziale Identität steigern hierbei die Motivation für ein kollektives Handeln (Seyranian 2013, 2014). Daher zielen Strategen häufig darauf ab, eine einseitige, schwer auszugleichende ideelle Front zu konstruieren, die eine möglichst hohe Konflikthaftigkeit mit sich bringt. Auf diese Weise werden die ‚Wir'-und-‚Sie'-Abgrenzungen besonders wirksam.

Die Theorie der sozialen Identität ist um die Erkenntnis der *Minimum-Group-*Hypothese formuliert und besagt, dass geringe Unterschiede zwischen Gruppen bereits in einer *In-Group/Out-Group*-Kategorisierung enden können (Tajfel 1982). Dabei kann dies eine Wahrnehmung von konkret bestehenden, aber auch von rein konstruierten Gemeinschaften sein.[20] Die Schaffung einer verbindenden Identität ist daher ein Wechselspiel aus Perzeption und einer sozialen Konstruktion, in dem gemeinsame Verpflichtungen, Interessen, Grenzen oder andere Formen von Verbundenheit als geteiltes Ideal existieren. In diesem Prozess werden sowohl Begriffe, Forderungen als auch Taten mittels Framing-Techniken kanalisiert und gerechtfertigt, während andere delegitimiert werden. Bei der Entstehung eines solchen Konstruktes werden daher verschiedene Akteure berücksichtigt: dritte Parteien, Medien, die Regierung sowie ihre Verbündeten als auch Gegner (Polletta und Jasper 2001, S. 298).

In der Praxis deutet die Existenz von Protestbewegungen bereits grundlegende Meinungsdifferenzen innerhalb einer Gesellschaft an. In der Regel gehen diese auf spezifische Frustrationen zurück, wobei Aktivisten auf beiden Seiten einer Konfliktlinie versuchen, anhand von Framings die Deutung der Realität der

---

[20] Vgl. hierzu das Konzept der *imagined community* des Nationalstaates (Anderson 1983).

3.4 Techniken des Framing

gegnerischen Gruppe zu überschreiben (Benford 1993, S. 679). Eine Konfliktlinie – *Cleavage*[21] – steht für eine mehr oder minder kontinuierliche Trennung von Unterstützern und Gegnern bestimmter politischer Inhalte. Sie entspricht damit einer ideologischen Barriere, an deren äußeren Rändern die stark ideologisierten – extremen – Einstellungen angeordnet sind. Dauerhafte *Cleavages* bestehen, wenn politische Konflikte stetig beobachtet werden können, durch ideologische Standpunkte beschreibbar sind oder wenn die beteiligten Gruppen wiederholt in ähnliche Konfrontationen verfallen (Pappi 2005, S. 104). Aus dieser Sicht können zwei Arten von *Cleavages* identifiziert werden: Zum einen erstrecken sie sich zwischen potenziellen Konfliktmustern über Wertedivergenzen; zum anderen trennen sie – zumeist latent – soziale Strukturen in differenzierten und spezialisierten Gesellschaften (Devine 1972, S. 245). Diese sind meist dauerhaft von diesen Konfliktlinien geprägt, woraus sich unterschiedliche Koalitionen und Antagonismen ergeben. Seymour M. Lipset und Stein Rokkan teilen die jeweiligen Segmente mit „political criteria of membership in 'we' versus 'they' groups" (Lipset und Rokkan 1967, S. 3). Sie subsumieren diese mit soziokulturellen Kriterien wie Region, Klasse und Religionszugehörigkeit (Lipset und Rokkan 1967, S. 9–11). Konfliktlinienmuster werden in Framings häufig so genutzt, dass sie Referenzpunkte repräsentieren und die jeweils präferierten Werte einer Zielgruppe im Mittelpunkt des Diskurses stehen (Druckman 2011, S. 288). Die entsprechenden Botschaften finden sich in Aussagen der jeweiligen Vertreter oder Schriftstücken wie etwa Grundsatzerklärungen.

Bei einer Untersuchung von Protestgruppen-Frames stoßen Forscher in der Regel auf einen Satz von Vorstellungen, der in der Sprache der Bewegung formuliert und in den Positionspapieren der Organisationen festgehalten ist (Gillan 2008, S. 254). Dies ist ein Produkt aus der Denkarbeit in der Bewegung. Meist handelt es sich dabei um eine Ideensammlung, welche nicht selten die Grundlage für den erstrebten gesellschaftlichen Wandel oder eine Veränderung in der Politik liefert (Gillan 2008, S. 249). Häufig wird die gesamte Argumentation einer Organisation oder Gruppe auf eine solche Bedeutungsstruktur bezogen, aus der sich die jeweilige Wirkrichtung ableitet (Van Gorp 2007, S. 71). Die Kernidee bestimmt den manifesten Teil eines Framings und ordnet andere Bestandteile

---

[21] Den Begriff *Cleavage* führten Lipset und Rokkan (1967) in die Politikwissenschaft ein. Sie klassifizierten grundlegende gesellschaftliche Konfliktlinien und lieferten überzeugende Argumente dafür, dass die Eigenschaften westlicher Parteiensysteme eng mit der Wählerzugehörigkeit zu sozialen Gruppen verknüpft sind. Eine Weiterentwicklung und stetige Verwendung des Begriffs hat dazu beigetragen, dass dieser in der Politikwissenschaft pauschal für die Analyse jedweder Länder und für diverse Arten von Konfliktlinien angewendet wird.

unter. So werden diese zusammengehalten und ergeben eine kohärente Außenstruktur (Van Gorp 2007, S. 64). Im besten Falle entfaltet sich somit eine mobilisierende und stabilisierende Wirkung. Schlussendlich kann der Zusammenschluss der Koalition auf Basis ebenjenes ideellen Diskurses formiert werden (Schneider 2010, S. 84).

Die Idee des gruppenbezogenen Framings ist so einfach wie eingängig. Allerdings treten in Bezug auf die Zugehörigkeit zu gesellschaftlichen Gruppen häufig *Cross-Pressure*-Situationen (Normenkonflikte) auf, die mitunter Meinungsumschwünge über Framings begünstigen. Ein *Cross-Pressure* entsteht aus dem Umstand, dass jeder Mensch verschiedene politische Identitäten und Prädispositionen werthalten, die in bestimmten Konstellationen gegenläufige Interessen befördern. Normenkonflikte können insbesondere aus der Affinität zu unterschiedlichen sozialen Gruppen resultieren. Normenkonflikte sind Framing-Prozessen aber sogar zuträglich: Da in dem Schnittpunkt der verschiedenen Zugehörigkeit keine homogenen politischen Präferenzen vorliegen, entstehen auch bei den Individuen widersprüchliche oder diffuse politische Präferenzen. In einer solchen Situation ist die Empfänglichkeit für Frames höher, wenn eine neue Information die bestehende Meinung kontrastiert (Sides 2016, S. 407). Dies können jeweilige Gruppen oder Bewegungen für sich beanspruchen und in ihren Frame adaptieren. Der Frame einer Bewegung ist meist ein *Collective Action Frame*. Die Steuerung von Protestbewegungen verläuft meist über solche spezielle Bewegungs-Frames.

3.4.16.1 Collective-Action-Frames als strategisches Konzept

Benford und Snow haben einen Analyse- und Interpretationsansatz mittlerer Reichweite für die Aktionsmuster von sozialen Protestbewegungen kreiert (Snow und Benford 1992). Mit diesem wird es möglich, die Entwicklung von bedeutungstragenden und mobilisierenden Ideen bis zu einem gewissen Grad zu identifizieren und zu erklären (Snow 2004, S. 384; Gillan 2008, S. 257). Dabei richtet der Ansatz den Forschungsfokus insbesondere auf resultierende, interaktionale Handlungen zwischen Anhängern und Meinungsführern einer Bewegung (Snow 2004, S. 384; Gillan 2008, S. 257). In jenen Mustern fungieren ‚ideologische Klammern', die als *Collective Action Frames* bezeichnet werden. Diese sind mitunter Derivate von *Master-Frames,* sie sind jedoch deutlich detaillierter und auf einen konkreten Aktionsrahmen zugeschnitten (Snow und Benford 1992). Bewegungs-Frames können sich allerdings zu *Master-Frames* entwickeln, wenn ihre Bedeutung für ganze Teile von Gesellschaften relevant wird oder sie deren Entwicklungen vorantreiben.

Collective Action Frames sind grundlegend strategisch angelegte Aktions-Frames, die eine Vielzahl von Aufgaben für die Bewegung erfüllen (Benford und

3.4 Techniken des Framing

Snow 2000, S. 613; Snow und Benford 1992, S. 135 f.). Sie sind „action oriented sets of beliefs and meanings that inspire and legitimate social movement activities and campaigns" (Snow und Benford 1992, S. 614). Die *Collective Action* selbst ist definiert als „the action taken by a group (either directly or on its behalf through an organization) in pursuit of members' perceived shared interests" (Marshall Scott 2009, S. 96). In Bezug auf Goffman werden diese *Collective Actions* in der Regel als direkte Beteiligung der einzelnen Anhänger in Form von Aktivität verstanden. Allerdings fallen darunter auch eher indirekte Orientierungen, das heißt, sie können auch Lebensstile und ähnliches umfassen. *Collective Action Frames* sind jedoch ebenso strategische Entscheidungen von bestimmten Gruppen. Sie transportieren deren Ideen, Symbole und wichtige Bedeutungen. Damit richten Protestbewegungen ihre Inhalte auch auf Legitimation und maximale Resonanz aus (Kubal 1998, S. 541). Sie eröffnen also einen kollektiven Handlungsrahmen; dies ist ein weiterer Grund, warum ihnen die Bezeichnung *Collective Action Frame* zuteil wurde. Häufig werden daraus aber auch gemeinsame Kommunikationsgrundlagen abgeleitet (Benford und Snow 2000, S. 613; Snow 2004, S. 384; Snow und Benford 1992, S. 135 f.). Hierzu enthalten *Collective Action Frames* die politische Zielrichtung und mitunter kleinteilige Handlungsanweisungen oder Artikulationsformen.

Der Analyserahmen jenes Konzeptes ist auf der kollektiven (Meso-)Ebene angesiedelt, diese tangiert aufgrund der resultierenden Implikationen jedoch auch die individuelle (Mikro-)Ebene. Eine kollektive Bewegung kann schließlich nur erfolgreich agieren, wenn ihre einzelnen Mitglieder nicht nur bestimmte Ideen oder Anliegen teilen, sondern auch geschlossen auftreten und einträchtig kommunizieren (Gillan 2008, S. 254). Daher müssen einzelne Personen erst den Bewegungs-Frame adaptieren, bevor sie sich aktiv für die Forderungen der Gruppe einsetzen können (Vliegenthart 2012, S. 941). Ein *Collective-Action-Frame* geht jedoch unter Umständen sehr viel weiter, als dass er lediglich den Rahmen der Bewegung und ihre Zielausrichtung festlegt. Er eröffnet Angebote der kollektiven Partizipation, aufbauend auf den Politischen Möglichkeiten (Tarrow 1998, S. 72). *Collective Action Frames* sind damit als ein aktives, prozessbedingtes Phänomen zu verstehen, das Handlungsfähigkeit in der Realitätskonstruktion impliziert (Snow und Benford, 1992, S. 136). Dabei erweitert sich die individuelle Tätigkeit zu einem kollektiven Handeln, da insbesondere auf *Social Media* andere Nutzer implizit oder explizit zum Handeln aufgerufen werden, sei es nur auf Basis basalster kollektiver Handlungen, wie dem Teilen von Inhalten.

Einige Bewegungen oder politische Strömungen verfügen über Bewegungs-Frames, die sich in sämtlichen Lebensbereichen niederschlagen – einzelne

Mitglieder nehmen diese auch oft in einem solchen Maß an. In politischen Strömungen oder sozialen Bewegungen beginnt dies bei der Bedeutung einzelner Schlagwörter und geht über die gruppenverträgliche Kleidung bis hin zur Wahl des passenden Lebensumfeldes. *Collective Action Frames* wirken sich daher mitunter auf den gesamten Lebensstil von Personen aus. Beispielsweise kann das Denken und Handeln der Tierrechtsbewegung konkret an ihrem *Collective Action Frame* nachgezeichnet werden. Das Ziel ist die gesamte Befreiung der Tiere. Darunter fallen allerdings viele kleinteilige Verhaltensweisen, die zwar zumeist auf das größere Ziel ausgerichtet sind, einzelne Standards des jeweiligen Lebensstils sind jedoch viel differenzierter und umfassender.

In strategischer Hinsicht sind *Collective Action Frames* auf Protest und Mobilisation angelegt. Die Strategiebildung wird in der Politikwissenschaft hauptsächlich als ein *Top-Down*-Ansatz betrachtet, der von *Bottom-Up*-Prozessen begleitet sein kann, wenn praktische Debatten und Vorgänge relevant erscheinen. Dabei werden situative oder taktische Handlungsmuster aufgegriffen und zu einer aktionsorientierenden Strategie zusammengesetzt. Zwischen beiden Faktoren finden Rückkopplungen statt, da diese konzeptionell verdichtet in strukturierten *Top-Down*-Prozessen wieder in die Handlungsstrategie einfließen (Raschke und Tils 2007, S. 337, 340). In der Praxis sind dies Beobachtungen über die potenzielle Klientel, die für Framing-Prozesse adaptiert werden. Diese Ausrichtungsprozesse sind interaktiv: In ihnen sind verschiedene Anknüpfungspunkte und Annahmen über das Zielpublikum verarbeitet, um die Inhalte der Frames auf höchstmögliche Wirksamkeit auszurichten (Benford 1993, S. 679). Schließlich können politische Akteure nicht einfach diejenigen Frames nutzen, die ideologisch die größtmögliche Nähe zu ihren Vorstellungen haben; sie müssen die effektivste Framing-Strategie finden, um die für den Policy-Erfolg notwendige Koalition aufzubauen (Druckman et al. 2012, S. 448).

Eine systematische Strategiebildung folgt dabei den Grundbausteinen Lage, Ziele, Optionen und Entscheidung. Bei der Lageanalyse werden die Wechselwirkungen des strategischen Akteurs und dessen relevanter Umwelt untersucht – in diesem Falle sind dies die Mesomobilisierer und deren Zielgruppe. Für ein erfolgreiches Framing müssen die Kommunikatoren wissen, wie ihre Konstruktionen Wirkungen entfalten können (Druckman 2011, S. 295). Bei der Ausarbeitung einer Framing-Strategie müssen sie berücksichtigen, wie die großen Medien-Outlets über die Kampagne berichten könnten und für welche *Counter-Frames* sie anfällig ist. Darüber hinaus müssen sie auch mögliche *Downstream*-Effekte einkalkulieren (Druckman et al. 2012, 447 f.). In der politischen Praxis wird bei der Strategiesuche oft darauf vertraut, dass sich situatives Handeln von selbst als

3.4 Techniken des Framing

strategisch herausstellt. Daher dienen Suchbewegungen, Experimente und provisorische Lösungen als Handlungsgrundlagen. Die konzeptionellen Strategien werden nicht nur aus bestehenden Bedingungen heraus entwickelt, sondern auch stetig in Bezug auf aktuelle Ereignisse auf dem neuesten Stand gebracht – situativ und reaktiv. Jene Genese lässt Anschlusshandlungen, Reaktionen von Antagonisten und Interpretationen der Öffentlichkeit zu (Raschke und Tils 2007, S. 337 f.). Da sich die Mesomobilisierer und deren Zielgruppe häufig komplementär zueinander verhalten, sind sowohl *Inside-out*-[22] als auch *Outside-in*-Perspektiven[23] für eine Analyse nötig (Raschke und Tils 2007, S. 353).

Eine Strategie verfolgt meist mehrere Ziele, welche nicht unbedingt identisch mit dem allgemeinen Bestreben der Bewegung sein müssen. Wichtig ist eine Hierarchie unter den einzelnen strategischen Zielen, deren Verknüpfung sowie die Vermeidung von Konflikten. Darum muss vor allem ein relevanter Wirkungsraum festgelegt werden. Auf der Optionsebene

> werden Ziel, Lage und Handlungsmöglichkeiten verknüpft, Potentialanalysen erstellt, Ideen generiert, Szenarien durchgespielt, Kalküle und Maximen angewendet, Optionen schrittweise verdichtet, bewertet und schließlich ausgewählt. Dem schließt sich die *Entscheidung* über eine *Strategie* an, die aus Strategie- und Steuerungskonzept besteht [Hervorhebungen im Original, M.O.] (Raschke und Tils 2007, S. 345).

In der Framing-Perspektive erfüllen dies die *Collective Action Frames*. In einer strategischen Gruppe leiten die Mesomobilisierer die Entwicklung, Artikulation und Umsetzung dieser Konzeptionen (Gerhards und Rucht 1992, S. 558; Jaschke 2006, S. 85).

In *Collective Action Frames* werden grundlegende Funktionen, wie sie auch in Kommunikations-Frames vorkommen, erfüllt: Sie sollen Menschen in ihrem Denken und Handeln beeinflussen (Baumgartner 2007, S. 486). Inhaltlich werden als Grundlage für *Collective Action Frames* meist Verstärkungen oder Ausdehnungen von überdauerten Einstellungen, eine Transformation von alten Bedeutungen oder schlicht eine Schöpfung neuer Überzeugungen genutzt (Snow und Benford 1992, S. 135–137). Entstehen dadurch Resonanzen, können nicht nur möglichst viele Sympathien der Zielgruppen gewonnen, sondern diese auch zu gemeinsamen Handlungen motiviert werden (Gerhards und Rucht 1992, S. 559 f.; Taylor und Van Dyke 2004, S. 269).

---

[22] Hierbei wird von einer Autonomie der eigenen Gruppe ausgegangen und die eigenen Ziele werden gegenüber einer etwaig notwendigen Adaption gegenüber der Umwelt bevorzugt.
[23] Unter diesem Gesichtspunkt wird eine etwaige Umweltabhängigkeit der Gruppe betrachtet und die eigene Strategie wird in Abhängigkeit zur dynamischen Umgebung ausgearbeitet.

In derlei Bewegungs-Frames wird häufig auf Verantwortlichkeiten verwiesen und eine spezifische Sachfrage als ungerecht definiert. Gegen jenen Zustand wird konkret zur Handlung aufgerufen. Zudem wird dieses geteilte Interesse zur Identitätsstiftung genutzt. Dabei werden konkret Autoritäten oder andere gesellschaftliche Gruppen in Haftung genommen (Benford und Snow 2000, S. 615; Klandermans 2008, S. 272). Gerade in hegemoniekritischen Bewegungen sind *Top-Down*-Ansätze meist verpönt und durch die *Bottom-Up*-Wirkung können viele dieser Bestrebungen zunichte gemacht werden. Die hohe Bedeutung des Bewegungs-Frames lässt jedoch ein weites Feld für strategische Framing-Aktivitäten in einem verträglichen Rahmen zu.

Die hohe Wirksamkeit von sozialen Protestbewegungen und *Collective-Action-Frames* hat Strategen dazu gebracht, ganze Protestgruppen-Framings zu lancieren oder mit bestimmten Taktiken zumindest ganze Teile der Gesellschaft zu orchestrieren. Zunehmend versuchen Organisationen wie *Think Tanks* oder *Action Groups*, dies über strategische Framings zu erwirken und somit öffentliche Einstellungen zu beeinflussen. Sie haben dabei die Wirkung von Bürgerbewegungen entdeckt und stützen sich daher zunehmend auf künstliche Graswurzel-Strategien. Dies wird als *Astroturfing* bezeichnet.

3.4.16.2 Astroturf-Framing

Ein wichtiges Element eines Kommunikations-Frames ist seine Glaubwürdigkeit; dies gilt auch für jene Menschen, die ihn kommunizieren, die *Claimsmakers* (Williams 2004, S. 107). Ihre Integrität ist ein bedeutendes Indiz dafür, ob eine Information als überzeugend bewertet wird (Druckman 2001a). Ein Frame kann darüber hinaus auch zurückgewiesen werden, wenn die Rezipienten erkennen, dass er von der perzipiert ‚falschen' Seite lanciert wurde (Zaller 1992).

Eine besonders hohe Glaubwürdigkeit in der Gesellschaft genießen Graswurzel-Gruppen und deren Vertreter. Dies ist nicht verwunderlich, schließlich können engagierte Bürgerinnen und Bürger größtmögliche Nähe und Vertrautheit erwecken. Zudem werden Framing-Effekte bereits verstärkt, wenn die Botschaft einem Akteur zugeschrieben wird, mit dem sich der Empfänger identifiziert (Bertolotti und Catellani 2015, S. 847). Mit ‚einfachen Menschen' und ihren legitimen politischen Anliegen können sich viele eher identifizieren als mit Personen aus der Politik oder anderen institutionalisierten Organisationen. Graswurzel-Engagements sind daher ein wirkungsvolles Mobilisierungsinstrument, zumal ihnen in der Regel weder eine Nähe zu einem Unternehmen oder einer PR-Gruppe noch Partikularinteressen unterstellt werden. Daher wird diese Strategieform

3.4 Techniken des Framing

zunehmend künstlich genutzt. In einem solchen Fall werden Mobilisierungsstrategien auf Basis von gezielt kreierten Graswurzel-Initiativen lanciert – ein derartiges Vorgehen wird als *Astroturf*-Kampagne bezeichnet.

Astroturf ist ein Deonym, also ein generischer Markenname; in diesem Fall jener eines amerikanischen Kunstrasen-Herstellers (Fuchs 2013, S. 275). Mittlerweile wird dieser Ausdruck jedoch nicht nur für künstliche Grünstreifen verwendet, sondern auch appellativisch für synthetische Graswurzel-Strategien, die *top-down*-strukturiert sind, jedoch eine *Bottom-Up*-Struktur suggerieren. Jene verdeckt gesteuerten Aktionen werden von Partikularinteressengruppen, Unternehmen, Institutionen, Wirtschaftsverbänden oder Lobby-Organisationen eingesetzt, um ihren Interessen Vorschub zu verschaffen. Dabei soll Unterstützung für ein spezifisches Anliegen kreiert werden – unabhängig davon, ob die instrumentalisierten Bürgerinnen und Bürger die wahren Intentionen wirklich erstreben (Irmisch 2013, S. 202; Voss 2013, S. 191; Zellner 2010, S. 361).

Astroturf unterscheidet sich vom originären Graswurzel-Engagement darin, dass der Einfluss auf die öffentliche Meinung verdeckt und manipulativ ausgeübt wird. Unter Beratungs- und PR-Agenturen ist die Steuerung möglicher entstehender Proteste bereits lange eine etablierte Strategie. Dies können kleine Aktivitäten sein, wie der Blog *Working Families for Wal-Mart* oder der falsche *Twitter*-Account ‚@QueensQuayKaren', den das Wahlkampfteam des ehemaligen Bürgermeisters von Toronto Rob Fords erstellte und bespielte, um eine glühende Anhängerin aus dem einfachen Volk zu simulieren. Mitunter nutzen Strategen jedoch gesamte Protestgruppen-Frames zur Etablierung oder Steuerung einer Bewegung. Die zentralisierte Orchestrierung einer sozialen Protest- oder Interessensbewegung wird dabei von einer Institution übernommen. Dies kann auch bei legitimen Graswurzel-*Kampagnen* der Fall sein. Die eigentlich antagonistischen Formen *Top-Down* und *Bottom-Up* werden dann kombiniert und zu einer gemeinsamen Kommunikations- und Aktionsform verbunden. Die zivile Basis verbleibt dabei als Motor der Bewegung, ihr werden jedoch eine zentralisierte strategische Kommunikation sowie eine führende und materielle Unterstützung zuteil. Die Verbindung mit professionellen Kanälen schafft neue Einfluss- und Artikulationsmöglichkeiten (Speth 2013, S. 8). Der Wahlkampf von Obama war durch ein breites Graswurzel-Engagement geprägt, das jedoch von etablierten Institutionen geleitet und unterstützt wurde. Durch solche Graswurzel-*Campaignings* verschwimmt die klare Trennlinie zwischen künstlichen und wirklichen Graswurzel-Bewegungen, was den *Astroturf*-Kampagnen zuträglich ist. Der Unterschied liegt jedoch in der offenen bzw. verdeckten Steuerung. Im Falle der Obama-Kampagne war der institutionelle Einfluss nicht verschleiert oder in manipulativer Art eingesetzt.

Die Strategen hinter *Astroturf*-Konzepten framen ihre Anliegen ganz spezifisch und suggerieren so der Gesellschaft ein Partikular- als gemeinwohlorientiertes Interesse. Sie blenden mithilfe der Framing-Techniken die Öffentlichkeit und präsentierten die Initiatoren höchstens als neutrale, unabhängige Dritte (Fuchs 2013, S. 274 f.; Irmisch 2013, S. 202; Voss 2013, S. 191). Die Personen und Koalitionen, die hinter *Astroturf*-Strategien stehen, sind jedoch nicht jene gewöhnlichen Bürger oder Unternehmen mit bescheidenen finanziellen Ressourcen, die sie mimen (Zellner 2010, S. 363). Künstliche Graswurzel-Kampagnen wurden sukzessive ausgeweitet, so dass die Elemente dieser Strategien heute auch im konventionellen Politikbetrieb und bei etablierten Organisationen vermehrt eingesetzt werden (Speth 2013, S. 11). Die Orchestrierung der einflussreichen *Tea-Party*-Bewegung in den USA ist ein tiefgreifendes *Astroturfing*-Projekt, das mit dem im Abschn. 3.4.8 beschriebenen Bewegungs-Frame einen großen Einfluss auf die Politik in den USA erwirken konnte (Oswald 2018a).

In den Selbstbeschreibungen von *Tea-Party*-Gruppen entstand sie spontan, gegründet durch Bürger, die sich um den politischen Kurs ihrer Nation sorgen. Die *Tea Party* ist jedoch keine organische Bürgerbewegung. Sie wurde über eine zentrale Framing Strategie von *Think Tanks* entwickelt und über *Action Groups* orchestriert. Eine hinter ihr stehende ideologisch-strategische Blaupause vereinte die einzelnen Teilsegmente im konservativen Lager *(Framing-Bridge)*. Dabei wurde diese auf einen gemeinsamen ideologischen Kern beschränkt und damit eine Einigkeit im konservativen Lager erzielt, was ein hohes Mobilisierungspotenzial mit sich brachte. Konservative Medien, Finanziers und *Action Groups* lieferten dafür die notwendige Unterstützung. Der Einfluss auf die Politik war immens: Der heutige starre und extreme konservative Flügel in den Republikanischen Partei kam zu großen Teilen durch die strategische Bewegung zustande (Oswald 2018a).

Die Beliebtheit des *Astroturfings* stieg aufgrund der großen Wirkung des strategischen Einflusses: Hinter der Mimikry einer unabhängigen und spontan agierenden Gruppierung aus der Gesellschaft wähnen Beobachter zumeist keine eigennützigen Belange. Das Engagement der Aktivisten erweckt vielmehr den Eindruck, sie würden für das Gemeinwohl zuträgliche politische Lösungen fordern (Speth 2013, S. 19). Das *Astroturfing* verspricht damit einen ungleich höheren Erfolg als herkömmliche PR-Strategien, da die Graswurzel-Elemente eine Vertrauens- und Legitimitätsbasis bilden. Dies erhöht die Chancen, Sympathien in der Gesellschaft zu generieren (Fuchs 2013, S. 274 f.; Zellner 2010, S. 361). Der Image-Schaden infolge eines Auffliegens ist dabei allerdings umso höher. Der Einsatz von künstlichen Graswurzel-Strategien ist daher auch ein Risiko.

Bewegungen wie die *Tea Party* arbeiten viel mit narrativen Framing-Techniken. Egal in welcher Form von Politischer Kommunikation, vom Journalismus bis hin zu politischen Akteuren, werden immer wieder Narrative zum strategischen Framing genutzt. Die Forschung um das narrative strategische Framing ist noch relativ unausgegoren – das macht die Kommunikationstechnik allerdings nicht weniger relevant.

3.4.17 Narratives Framing

Eine häufig genutzte Technik im politischen Framing ist der Einsatz von spezifischen Erzählstrukturen. Insbesondere kulturelle, moralische oder wertebasierte Framings fungieren bisweilen über Narrative. Daher muss bei dieser Forschungsperspektive nicht nur der gesamte politisch-dynamische Prozess eines Framings betrachtet werden, sondern auch Elemente wie das *Storytelling* (van Hulst und Yanow 2016, S. 92). Mit dem Einsatz eines Narrativs kann ein Frame beispielsweise stärker identitätsstiftend wirken. Außerdem fördern Narrative Überzeugungen und Einstellungen, da in ihnen der Gesamtbereich der symbolischen Ressourcen und Prozesse der Identifikation berücksichtigt wird (Snow und Benford 1992, S. 140 f.; McClure 2009, S. 191).

Die Narrativ-Analyse ist wie auch die Framing-Forschung in der symbolisch-interaktionistischen und konstruktivistischen Schule angesiedelt. Bisweilen wird das Konzept der Narrative auch als ein Teilgebiet des Framing-Ansatzes betrachtet (Polletta 1998, S. 420; Snow 2004, S. 384). Narrative und Frames dürfen allerdings nicht als austauschbar angesehen werden, nicht zuletzt, da die beiden Konzepte teils von unterschiedlichen ontologischen Annahmen geprägt sind. Die Integration der Narrativ-Analyse ist daher zwar schwer, jedoch nicht unmöglich. Allerdings kam trotz einiger Bemühungen die theoretische Forschung zu Narrativen in den Sozialwissenschaften fast zu einem Stillstand (McClure 2009, S. 189 f.). Insbesondere blieb der *Narrative Turn* dort bislang aus.

Faktisch werden Frames und Narrative häufig in Abhandlungen zusammen untersucht, weshalb an dieser Stelle ein Einblick in die theoretische Grundlage von Narrativen sinnvoll erscheint. Zudem kann eine sinnvolle Kombination der Ansätze zu einem tieferen Verständnis von Framing-Strategien beitragen. Isolierte Framing- und Narrativ-Analysen bergen hingegen die folgenden Nachteile:

1. Eine Framing-Analyse allein kann die narrative Spannkraft und das Motiv hinter einem thematischen Frame nicht offenlegen, weil die Framing-Elemente in einem größeren Kontext betrachtet werden müssen.

2. Eine reine Narrativ-Analyse kann nicht den üblicherweise verwandten Gedankengang eines Framings rekonstruieren, der trotz unterschiedlicher Narrative strukturell fortbesteht (Wozniak et al. 2015, S. 483).

Weiterhin stehen beide Konzepte in einem engen Zusammenhang: Narrative enthalten Frames und sie sind mitunter sinnstiftend für Frames. Ein strategisches Narrativ erfüllt häufig die Funktion als *Frame-Story*. In diesem Zusammenhang kann ein Narrativ auch als eine *Frame-Story* verstanden werden, schließlich dient sie mitunter dazu, einen Frame zugänglich zu machen oder ein *Reframing* zu ‚erklären'. Der Bezug zu einem gesellschaftlich bekannten Narrativ hat auch den Vorteil, dass es bisweilen nur genannt werden muss, um seinen gesamten Kontext abzurufen. Nicht zuletzt aus diesem Grund sind Narrative beliebt, wenn es um das Aktivieren eines Gedankennetzes oder das Setzen eines spezifischen Kontextes geht.

3.4.17.1 Was sind Narrative?

Das Zusammenleben in Gesellschaften ist von vielzähligen Narrativen geprägt. Dies sind Geschichten oder Parabeln, die häufig im Umfeld gesellschaftlicher Gruppierungen kursieren oder im kollektiven Gedächtnis einer ganzen Gesellschaft verankert sind. Sie transportieren mit ihren impliziten Bedeutungen oder Errungenschaften gewisse Erwartungen, Ideen und Werte. Zudem liefern sie häufig eine Erklärung, warum gewisse Dinge sind, wie sie sind, oder ‚wie die Welt funktioniert' (Berlet 2012, S. 49; Stone 2012, S. 158). Dabei vermitteln sie auch eine tiefere Bedeutung von verschiedenen Lebensweisen und Glaubensinhalten (Arnold 2012, S. 8).

Im Gegensatz zum konventionellen Modell der formalen Rationalität unterliegt die narrative Rationalität im Wesentlichen zwei Prinzipien: der narrativen Wahrscheinlichkeit *(Narrative Probability)* und der narrativen Präzision[24] *(Narrative Fidelity)* (Fisher 1984, S. 9). Diese beiden Prinzipien sind zentrale inhaltliche Kriterien, da Wirklichkeit durch ein Narrativ nur konstruiert werden kann, wenn sich Menschen in ihr wiederfinden und die aufgebotene Erklärung – bzw. die Gründe dafür – nachvollziehbar sind (Fisher 1985, S. 297).

Zur narrativen Wahrscheinlichkeit zählen die Kohärenz und die Integrität einer Geschichte (Fisher 1984, S. 9). Darunter fällt insbesondere, in welchem Maße

---

[24] Manchmal wird dies auch als ‚Narrative Wiedergabetreue' bezeichnet. Der Begriff Wiedergabetreue bezieht sich jedoch eigentlich auf die Wiedergabegüte eine Audio-Auflösung *(High-Fidelity, Hi-Fi),* daher handelt es sich vermutlich um einen Übersetzungsfehler.

3.4 Techniken des Framing

ein Narrativ in sich selbst und im größeren Zusammenhang strukturell sinnhaft ist (Fisher 1985, S. 297). Nach Fisher lässt sich dies in drei Kategorien abbilden:

1. Die argumentative oder strukturelle Kohärenz. In dieser werden die Standards der formellen und informellen Rationalität betrachtet.
2. Die materielle Kohärenz. Sie steht im Abgleich zu *Counter*-Narrativen, die zwar ebenso konsistent sein können, aber wesentliche Fragen, Argumente und Fakten außer Acht lassen oder anders bewerten.
3. Die charakterologische Kohärenz. Sie ist der Glaubwürdigkeit der *Claimsmaker* ähnlich: Dabei wird die Zuverlässigkeit von Charakter und Integrität der Narratoren und Akteure erfasst – die Taten und Entscheidungen einer Person reflektieren ihre Werte (Fisher 1987, S. 47).

Die narrative Präzision ist das Kriterium für die Validität und Glaubwürdigkeit einer Geschichte. Grundlegend ist dabei zunächst, ob ‚gute Gründe' für die Richtigkeit ihrer Inhalte genannt werden. Die narrative Präzision steht aber auch für die Frage, ob das Erzählte mit Narrativen übereinstimmt, welche die Rezipienten bereits aus ihrem Leben kennen und ob sie ihm Glauben schenken (Fisher 1987, S. 47, 64, 194). Die narrative Präzision kann daher als ein Bezugsmaß für die Korrelation einer Botschaft mit bestehenden Bedeutungen und Erzählungen der Gesellschaft gelten. Je höher diese Korrelation ist, desto höher ist der Erkennungswert und die kulturelle Legitimation des jeweiligen Narrativs (Benford 1993, S. 692; Williams 2004, S. 107). Narrative sind auch deshalb wirkungsvoll, da eine solche ‚erfahrungsbezogene Kommensurabilität' für Frame-Konstruktionen zuträglich ist (Williams 2004, S. 107). Diese kann insbesondere an einem Punkt entstehen, an dem das Narrativ die Realität der Rezipienten tangiert (Benford 1993, S. 692; Snow und Benford 1992, S. 140 f.). So wird ihnen das Problem zugänglicher (Williams 2004, S. 107). Da Individuen weitaus empfänglicher für bekannte Informationen sind, bieten sich Narrative als Träger von politischen Botschaften geradezu an. Diese werden mit einer solchen ‚Huckepack-Strategie' zudem einfacher aufgenommen und können damit ein hohes Maß an Salienz erreichen (Entman 1993, S. 53; Snow 2004, S. 402).

Insbesondere wird eine hohe narrative Präzision erreicht, wenn sich Ideologie und Erfahrungen der Rezipienten, kulturelle Werte sowie aktuelle Ereignisse zu einem Ganzen verwoben finden (Benford 1993, S. 692; Snow und Benford 1992, S. 140 f.). Im Verbund mit kulturgeschichtlichen Erzählungen, Anschlüssen an Mythen oder Ereignissen der Vergangenheit kann somit Resonanz erzeugt werden. Zwar verleiht die tragende Symbolik der Erzählungen den Frames eine spezifische Bedeutung, die dienlich für ihre Zugänglichkeit ist, im selben Zuge können Narrative damit aber auch für eine höhere Glaubwürdigkeit sorgen (Entman 2007, S. 164). Zudem wird die mit ihnen transportierte Information leichter in Erinnerung behalten und sinnhafter (Entman 1993, S. 53; Williams 2004, S. 107). Die narrative Präzision ist letztlich nicht nur ein Maß für die ‚Wahrheitsqualität' einer Geschichte, sondern auch dafür, inwieweit sie der Logik der ‚guten Gründe' entspricht. Außerdem sind die Sinnhaftigkeit ihrer Begründung und die gesellschaftliche Relevanz der tangierten Werte Faktoren der narrativen Präzision (Fisher 1987, S. 88). Rhetorische Narrativ-Strategien scheinen sich auch in politischen Debatten eher durchzusetzen als solche mit technischer oder wissenschaftlicher Kommunikation (Crow und Lawlor 2016, S. 482). Zudem sind Narrative, welche die negativen Konsequenzen von Problemen betonen, besonders effektiv, um Empathie und Unterstützung zu generieren und Einstellungen dauerhaft zu beeinflussen (Shen et al. 2014, S. 108 f.).

Beispielsweise lässt sich die erfolgreiche Lossagung der *Irish Republican Army* (IRA)[25] vom Terrorismus damit begründen, dass die Führung der Organisation einen Auflösungs-Frame konstruieren konnte, der sich in das bestehende Narrativ der IRA-Mitglieder einfügte *(Narrative Fidelity)*. Weiterhin stand ihr ein Kommunikations-Netzwerk zur Verfügung, das den Akteuren Glaubwürdigkeit verlieh sowie eine weite Verbreitung des Frames ermöglichte. Die hohe Bedeutung einer stabilen Organisationsstruktur und die *Narrative Fidelity* in diesem Prozess können sogar als Indiz dafür dienen, dass invasive Antiterrorismus-Strategien externer Akteure wie das Eliminieren der Führungsriege oder das Fordern einer Distanzierung von früheren Gewalttaten nicht immer zielführend sind (Clubb 2016, S. 629 f.).

Strukturell verfügen Narrative über einen Anfang, eine Mitte und ein Ende. In diesen Plots werden konkret Probleme benannt sowie Verantwortlichkeiten identifiziert und diese spezifisch von dem Kommunikator einem Akteur zugeschrieben. Dies erinnert stark an einen Frame. Allerdings besteht in einem Narrativ nicht nur eine ausführliche Erzählung um das Problem, auch weitere Dimensionen seiner Bedeutsamkeit können damit abgebildet werden. Für eine Framing-Analyse ist eine Untersuchung der größeren Implikationen dieser Problemkonstruktion und der Ursachenzuschreibung ebenso gewinnbringend wie eine Strukturanalyse der Erzählung. Häufig sind dabei kausale Verbindungen zwischen Ereignissen erkennbar, die im Narrativ gezogen und als Effekte eines menschlichen Handelns

---

[25] Die IRA hatte sich in zahlreiche Gruppen zersplittert. Kleine und radikale Formationen haben sich der Auflösung verweigert. Die wieder auftretenden Anschläge in Nordirland entstammen vorwiegend diesem Umfeld und werden durch den ‚Brexit' angeheizt.

3.4 Techniken des Framing

beschrieben werden. Dabei wird vor allem in der strategischen Kommunikation oft ersichtlich, dass Probleme so abgebildet sind, dass sie zu spezifischen Kausalideen passen (Stone 1989, S. 2012).

Stone spricht von kausalen Narrativen, da in ihnen die Ereignisse und deren dargestellte Auslöser in einer Ursache-Wirkungs-Struktur verknüpft sind. Dies ist im Framing auch der Fall, allerdings bieten Narrative meist weitreichendere Erklärungen, Hintergründe oder historisch-kulturelle Verbindungen an. Auch in der sozialkonstruktivistischen Narrativ-Perspektive auf die Kommunikation von politischen Problemen wird das Verständnis einer vorliegenden Situation über Ideen vermittelt. Dabei wird die Deutungshoheit in der Politik stetig erzeugt, verändert und umkämpft (Stone 1989). Daher müssen auch kausale Geschichten verkauft, verteidigt und aufrechterhalten werden, damit sie konkurrierenden Narrativen gegenüber standhalten (Stone 1989, S. 282, 293). Somit geht es in der narrativen Strategie in erster Linie um Deutungshoheit. Auch hierbei ist der Zusammenhang mit *Beliefs* erkennbar: Narrative umschließen Einstellungen über politische Institutionen, sie stehen in einem Bezug zu Ideologien und dominieren Interpretationen über Ursache-Wirkungs-Beziehungen in der natürlichen Welt (Druckman und Lupia 2016). Schlechte Zustände sollen als Folge menschlichen Handelns verstanden werden und nicht dem Zufall, dem Schicksal oder der Natur geschuldet sein (Stone 1989, S. 299). Entsprechend tauchen in Narrativen meist Helden, Schurken und unschuldige Opfer auf. Nicht zuletzt deshalb dient diese Erzählstruktur oft zur Dichotomisierung von Gut und Böse (Stone 2012, S. 158). Häufig wird dabei dargelegt, wie eine Gruppe von Menschen einer anderen einen Schaden zufügt. Dabei wird normativ beklagt, dass die Verursacher das Leid der Opfer-Gruppe zu verantworten haben (Stone 1989, S. 283). Politische Konflikte, die über kausale Narrative ausgetragen werden, sind insgesamt also mehr als Beschreibungen von Sachverhalten und kausalen Verknüpfungen. Sie sind Methoden in einem Wettstreit um die Möglichkeit von Kontrolle und der Zuweisung von Verantwortung (Stone 1989, S. 283). Die erzählerischen Handlungsstränge und symbolischen Plätze helfen dabei, den manifesten Problemmerkmalen eine spezifische Interpretation zukommen zu lassen. Dabei scheint es, als ob die Kommunikatoren lediglich Fakten beschreiben würden (Stone 1989, S. 282). Aufgrund der mitunter subtilen Bewertung ist einer solchen Darstellung neben der empirischen Komponente auch eine moralische Botschaft implizit. Dies ist zusätzlich zur kausalen Verknüpfung mit der Ursache relevant für das Gesamturteil: Ob eine Handlung und das entsprechende Resultat positiv oder negativ beurteilt werden, definiert das moralische Urteil.

Kausale Narrative sind für Stone deshalb wichtig, weil sie einen entscheidenden Beitrag für die Erklärung eines Transformationsprozesses im politischen

System liefern können. Stones Typologie gründet auf dem *Agenda-Setting*-Ansatz, sie füllt dabei jedoch die *Black-Box* in diesem Prozess mit Substanz: Die nicht erfasste Umwandlung von Problemlösungsansätzen in konkrete Policy-Vorschläge ersetzt sie durch den erfolgreichen Einsatz von Macht und Ressourcen (Stone 1989, S. 281). Konkret schaltet sie die Verwendung von Narrativen dazwischen, die als Persuasions-Instrument fungieren. Kommunikatoren verpacken ihre Ideen in einem entsprechenden Plot, welcher die notwendige Überzeugungsarbeit leisten soll. Solchen Narrativen ist dabei ein *Bias* eingeschrieben, der die Sicht auf die vorliegende Problematik beeinflussen soll. Sie stellen oft darauf ab, einem Sachverhalt einen spezifischen Sinn zu verleihen und Gründe für eine vorgeschlagene Interpretation aufzubieten. Dabei wird die Perspektive auf einen Sachverhalt bereits durch die Verkettung mit einer benannten Ursache im Narrativ beeinflusst (Stone 1989, S. 281 f.). Tatsächlich zeigen *Story-Frames* auch eine Tendenz dahingehend, dass sie Policy-Ergebnisse beeinflussen können (Crow und Lawlor 2016, S. 482).[26]

Narrative finden in Framings vor allem dann einen Einsatz, wenn die problematisierten Strukturen der Realität mit ihnen korrespondieren (Entman 2007, S. 164). In diesem Zuge kreieren Akteure jedoch auch neue politische Situationen oder Narrative. Der Ansatz sorgt damit für ein tieferes und komplexeres Verständnis von der narrativen Rolle in der Konstitution von Subjektivität, Identität und Ideologie (McClure 2009, S. 191). Die Problemdefinition in einem Narrativ dient daher nicht ausschließlich der Betrachtung politischer Akteure, der Ursachen von schlechten Bedingungen oder allein der Beschreibung der thematischen Merkmale. Sie ist zuweilen eine aktive Beeinflussung, indem die Interpretation von Sachverhalten spezifisch ausgerichtet wird. In strategischen Darstellungen werden so kausale Argumente konstruiert und in das Zentrum der Problemdefinition gerückt (Stone 1989, S. 299).

Für Anbindungen an Frames müssen Narrative nicht unbedingt aus realen Geschehnissen stammen. Mitunter können auch Legenden oder überlieferte Geschichten für eine Bedeutung und damit als Vermittlungsträger politischer Konzepte wirkungsvoll sein. Mythen, Glaubensvorstellungen und Volksmärchen können für eine hohe Resonanz und Glaubwürdigkeit sorgen: Wenn sie im kulturellen Erbe einer Gesellschaft bestehen, sind sie in der Regel auch in den Denkstrukturen ihrer Individuen verankert (Assmann 2007, S. 52; Benford 1993,

---

[26] Frames müssen dabei selbstverständlich von machtvollen gesellschaftlichen Akteuren unterstützt werden, um einen Politikwechsel herbeiführen zu können. Und wenn auf diesem Wege die öffentliche Meinung zugunsten einer Policy erfolgreich verändert wird, bedeutet dies nicht, dass ein Politikwechsel eintritt, insbesondere wenn externe Umstände oder mächtige politische Akteure der Reform entgegenstehen (Kangas et al. 2014, S. 89 f.).

S. 692; Hajer 1993, S. 45; Polletta 1998, S. 424; Williams 2004, S. 107). Sie sorgen unter diesen Umständen nicht nur für Resonanz, sondern auch für eine narrative Präzision und sind daher insbesondere geeignete Anknüpfungspunkte, wenn sie mit in der Gesellschaft stabilen und unangefochtenen *Beliefs* angereichert sind (Payerhin und Zirakzadeh 2006, S. 93). Für die Schweiz sind beispielsweise die Narrative der stetigen Neutralität und die Legende von Wilhelm Tell bedeutend in der politischen Kultur, obgleich Gründungsmythen wie jene Tells oftmals mehr Mythos als Geschichte sind.

In dieser Beschreibung dürfte klar geworden sein, dass Narrative – insbesondere weil sie ebenfalls Kausalzusammenhänge vermitteln – von Frames nicht trennscharf zu unterscheiden sind; allerdings ist auch die Breite von Narrativen gegenüber einem Framing weit ausladender. Die Analyse von Narrativen ist der Forschungsrichtung entsprechend nicht auf die manifesten Inhalte oder Effekte von Kommunikation reduziert; sie werden auf einer breiteren Ebene dekonstruiert (Van Gorp 2007, S. 72). Dabei kann die Narrativ-Analyse Erkenntnisse über spezifische Muster in der Kommunikation liefern, die zumeist in größere gesamtgesellschaftliche Zusammenhänge eingebettet sind und mitunter Gesamtstrategien folgen. Das folgende Beispiel soll den Bezug zwischen Frames und Narrativen noch etwas verdeutlichen.

3.4.17.2 Narrative als Reframing-Strategien

Im Folgenden soll ein Beispiel veranschaulichen, wie narrative Framing-Strategien in der Realität aussehen können. In den USA ist die heutige Präferenz für eine ökonomische Laissez-Faire-Politik im christlichen Lager das Ergebnis eines *Reframings,* das über ein Narrativ erreicht wurde. Der konservative Stratege William Buckley Jr. versuchte in den 1960er Jahren, die Christliche Rechte in das sozialkonservative Gesellschaftssegment zu integrieren und die Präferenz für den Freien Markt auch bei Religiösen zu einem ideologischen Grundpfeiler zu machen. Dieses *Reframing* gelang über einen Frame, in dem ein Narrativ eingebettet ist. In konservativen Kreisen hat sich dieses weit verbreitet.

In diesem Narrativ wird dem Freien Markt eine tugendhafte Wirkung zugesprochen. Diese entfalte er, da sich auf diesem Wege nicht nur das wirtschaftliche System selbst regle, sondern auch die Moral in der Gesellschaft durch ihn gefördert werde: Der Kapitalismus fungiere in seiner Reinform als System der Bestrafung oder Belohnung. Je nachdem, welche Arbeitstugend man an den Tag lege, falle einem die gerechte Konsequenz anheim (Farber 2010, S. 2; McGirr 2001, S. 164 f.). In einem System des Freien Marktes sei dabei ein hohes Maß an Selbstbeherrschung und Selbstverantwortung notwendig. Wer nicht über diese verfüge, würde versagen (Guardino und Snyder 2012, S. 529; Thompson 2012,

S. 524). Daher fördere der Freie Markt nicht nur die Tugend, sondern auch die Selbstverantwortlichkeit. Dies sei einer integren Gesellschaftsordnung zuträglich. In einem Sozialstaat seien dagegen unproduktive Menschen vor den disziplinierenden Kräften des Marktes geschützt (Guardino und Snyder 2012, S. 529). Auf Basis dieses Schutzes würden die Menschen zu trägen, promiskuitiven Lebensstilen verführt. Dadurch entfielen sie der Religiosität und dem rechtschaffenen Leben. Dies hätte eine größer werdende Unterschicht zur Folge, die zunehmend staatliche Ressourcen benötige (Berlet 2012b, S. 48, 567; DeLuca et al. 2012, S. 496; Guardino und Snyder 2012, S. 529 f.; McGirr 2001, S. 157 f.).

Mit diesem narrativen *Reframing* wurden zentrale *Beliefs* der Christlichen Rechten in einen kausalen Zusammenhang mit der Forderung nach einem Freien Markt gebracht. Die hohe Bedeutung der Moral in der christlichen Weltsicht wurde als bedrohter Wert durch den zunehmenden Wohlfahrtsstaat gesetzt (Burack und Wilson 2012, S. 183, 189; Farber 2010, S. 3, 40, 76; McGirr 2001, S. 129, 164, 168, 182; Scheufele und Scheufele 2012, S. 9; Stenner 2009, S. 142 f., 155). Das Narrativ legt damit Gründe dar, warum gegen staatliche Regulationen und sozialpolitische Maßnahmen interveniert werden sollte. Somit wird dem Freien Markt nicht nur eine positive Wirkung für die Gesellschaft zugeschrieben; dieser wird sogar auf diesem Wege erst mit der christlichen Ethik der Nächstenliebe kompatibel – warum sollte man diesem Prinzip zufolge Hilfsmaßnahmen für Schwächere verweigern? Die Überzeugung, dass anti-sozialstaatliche Ideen nicht im Widerspruch zur christlichen Glaubenslehre stünden, wurde durch dieses *Reframing* in die konservativ-christliche Ideologie eingeführt (Phillips-Fein 2009, S. 69 f.; McGirr 2001, S. 164 f.).

Wie bereits angeschnitten, sind Frame-Techniken und Narrative in der Analyse nicht immer scharf voneinander zu trennen. Sie ergänzen sich als Techniken jedoch hervorragend. Der Frame trägt hierbei die folgende Problemdefinition: Die Gesellschaft verkümmert moralisch. Die Ursache ist das System des Sozialstaates. Die moralische Bewertung liegt dabei klar auf der Hand und der Lösungsvorschlag ist ein System des absolut Freien Marktes und ein Rückbau des Sozialstaates. Der Frame kann die Ursachen allerdings nicht weitläufig erklären. Die einzelnen Zusammenhänge und Kausalitäten – zum Beispiel warum genau der Sozialstaat zu einer moralischen Verkümmerung der Gesellschaft führt – werden durch das Narrativ verdeutlicht. Die Grundlage der Logik des Frames bildet also das Narrativ. Die Narrativ-Analyse verdeutlicht neben dem kausalen Bezug auch noch die Vermittlungsstruktur. Sie allein erfasst hingegen nicht die einzelnen Faktoren des Framings und wie diese Idee *reframed* wird. Der gemeinsame Einsatz von Analysetechniken wie dem *Reframing* und dem narrativen Framing ist hierbei nicht nur zulässig, sondern sogar entscheidend für eine umfassende Untersuchung.

Das Beispiel zeigt außerdem, dass Frames rekursiv sind. Allgemein bedeutet dies, dass Frames in Frames abgebildet sind oder Frames in sich selbst Frames enthalten (Barsalou 1992). Gerade bei der Untersuchung von sensiblen Themen mit moralpolitischen Inhalten gilt es stets zu beachten, dass diese meist nicht über eindimensionale Frames fungieren. Begleitend zur Moral-Dimension stützen die Problematisierung des Themas in der Regel rational-instrumentale Argumente. Bei einer zu einseitigen – hier auf Moralpolitik fokussierte – Analyse werden schnell wichtige Dimensionen übersehen (Burlone und Richmond 2018, S. 330). Bei dem vorliegenden Beispiel sind dies unter anderem die Frames der protestantischen Arbeitsethik, aber auch etwa ein latenter Rassismus.

Narrative Framing-Techniken kommen besonders häufig im Journalismus vor. Narrative Artikel oder *Human Interest Storys* können dort starke Framing-Effekte mit sich bringen (Shen et al. 2014, S. 98). Sie sorgen nicht nur für einen spezifischen Kontext, sie sind auch zuträglich für eine dramatische Wirkung von Berichten. Das strategische Medien-Framing umfasst jedoch weit mehr als die Nutzung von narrativen Strukturen.

Strategisches Medien-Framing 4

Im Jahr 2019 erhaschte ein ‚Framing Manual' eine Menge medialer und gesellschaftlicher Aufmerksamkeit in Deutschland. Strategische Framing-Ratgeber sind nichts Ungewöhnliches, selbst Parteien engagieren Framing-Coaches. Das ‚Framing Manual' wurde allerdings von einer Institution des öffentlich-rechtlichen Rundfunks in Auftrag gegeben: der ‚Arbeitsgemeinschaft der öffentlich-rechtlichen Rundfunkanstalten der Bundesrepublik Deutschland', kurz ARD. Ihre Korrespondenten sollten damit im Strategischen Framing geschult werden. Das Dokument stammt von Elisabeth Wehling, die dieses durch ihr *Berkeley International Framing Institut* vermarktet hat. Anhand von Wehlings Expertise sollte den Mitarbeitern das ‚richtige', also dem Sender und seinen Interessen zuträgliche Framing, nahegelegt werden, um beispielsweise die Position der privaten Konkurrenz zu schwächen. Unabhängig davon, dass dies Wasser auf die Mühlen sämtlicher Kritiker des ‚Establishments' und der *Mainstream*-Medien fließen ließ, stellt der allgemeine Tadel an dem Papier im Grunde auf die Frage ab, ob ein öffentlich-rechtlicher Sender nicht ‚neutral' berichten sollte.

Eine weit verbreitete Annahme ist, dass Medien in der Vergangenheit ausgeglichen berichtet haben und das Medien-Framing ein Problem der jüngeren Zeit sei. In der Tat haben Medien in Westlichen Demokratien in der zweiten Hälfte des 20. Jahrhunderts ausgeglichener berichtet, bei weitem jedoch nicht neutral. Zudem war in der weiteren Vergangenheit die freie Presse keineswegs ein Hüter der ‚Wahrheit'. Im Gegenteil, selbst das Phänomen der *Fake News*[1]

---

[1] Während geframte Nachrichten in der Regel noch im Kern bei der Wahrheit bleiben, ist der Term *Fake-News* eine Irreführung. Er impliziert dabei einen Nachrichtenwert, obwohl er faktisch keinen besitzt. *Fake-News* funktionieren nur, wenn ihre Frames den Schemata der Zuschauer entsprechen (Oswald 2018b; Entman und Usher 2018, S. 303).

– oder präzise die Misinformation – ist nicht neu: Die *New York Sun* berichtete beispielsweise bereits 1835 über die Entdeckung von Leben auf dem Mond (Allcott und Gentzkow 2017, S. 214). Mit der *Yellow Press* des späten 19. Jahrhunderts wurden verzerrte Berichterstattung und Desinformation sogar zu einem strukturellen Problem (vgl. Oswald 2020a, S. 61 f.).

Die etablierten Medien der westlichen Nachkriegsgesellschaften genossen das Vertrauen vieler Bürgerinnen und Bürger: Sie galten als zuverlässig, kompetent und integer (Tandoc et al. 2017, S. 3). Dieses Vertrauen kann als Heuristik verstanden werden, mit welcher kaum kognitive Energie für die Bewertung des Wahrheitsgehaltes einzelner Berichterstattungen aufgewendet werden musste (Tandoc et al. 2017, S. 3). Der Blick auf die Medien war bisweilen auch kritisch, dieses Vertrauen also nie blind. Den etablierten Medien wurde jedoch Integrität zugeschrieben. Der Einzug des strategischen Framings ließ gemeinsam mit dem Aufkommen von ideologischen Medien das Vertrauen in die etablierten Medien sinken. Bei einigen Bürgerinnen und Bürgern wurde die Heuristik des Vertrauens gar überschrieben und wich einer neuen Bedeutung: jener des Nicht-Vertrauens.

Die Frage um die ‚Neutralität' von Medien ist relevant für das Funktionieren einer Gesellschaft. Meinungen und Kontextsetzungen sind in den Kommentarsektionen erwünscht und erfüllen hier den Zweck der Multiperspektivität; das zunehmende Liefern des Kontextes und einer Interpretation bei politischen Sachverhalten sollte bei Berichterstattungen jedoch tunlichst unterlassen werden. Geht das Vertrauen in etablierte Medien erst einmal verloren, verschwindet auch ein Teil des geteilten Deutungssystems einer Gesellschaft.

Bei dieser normativen Anforderung muss jedoch klar sein, dass Medien ohne ein gewisses Framing nicht auskommen könnten: Von Berichterstattungen bis hin zu *Human-Interest-Stories* (vgl. hierzu Abschn. 4.3) wird der Sachverhalt immer aus einer gewissen Perspektive dargestellt. Zudem wurde zu Beginn dieses Buches die Behauptung aufgestellt, dass in der Politischen Kommunikation Neutralität kaum möglich sei. Unter eine breite Definition der Politischen Kommunikation, wie jene von Brian McNair (2011), fällt auch der Journalismus, da es sich hierbei um Kommunikation über Politik oder über politische Akteure handelt. Hier sollte Neutralität zwar für alle Journalisten die Devise sein, allerdings sind gewisse Kontextsetzungen ein Teil der Kommunikation.

Weiterhin setzten Journalisten bereits unreflektiert und ohne Intentionen Frames, weil sie sich gar nicht über ihr Framing bewusst sind, wie der Screenshot zu Beginn des Buches zeigt. Aus dieser ‚Unschuldsvermutung' heraus, konstatierten Kinder und Sanders: „Perhaps more often, they are implicit and unconscious, journalistic habits rather than explicit attempts to persuade" (Kinder und Sanders 1996, S. 164). In der Vergangenheit mag das sicherlich so gewesen sein, allerdings kann diese Aussage nicht mehr als gemeinhin gültig gelten, nicht zuletzt durch den Einzug des strategischen Framings in den Journalismus. Darüber hinaus beeinflusst auch das unbewusste Framing die Art, wie wir über die präsentierten Themen denken. Die Professionalität des journalistischen Berufsstandes erfordert letztendlich die Kenntnis um die Macht von Kontextsetzungen. Eine entsprechende Einschätzung wie im Kap. 1 abgedruckten Tweet von ‚hart aber fair' darf daher nicht als schlichte Naivität abgetan werden; hierbei verfehlen Journalisten die basalste Funktion ihres Berufes.

Wie das ‚Framing Manual' bereits vermuten lässt, framen auch Journalisten der etablierten Medien strategisch. Dies kann bis zu einem gewissen Grad durchaus legitim sein, wenn beispielsweise ein bestimmter Fokus eine unbeleuchtete Sichtweise auf ein Problem ermöglichen soll. Betrachtet man das in Abschn. 3.4.6 gewählte Beispiel des batterieelektrischen Fahrzeugantriebs mit Blick auf dessen negative Folgen durch den Abbau von Lithium, so wird der Aspekt der Umweltbelastung hervorgehoben. Dabei würden die meisten Beiträge zu dem Thema keine Erörterung darüber leisten, ob nun die Umweltschonung durch Elektroantrieb diese Form von Umweltbelastung aufwiegt. Abgesehen davon, dass dies nur schwer abzuwägen ist, bestehen hierbei schlicht Probleme mit der Artikellänge. Um das Problem jedoch sichtbar zu machen und zu diskutieren, ist das gewählte Framing durchaus legitim. Das Framing könnte ja auch im Kontext des vermehrten Lithiumabbaus in illegalen Minen stehen. Dabei würde der Umweltaspekt eventuell vernachlässigt, da andere Probleme, wie etwa Menschenrechtsverletzungen diskutiert werden. Derlei Kontextsetzungen sind nicht nur legitim sondern auch unvermeidbar; dennoch sollten sich Autoren über das entsprechende Framing bewusst sein.

Einem öffentlich-rechtlichen Rundfunk kann es nur zuträglich sein, wenn Journalisten Kenntnisse über den Framing-Ansatz haben und sie beispielsweise darin geschult werden, keine Framings zu verwenden, die gesellschaftliche Konflikte anheizen. Problematisch wird es dann, wenn Framing im Journalismus dazu dienen soll, Wahrheiten zu verschleiern oder ideologische Interessen zu fördern. Dies gilt umso mehr, wenn bewusst verzerrende Frames gesetzt werden, um eine gewisse ‚Stimmung' zu verbreiten. Medien haben einen Einfluss auf die Meinungsbildung und ein spezifisches Framing leistet dem zusätzlichen Vorschub (Chong und Druckman 2007c; McLaren et al. 2018). Dies ist eine wichtige Erkenntnis, da in der Medientheorie nach wie vor häufig die Annahme von Medien als öffentliche Mittler der Informationsverbreitung besteht, ohne Framing-Effekten ausreichend Aufmerksamkeit zu schenken. Tatsächlich scheint es sogar ein Effekt des gezielten Framings zu sein, dass die Informationsverarbeitung bei Berichterstattungen besser funktioniert (Chong und Druckman 2007c).

4.1 Frame-Building, Frame-Setting & Frame-Sending

Journalisten der Massenmedien interagieren im politischen Prozess und beeinflussen ihn damit auf zwei Arten: Sie wählen Themen aus, die für die Öffentlichkeit und die politischen Entscheidungsträger hervorgehoben werden sollen *(Agenda-Setting)*. Weiterhin stellen sie die Politik in einer Weise dar, die sinnhaft und nachvollziehbar für die Leserschaft ist. Dies geschieht über das Framing und die Konstruktion von Narrativen (Crow und Lawlor 2017). Framing ist damit sogar ein grundlegender Bestandteil des Journalismus, der mitunter unweigerlich auftritt, zunehmend jedoch strategisch eingesetzt wird. Zu seiner Analyse dient der Ansatz des *Frame-Buildings*.

4.1.1 Frame-Building

Das journalistische *Frame-Building* ist eine Komponente der täglichen Medienarbeit: Der Kontext in Berichterstattungen wird zunächst gesetzt. Ähnlich wie beim *Agenda-Building* treten hierbei sowohl intrinsische als auch extrinsische Einflüsse auf, die sich messbar in der Berichterstattung niederschlagen (Scheufele und Nisbet 2008, S. 256). Die Frage nach dem *Frame-Building* hat zum Ziel, die Gründe für das Auftreten von Frames in Medien offenzulegen (Scheufele 1999).

Wir sprechen zunächst von Frames im Journalismus, weil sich in Nachrichtenartikeln zu einem gewissen Grad auch die Heuristik-Frames der Autoren widerspiegeln – die individuelle Vorprägung der Journalisten wirkt sich also auf die Berichterstattung aus. Die Beeinflussung von Frames dieser Art tritt selbst dann auf, wenn Journalisten dezidiert neutral berichten wollen. Sie schildern Ereignisse jedoch aus ihrer Interpretation heraus und betrachten somit Probleme oft monoperspektivisch. Damit gesellen sich Verzerrungen in ein eigentlich neutrales Textstück (vgl. hierzu die Erfahrbarkeit von Wahrheit in Abschn. 2.1). Aus diesem Grund kommen Journalisten zu unterschiedlichen Urteilen, was Problemursachen oder Lösungsperspektiven betrifft, obwohl sie dasselbe Thema betrachten und möglicherweise sogar dieselben Informationsquellen vorliegen haben. Dies sind bereits Frame-Kategorien, die in vielen Nachrichten aufgezeigt werden können (vgl. Abschn. 2.2.1).

4.1 Frame-Building, Frame-Setting & Frame-Sending

Weiterhin stellen Journalisten einen Sachverhalt nicht schlicht dar, sondern setzen diesen unwillkürlich in einen gewissen Kontext. Gerade die Interpretation von Verantwortung oder von möglichen Ursachen sind Zuweisungen, die häufig in Artikel einfließen. Dies sind bereits konkrete Frame-Elemente (vgl. Abschn. 2.2.1). Darüber hinaus werden in Berichten schon wegen ihrer meist begrenzten Kapazität gewisse Emphasen gesetzt und Sachverhalte, die eine gegenläufige Interpretation erlauben, mitunter nicht erwähnt. Zudem werden zwei grundsätzliche Frame-Building-Varianten unterschieden: das episodische und das thematische Framing.

Bei einem episodischen Framing wird ein konkretes Beispiel oder Schicksal anekdotisch für ein gesamtes Thema genutzt (Iyengar 1991). Dies sind beispielsweise *Human-Interest-Storys,* in denen einzelne Fälle und Ereignisse vertretend für ein *Policy-Issue* dargestellt werden. Die Geschichte von spezifischen Asylsuchenden dient beispielsweise häufig als Gesamtkritik an Handhabungen des Asylrechts oder dem Recht an sich. Bei einem thematischen Framing wird hingegen der breitere Kontext eines Themas dargestellt (Iyengar 1991). Ein episodisches Framing ist im Grunde eine Momentaufnahme eines spezifischen Falles; ein thematisches Framing ist hingegen ein Blick auf das gesamte Thema. Bei einem episodisch aufgebauten Report über Waffengewalt würde ein spezifischer Fall beleuchtet, bei der eine oder mehrere Personen getötet oder verletzt wurden. Häufig wird dabei das Schicksal des Opfers oder auch des Schützen beleuchtet. Ein thematisches Framing hingegen würde ein breites gesellschaftliches Bild von Waffengewalt zeichnen und auf Probleme hinter dem Phänomen eingehen. Wird je nach Intention ein entsprechendes Framing gewählt, können auch unterschiedliche Wirkungen daraus entstehen.

Verschiedene Medien-Frames mögen dem Meinungswettbewerb dienen, allerdings sollte der Verzerrungsgrad seriöser Berichterstattung so gering wie möglich gehalten werden – absichtliche oder starke Verfälschungen stehen der Bedeutung des Journalismus per se entgegen. (Massen-)Medien haben schließlich einen Werte- und Normen-Kodex zu erfüllen, in dem Objektivität eine herausragende Rolle spielt. Für die öffentlich-rechtlichen Sender in Deutschland gilt darüber hinaus der Medienstaatsvertrag. Paragraf 26 Abs. 2 des MStV schreibt vor: „Die öffentlich-rechtlichen Rundfunkanstalten haben bei der Erfüllung ihres Auftrags die Grundsätze der Objektivität und Unparteilichkeit der Berichterstattung, die Meinungsvielfalt sowie die Ausgewogenheit ihrer Angebote zu berücksichtigen." In einer Berichterstattung gilt es, die Komplexität politischer Sachfragen auf ein verständliches Maß zu reduzieren und dies in einfachen Sätzen zu formulieren. Wenn Journalisten Berichte bewusst verzerrt verfassen, sind sie bestenfalls politische Aktivisten.

Gleichwohl ist mittlerweile auch in der deutschen Presse ein vermehrt ideologischer *Bias* zu erkennen: Meinungen und explizite Kontextsetzungen fließen nicht nur in den Kommentaren mit ein, sie schlagen sich auch in Berichten nieder. Dieser zunehmende Verlust von neutraler Berichterstattung ist problematisch, da sich Menschen über Ereignisse oder politische Sachfragen noch immer vor allem über Massenmedien informieren. Entsprechend bewerten sie auf Basis der Berichterstattung das Problem, die Ursache, eine etwaige Verantwortung sowie auch Lösungsangebote (vgl. Abschn. 2.2.1). Sie werden also entlang der Frame-Klassifikation affektiv oder kognitiv ausgerichtet. Medienberichte haben damit einen großen Einfluss auf die Wahrnehmung eines Problems in der Bevölkerung. Dem Medien-Framing liegt daher eine große Gestaltungsmacht zugrunde. In den Vereinigten Staaten wurden Kommentar und Nachricht in einigen Medien schon vor längerer Zeit fusioniert, was sicherlich einen gewissen Einfluss auf die Spaltung der Gesellschaft hatte.

Auch wenn einzelne Journalisten die Frames setzen, hängt das Medien-Framing im politischen Kontext zunächst von der Ideologie ab, mit der die jeweilige Nachrichtenorganisation sympathisiert. Eine Rolle spielen dabei Faktoren auf der Organisationsebene, wie die innere Pressefreiheit oder der Grad der Spezialisierung (Brüggemann 2014, S. 71–73; Kroon et al. 2017, S. 350). Etwaige ideologische Neigungen sind beispielsweise bei einzelnen Zeitungen in der Regel relativ kongruent. Das ist der Fall, weil im Journalismus weitaus mehr als individuelle Interpretationen und Entscheidungen relevant sind. Insbesondere leiten die Chefredakteure sowohl die inhaltliche als auch ideologische Ausrichtung ihrer Ressorts. Sie verfügen zudem nach wie vor traditionell über die Macht, die Überschrift der einzelnen Beiträge zu formulieren. Da selbst die Überschrift eines Artikels eine spezifische Kontextsetzung ermöglicht, kann also ein Frame final erst im letzten Schritt des *Frame-Buildings* gesetzt werden, mit dem die ursprünglichen Autoren nicht unbedingt etwas zu tun haben. Dies ist zumal der Fall, da einige Menschen nur die Titel der einzelnen Berichte lesen und entsprechend oft Rückschlüsse aus solchen Halbsätzen gezogen werden.

Chefredakteure haben zwar viel Gestaltungsmacht, sie sind dennoch nicht allmächtig in der Ausrichtung der Ressorts. Sie sind wiederum der Leitung der gesamten Zeitung unterstellt, die jeweils einem Unternehmen oder Verlag untergeordnet ist. Gewisse Leitlinien gilt es also auch für Chefredakteure zu beachten. Trotzdem spielen sie eine wichtige Rolle beim *Frame-Building:* Sie können zum einen entscheiden, wer Kommentare und Artikel zu spezifischen Themen verfasst – und damit auch, welche Werte und Perspektiven voraussichtlich betont werden (Ha 2017, S. 292 f.). Zum anderen haben Redakteure die Macht, zu redigieren. Die jeweiligen Journalisten verfassen zwar ihre Artikel selbst, jedoch

4.1 Frame-Building, Frame-Setting & Frame-Sending

agieren sie insgesamt nur innerhalb der generellen Ausrichtung einer Zeitung. Zudem werden bei Zeitungen in der Regel nur jene Menschen angestellt, die ohnehin zur Ausrichtung des Blattes passen. Oder könnte sich jemand vorstellen, dass die SZ einen Alexander Kissler abwerben wollen würde? Diese Homogenität bringt von vornherein einen einheitlichen ideologischen Einschlag in die Berichterstattung mit sich. Zu den genannten organisatorischen Routinen und dem dahinterstehenden Druck gesellt sich mitunter noch Druck von außenstehenden Organisationen, die gewisse Frames durchsetzen möchten (Scheufele und Nisbet 2008, S. 256). Bereits in der Frage, über welche Themen überhaupt berichtet wird, liegt natürlich ein Auswählen von Teilen der Realität, da nicht über das gesamte Weltgeschehen berichtet werden kann. Karl Valentin, ein bayerischer Komiker, Schriftsteller und Schauspieler soll dies mit folgender Aussage parodiert haben: „Es ist doch erstaunlich, dass jeden Tag genau so viel passiert, wie in eine Zeitung passt." Unter einem solchen *Agenda-Setting*-Prozess werden Sachverhalte mitunter erst zu Themen gemacht, wie das später folgende Beispiel des ‚*Veggie-Days*' (Abschn. 4.1.4) noch zeigen wird.

Weiterhin haben die verfügbaren Frames im öffentlichen Diskurs eine Wirkung auf die journalistische Berichterstattung. Die in der Öffentlichkeit verbreiteten Interpretationen tangieren also auch jene der Journalisten. Das betrifft schon die Relevanz von Vorgängen in der Realität selbst, was jüngst unter dem Begriff ‚Öffentlichkeitsresonanz' in die Forschung eingeführt wurde.[2] Dieser Faktor kann in der Framing-Forschung als problematisiert gelten, denn politische Präferenzen werden schließlich nur tangiert, wenn die nötige Aufmerksamkeit generiert wird. Wenn dies nicht gelingt, ist schließlich auch kein Einfluss möglich (Druckman und Lupia 2016). Die Öffentlichkeitsresonanz ist besonders in der Hinsicht problematisch, dass sowohl die Öffentlichkeit als auch die Medien nicht von dem Einfluss von PR-Frames gefeit sind (Van der Meer et al. 2014, S. 760) (vgl. hierzu Abschn. 4.1.3).

Das Framing in den Medien beginnt im Grunde zwar bereits mit der Auswahl des Realitätsausschnitts, die tatsächlichen Frames werden aber erst mit der kontextuellen Einordnung des Sachverhaltes gesetzt. Zunächst steht dabei die Frage im Raum, in welcher Art über ein Geschehen berichtet wird. Schon die spezifische Wortwahl ist ein Indikator für die jeweilige Ausrichtung der Berichterstattung – und auch für die Wahrnehmung eines ansonsten relativ neutral gehaltenen Berichts. In der öffentlichen Diskussion über das Framing wurden

---

[2] Mit diesem Nachrichtenfaktor wird angenommen, dass im Journalismus auch aufgegriffen wird, was die Aufmerksamkeit der Gesellschaft in *Social Media* etc. erhascht. Die implizite Kritik daran ist, dass zunehmend das mediale *Agenda-Setting* nur mehr davon bestimmt wird, was am meisten Aufmerksamkeit erzeugen kann (Fürst 2013; Fürst und Oehmer 2018).

in der letzten Zeit Begriffe wie die ‚Flüchtlingswelle' angeführt, die als ‚Welle' etwas Bedrohliches impliziert. Tatsächlich wird bisweilen allein über Wortsetzungen vordefiniert, ob eben beispielsweise die Immigration als eine Bedrohung oder als Chance diskutiert wird (Zepeda-Millán 2014, S. 886). Gleichzeitig darf die Wirkung einzelner Worte nicht überbewertet werden. Begriffe mögen einen Denkrahmen vorgeben, in dem ein Problem bewertet wird. Ob Meinungsänderungen in dem Maße zustandekommen, wie zuweilen suggeriert wird, ist umstritten.

Eine etwas stärkere Wirkung auf Meinungen haben personifizierte Darstellungsweisen, beispielsweise ein Fokus auf einzelne zurückgewiesene Immigranten. Der ZEIT-Artikel „Ein Schicksal, mehrere Verfahren" kann als Paradebeispiel hierfür hervorgehoben werden. In dessen Subline steht: „Mutter und Tochter flohen gemeinsam aus Afghanistan, doch nur die Tochter darf bleiben. Viel spricht dafür, dass die Mutter Opfer eines strukturellen Problems ist." Wenn das Framing spezifisch in Hinsicht auf solche Einzelschicksale gesetzt ist, können Bewertungen der Flüchtlingspolitik beeinflusst werden. Dies ist insbesondere der Fall, wenn die betroffenen Personen als in die Gemeinschaft integriert portraitiert werden (Ihlen und Thorbjørnsrud 2014, S. 149). Solche narrativen Artikel oder *Human-Interest-Storys* bewirken einen stärkeren und andauernden Framing-Effekt als rein informative Beiträge, da hierbei vermehrt kognitive Resonanzen auftreten und Empathie eine große Rolle spielt (Shen et al. 2014, S. 98). Konkrete Geschichten können zudem eine deutlich höhere Identifizierbarkeit und Persönlichkeit mit sich bringen. Wie die jeweiligen Frames gesetzt werden, hängt zunächst von der persönlichen Motivation der Autoren ab.

Nach Entman werden drei Formen unterschieden, wie Journalisten ihre Frames setzen: die Entscheidungsverzerrung *(Decision-Making-Bias),* die Inhaltsverzerrung *(Content Bias)* und die Verfälschung *(Distortion Bias)* (Entman 2007). Bei jeder dieser Arten des *Frame-Buildings* treten Verzerrungen auf, die jedoch unterschiedlich stark sind. Zunächst richten Journalisten ihre Artikel nach den eigenen Kontextmodellen aus. Sie greifen dabei auf ihre eigenen Interpretationsrahmen zurück, die in der jeweiligen Situation kulturell und kognitiv verfügbar sind. Dabei werden sie durch Einflüsse auf der individuellen Ebene, wie Rollenkonzeptionen oder tief verankerte Meinungen und Werte, beeinflusst (Brüggemann 2014, S. 61 ff.). Diese Wirkung ist auf die grundlegende Eigenschaft von Menschen zurückzuführen, die eingehende Information auf Basis ihrer Heuristik-Frames zu interpretieren. Dies schlägt sich auch in einer gewissen Verzerrung der journalistischen Kommunikation nieder, selbst, wenn dies nicht beabsichtigt ist. Wenn ein solcher Einfluss oder eine spezifische Motivation im Bericht erkennbar wird, ist dies als ein *Decision-Making-Bias* zu werten (Entman 2007, S. 163).

4.1 Frame-Building, Frame-Setting & Frame-Sending

Eine etwas stärkere Art von *Bias* tritt auf, wenn im Bericht aktiv eine Seite eines politischen Konflikts eingenommen wird. Dies kann bereits dann geschehen, wenn Journalisten in einem Akteur oder einer ganzen Gruppe an Individuen die ‚Guten' oder ‚Schlechten' in einer Konfliktsituation verorten, ohne auch eventuelle legitime Gründe oder Argumente der anderen Seite aufzuzeigen. In diesem Fall spricht Entman von einer Inhaltsverzerrung (Entman 2007). Freilich kann eine neutrale Berichterstattung es erfordern, eine solche Kategorisierung zu treffen, wenn die Handlungen der Beteiligten normativ klar einzustufen sind. Wenn es jedoch lediglich um ideologische Vorlieben des Autors geht, ist dies bereits eine strategische Beeinflussung.

Zuletzt ist die stärkste Form der Verzerrung, die Verfälschung, als eine vorsätzlich voreingenommene Berichterstattung zu nennen (Entman 2007, S. 163). Diese Variante, bei der Journalisten in manipulativer Absicht Frames setzen, führt in der Regel zu subjektiven, ideologisierten Berichten. Die Verfälschung tritt vor allem bei ideologischen Medien auf. Für etablierte und normen-orientierte Einrichtungen ist ein solcher Einschlag eigentlich nicht akzeptabel.

Selbst wenn in Artikeln keine explizite Verzerrung erkennbar ist, stehen Nachrichten meist in einer gewissen Tonalität. Das heißt, auch ohne eine extra eingebrachte Meinung der Verfasser kann herausgelesen werden, wie sie den dargestellten Inhalt bewerten – nämlich positiv, negativ oder neutral. Bei Analysen zu generischen Medien-Frames sollte auch diese Tonalität der untersuchten Nachrichten erfasst werden (Guenduez et al. 2016, S. 584).[3]

Das *Frame-Building* ist also ein multifaktorieller Prozess, an dem weit mehr Personen und Einflüsse als nur die jeweiligen Verfasser beteiligt sind. Unabhängig davon, welche Ursache das *Frame-Building* im Journalismus hat, werden dessen Inhalte schließlich an das Publikum übertragen. Dies wird mit dem Begriff des *Frame-Settings* bezeichnet. Die Unterscheidung des *Frame-Buildings* und des

---

[3] Bei einigen der etablierten Medien ist eine Tendenz zu einer sozialliberalen Position erkennbar. Dies ist für eine etwas konservativere Klientel nicht die Realität, in der sie leben. Sie wenden sich von diesen Medien ab und suchen nach Alternativen. Hier beginnt häufig ein Problem, das als Ideologisierungs-Spirale bezeichnet werden kann, da sich im Laufe der Zeit diese Haltungen oft verhärten und verstärken. Im Zuge dessen kreiert das konstante Framing von ideologisierten Medien eine Parallelwelt. Damit entfernen sich die Einstellungen des politischen ‚*Mainstream*' und der Abspaltungen so weit, dass schlussendlich kein Dialog zwischen verschiedenen Teilen der Gesellschaft mehr möglich ist. Eine balancierende Medienberichterstattung bedeutet in diesem Zusammenhang nicht, dass jede Meinung gleichwertig repräsentiert werden muss – auch dies würde zu Informationsverzerrungen führen (Brüggemann 2014, S. 66). Eine Unausgewogenheit hat auch zur Folge, dass das Framing mitunter von einem Extrem in das andere wechselt, was einen Vertrauensverlust für die Medien nach sich ziehen kann.

Frame-Settings kann zunächst verwirrend wirken: Ein Frame wird schließlich im Alltagsverständnis gesetzt und übertragen – an diesem Punkt wird also auch der Einfluss des jeweiligen Frames wirksam. Das *Frame-Building* umfasst jedoch den gesamten multifaktoriellen Prozess, der sich hinter einem Medien-Frame verbirgt. Erst wenn dieses Produkt kommuniziert wird und einen Einfluss auf die Rezipienten hat, entfaltet es seine richtungsweisende Wirkung. Von einem *Frame-Setting* spricht man deshalb dann, wenn der Inhalt übertragen wird.

4.1.2 Frame-Setting

Als *Frame-Setting* wird gemeinhin der Transfer eines Frames von den Medien in die Öffentlichkeit bezeichnet (Scheufele und Nisbet 2008, S. 256). Ein *Frame-Setting* tritt beispielsweise auf, wenn sich im Artikel primär die von einer Journalistin vertretene Interpretation eines Themas widerspiegelt und das Framing der Botschaft dabei als Information bei den Rezipienten ankommt (Brüggemann 2014, S. 61, 76 f.). Ein Frame-Setting setzt jedoch auch schon dort ein, wo eine gewählte Perspektive die Wahrnehmung eines Problems beeinflusst. Die Ergebnisse einer Studie legen beispielsweise nahe, dass die episodische und thematische Framings einen Effekt auf die perzipierte Verantwortungszuweisung bei einer Wirtschaftskrise haben kann: Ein episodisches Framing verringert in diesem Fall die Zuschreibung politischer Verantwortung, während thematische Framings dies verstärken (Boukes 2021).

Die Annahme, dass das Framing einer Thematik auf die Öffentlichkeit übertragen werden kann, ist nicht neu; Lippmann hob beispielsweise bereits 1922 die Bedeutung der Massenmedien für die Reproduktion von Stereotypen hervor (1922/2008). Heute scheint es klar, dass eine entsprechende Medienwirkung auftreten kann: Schon der Nachrichtenwert eines Ereignisses hängt weniger von den Fakten ab als vielmehr von dem Frame, in dem die Information präsentiert wird (Boesman et al. 2017, S. 312). Daher ist es stets wichtig, zu untersuchen, wie die Medien einen Sachverhalt darstellen und welche Ursachen oder verantwortlichen Akteure sie benennen. Denn diese Form von Medien-Frames beeinflusst die Wahrnehmung eines Geschehnisses in der Öffentlichkeit (Coombs 2006). Nachrichten-Frames prägen damit die Interpretation von Themen maßgeblich, was wiederum Auswirkungen auf die Einstellungen der Rezipienten haben kann (Arendt und Matthes 2014, S. 562).

Nicht vollkommen klar ist, inwiefern Medien-Framings tatsächlich Effekte auslösen. Einerseits wird das Medien-Framing als nicht so stark beschrieben, dass es Wahrnehmungen und Einstellungen verändern könnte (Hoewe und Bowe

4.1 Frame-Building, Frame-Setting & Frame-Sending

2018, S. 14). Andererseits nehmen Menschen die Frames aus Medien in ihr eigenes Repertoire auf (Gamson 1992) und die Wirkung von Medien-Frames auf die Denk- oder Sichtweise ist in einigen Studien belegt. Zugang zu alternativem Framing kann beispielsweise dazu führen, dass Menschen die vorherrschende Politik weniger unterstützen und die Regierungsarbeit negativer beurteilen (Tang und Huhe 2014, S. 559). Auch eine Erhebung zu den Europawahlen 2009 in 21 Ländern hat ergeben, dass wertende Medienbeiträge über die EU Menschen in ihrem Wahlverhalten beeinflussen. Je positiver die Bewertungen ausfallen, desto weniger wahrscheinlich ist es, dass EU-Bürger für eine europaskeptische Partei stimmen (Van Spanje und De Vreese 2014, S. 325). Starke Medieneffekte werden auch beispielsweise durch Berichte über Ereignisse ausgelöst, die als Krisensituationen dargestellt werden können (Paletz 1998).

Ein Beispiel von alltäglichen Medien-Framings gibt ein Blick in die Berichterstattung der *Süddeutschen Zeitung* (SZ) und der *Neuen Zürcher Zeitung* (NZZ) preis. Am 23.01.2019 berichteten beide Blätter über eine Präsentation von Horst Seehofer. Der deutsche Innenminister präsentierte an diesem Tag die Asylzahlen für das Jahr 2018 sowie den Migrationsbericht 2016/2017. Die SZ titelte: „Asylanträge in Deutschland gehen deutlich zurück." Der Artikel selbst beginnt mit den Sätzen: „In Deutschland suchen inzwischen deutlich weniger Menschen Schutz als in den Jahren zuvor. Im vergangenen Jahr ging die Zahl der Asylerstanträge auf 162 000 zurück." (SZ 2019). Hingegen schrieb die NZZ: „Die Zahl der Asylanträge in Deutschland liegt erneut um ein Vielfaches höher als vor einigen Jahren." In dieser Nachricht wird weiter fortgeführt: „Im Jahr 2018 wurden rund 186 000 Asylanträge gestellt. Das sind zwar rund 16 % weniger als im Vorjahr, aber mehr als dreimal so viele wie im Jahr 2011" (NZZ 2019).

Je nachdem, welches Framing Leser präsentiert bekommen, schafft dies eine andere Wahrnehmung der Situation. Das Framing in der SZ verspricht Entspannung und ein baldiges Ende der Diskussion; das in der NZZ erweckt hingegen den Eindruck, dass die Problematik noch lange nicht gelöst ist. Beide Inhalte entsprechen zwar den Tatsachen: Die Zahlen gingen im Vergleich zurück und sie sind dennoch ein Vielfaches höher als vor 2015. Die Implikationen der beiden Kontextsetzungen sind jedoch stark unterschiedlich. Es kann sogar darüber spekuliert werden, ob hierbei Framings strategisch angelegt sein könnten: Die SZ hat bei ihrer Darstellung bereits die Anzahl der Folgeanträge von der Gesamtsumme abgezogen, woraus sich auch die Diskrepanz zwischen den Zahlen in beiden Berichten ergibt. In dem kritischeren Beitrag der NZZ wird hingegen nicht nur auf einen Verweis auf die Folgeanträge verzichtet, er scheint darüber hinaus darauf ausgelegt zu sein, die Interpretation des Innenministers in gewissen Zügen zu kontern. Demgegenüber sendet die *Süddeutsche Zeitung* in ihrer Schilderung die Frames von Horst Seehofer, der die Migrationspolitik als Erfolg darstellte. Insgesamt sind die journalistischen Frames, in welche die Nachricht letztlich eingebettet wird, daher weniger a priori oder durch den zugrundeliegenden Sachverhalt an sich bestimmt, sondern hängen wesentlich von der Interpretation der Medienproduzenten ab. Das jeweilige *Frame-Building* schafft also die Voraussetzung für unterschiedliche Effekte des *Frame-Settings*. Das Beispiel zeigt, dass zwischen Framings *durch* die Medien und Framings *über* die Medien unterschieden werden muss: Im ersten Fall formulieren die Journalisten eine gewisse Darstellung eines Ereignisses – wie im Beispiel die NZZ. Bei einem Framing über die Medien werden hingegen bereits kommunizierte Kontextmodelle – wie das Framing des Innenministers im Bericht der SZ – übertragen (Van Gorp 2007, S. 67 f.). Unterschiedliche Interpretationen eines Sachverhalts verstärken sich durch solche *Frame-Sendings*.

4.1.3 Framing-Sending

Das Nachrichten-Framing ist nicht nur das Ergebnis eines Prozesses der kollektiven Wahrnehmung in der Redaktion und des Framings von Journalisten. Auch die Bedeutungsinterpretation zwischen den Journalisten und ihren Quellen spielt hierbei eine Rolle (Brüggemann 2014, S. 65). Der Umgang mit den Quellen ist ein dynamischer Prozess, der insbesondere vom jeweiligen Nachrichtenwert angetrieben wird. Bei einer direkten Übernahme der angebotenen Version der Quellen ohne kritisches Hinterfragen oder weitere Recherche ‚senden' Journalisten Frames (Boesman et al. 2017, S. 311).

Beim *Frame-Sending* werden die verschiedenen Frames der jeweiligen Akteure relativ neutral und unabhängig von der persönlichen Meinung der Journalisten wiedergegeben. Politische Eliten versuchen beispielsweise nicht nur über die Berichterstattung in den Medien repräsentiert zu sein, sie stellen auch darauf ab, ihre eigene Darstellung der Sachverhalte abgedruckt zu bekommen (Van Aelst und Walgrave 2016, S. 501). So kann ein *Frame-Sending* bereits auftreten, wenn Quellen einseitig konsultiert werden, etwa mangels ausreichender Kontakte oder wenn aufgrund des stetigen Zeitdrucks in der Redaktion Darstellungen lediglich übernommen werden. Deshalb verfügen auch offizielle Quellen über viel Deutungsmacht, weil deren Framing von politischen Themen einen Einfluss auf die Wahrnehmung und Darstellung der Journalisten hat (Speer 2017, S. 283). Ein *Frame-Sending* tritt insbesondere häufig bei exklusiven Informationen oder Berichten auf. Da weitere Quellen oder Interpretationen beispielsweise nach einem überraschenden Ereignis meist nicht zur Verfügung stehen, haben bei Krisen- oder nach Schlüsselereignissen politische Akteure größere Chancen, neue Frames in den Medien zu platzieren. In einem solchen Fall sind Journalisten auf der Suche nach Orientierung und vertreten weniger gefestigte Meinungen als in Zeiten der alltäglichen Berichterstattung. In solchen Situationen wird das Framing der Hauptquelle wesentlich stärker übernommen (Boesman et al. 2017, S. 298; Brüggemann 2014, S. 73).

Entman et al. haben den Verlauf des Framings einer Regierung am Beispiel der USA in ihrem ursprünglichen Kaskadenmodell veranschaulicht. In diesem verläuft die Informationshierarchie *top-down* von der 1) Verwaltung an der Spitze (Präsident, Weißes Haus und Kabinett), hin zu 2) Eliten außerhalb der Regierung (Kongressmitglieder und -mitarbeiter, ehemalige Amtsträger, Experten, Lobbyisten), zu institutionalisierten 3) *Mainstream*-Medien (Journalisten und Nachrichtenorganisationen, die ein Massenpublikum erreichen und eigentlich an Normen der Objektivität gebunden sind). Das Endprodukt liegt in Form von Nachrichtentexten vor, in denen 4) Frames gesetzt, gekontert oder übernommen werden. Am unteren Teil der Kaskade steht die 5) Öffentlichkeit, deren Reaktionen in den verfügbaren Rückkopplungsschleifen den Eliten und Medien durch Indikatoren wie Umfragen nur unvollständig mitgeteilt werden. Auf jeder Ebene sind Menschen über ein geteiltes Deutungssystem, wie Ideen oder kommunikative Symbole, verbunden (Entman und Usher 2018, S. 300). Zwar verläuft ein Teil der Regierungskommunikation in westlichen Regierungssystemen weiterhin auf jener Basis, ein anderer Teil findet seinen Weg infolge der Digitalisierung jedoch direkt von Eliten zu den jeweiligen Empfängern. Zudem existieren neue Feedbackschleifen. Im Abschn. 4.5 wird diese neue Formation kurz angeschnitten.

Der Fakt, dass den Quellen unter bestimmten Voraussetzungen viel Glauben geschenkt wird, bringt mit sich, dass auch PR-Frames einen starken Einfluss auf die Medien haben können. Insbesondere bei unerwarteten Ereignissen oder Krisen sind deren Informationen meist am schnellsten verfügbar: Die Arbeit der Krisen-PR beginnt bereits, bevor ein Thema publik wird. Die Vorbereitungen für ein mögliches Bekanntwerden der Situation werden entsprechend schnell und im Verborgenen getroffen. Sollte das Thema an die Öffentlichkeit dringen (z. B. Behandlungsfehler eines Krankenhauses, Tierhaltungs-Skandale der Geflügelindustrie etc.), stehen die PR-Frames aufgrund des Zeitvorsprungs sofort zur Verfügung, um in die Öffentlichkeit kommuniziert zu werden.

Nicht nur in der Krisen-PR ist eine schnelle Reaktion wichtig, in jedem Framing-Wettbewerb entstehen Aktualitätseffekte. Auch dies kann aus strategischem Antrieb erfolgen: Ein Grund, warum insbesondere Online-Medien auf eine schnelle Publikation erpicht sind, ist unter anderem die Chance, einen maßgeblichen Frame zu setzen. Da vor allem in der Eile Interpretationen übernommen werden, besteht die Möglichkeit, dass folgende Berichte vom Framing des ersten bzw. eines exklusiven Berichts geprägt sind (vgl. hierzu auch das folgende Beispiel des *Veggie-Days*). So kommt ein *Frame-Sending* bei einem von Journalisten selbst verfassten Artikel vor, selbst wenn deren eigene Interpretation von Geschehnissen mit in den Text einfließt – die erste Perspektive ist dann nämlich bereits gesetzt. Dabei kann sich das *Frame-Sending* mit der eigenen Auslegung mischen und die Effekte werden gegebenenfalls abgeschwächt. Oftmals ist die eigene Präferenz der jeweiligen Autoren allerdings auch schon in der Quelle enthalten, da deren Auswahl bevorzugt entlang der eigenen Präferenzen erfolgt. Direkte *Frame-Sendings* treten daher eher bei der Übernahme von bereitgestellten Texten wie Presse- oder Tickermeldungen auf.

In dieser Hinsicht kann Framing im Journalismus auch als Wettbewerb verstanden werden, da sich Medien-Organisationen nicht nur im Deutungswettbewerb, sondern auch im Rennen um die schnellste Berichterstattung befinden. Die tatsächlichen Effekte dieser ‚Jagd' sind jedoch unklar, da Studien auch zeigen, dass mitunter die jüngsten Frames die stärkste Auswirkung auf die Meinungsbildung haben (vgl. hierzu Abschn. 3.4.7 sowie Chong und Druckman 2010, S. 677; Lecheler und De Vreese 2013, S. 158 f.).

In Bezug auf das *Frame-Sending* muss zuletzt noch klargestellt werden, dass es in einigen Belangen geradezu als eine Aufgabe der Massenmedien gesehen werden kann, ausgleichende Frames zu setzen. Etwa zählt es zum Werte- und Normen-Kodex der *Mainstream*-Presse, der dem demokratischen Fundament westlicher Demokratien entspricht, balancierende Frames zu setzen, um die Propaganda von terroristischen Organisationen zu entkräften, über die berichtet wird. So werden Anschläge, Ideologien oder die kommunizierten Ansprüche in ihren Kontext verwiesen und korrekt ausgewertet. Der Macht-Frame der terroristischen Organisation ISIS wurde trotzdem oft in die *Mainstream*-Presse übertragen. Ein solches *Frame-Sending* erfüllt lediglich die Funktionslogik des Terrorismus und das Kalkül der Akteure.

Ein Medien-Framing kann insbesondere einflussreich sein, wenn der Frame einer Quelle in der Folge auch von anderen Publikationen gesendet wird. Abhängig ist dies zu großen Teilen von der Macht der ursprünglichen Quelle. Die deutsche *BILD*-Zeitung verfügt über sehr viel *Agenda-Setting*-Macht. Sie konnte in der Vergangenheit immer wieder ganzen Debatten einen neuen Meinungsdrall verpassen, wenn ihre Frames übernommen wurden. Dies passierte unter anderem beim *Veggie-Day*-Frame. Anhand des Beispiels kann gezeigt werden, wie die

Deutungshoheit über eine Partei durch einen Medien-Frame bestimmt werden kann.

4.1.4 Der Veggie-Day-Frame

Ein Beispiel für einen wirkungsvollen Medien-Frame ist die Diskussion um den *Veggie-Day*. Dieser Frame tauchte im Vorfeld der Bundestagswahl 2013 auf und trug unter anderem zum schlechten Abschneiden von *Bündnis90/Die Grünen* bei jener Wahl bei. Die Partei hatte in ihrem Wahlprogramm im Abschnitt „Massentierhaltung – nein danke" eine Aussage mit dem folgenden Inhalt abgedruckt: „Öffentliche Kantinen sollen Vorreiterfunktionen übernehmen. Angebote von vegetarischen und veganen Gerichten und ein ‚*Veggie-Day*' sollen zum Standard werden" (Bundestagswahlprogramm 2013, S. 164). In Bezug auf diese Aussage veröffentlichte die *BILD* am 05.08.2013 einen Artikel mit der Schlagzeile: „Grüne wollen uns das Fleisch verbieten" (BILD, 05.08.2013, bm/jan/nik/vr). Am nächsten Tag (06.08.2013) griff die *Frankfurter Allgemeine Zeitung* (FAZ) das Thema unter dem Titel „Grüne fordern fleischlosen Tag" (FAZ, 06.08.2013, Lt.) auf. Die FAZ titelte zwar differenzierter, sendete aber trotzdem den Frame des Fleischverbots. Die *BILD* baute das Thema gleichzeitig weiter aus: „Widerstand gegen Fleisch-Verbot in Kantinen" (BILD, 06.08.2013, jan/hak). Die ZEIT folgte mit einem Bericht am 08.08.2013 und bis zum 12.08.2013 hatten auch die Wochenblätter DER SPIEGEL und FOCUS das Thema diskutiert (Hönigsberger und Osterberg 2013, S. 23). Man erkennt an diesem Beispiel bereits, warum die erste Funktion eines Frames auch als *Agenda-Setting* verstanden werden kann: Zunächst wird ein Thema kommuniziert und damit auf seine Relevanz hingewiesen. Mitunter wird auf diese Weise ein *Issue* überhaupt erst zu einem solchen gemacht.

Der *Veggie-Day* ist als Frame zu deklarieren, da die Aussage im 327 Seiten umfassenden Wahlprogramm der Grünen wenig prominent ist: Der Satz umfasst 2,5 Zeilen mit 18 Wörtern. Der Halbsatz, in dem der *Veggie-Day* erwähnt wird, ist sieben Wörter lang, er wurde jedoch von der *BILD* zu einem Haupttenor über die Absichten der Grünen erhoben. Es ist also nur ein kleiner Ausschnitt der Realität, da der Gedanke im Wahlprogramm kein zentraler Punkt war. Weiterhin setzten die Redakteure das Thema in den Kontext des Verbots, obwohl in der Aussage im Wahlprogramm nicht erkennbar ist, dass ein Tag des Fleischverzichts in Kantinen gesetzlich durchgesetzt werden soll. Dies wurde jedoch in der Berichterstattung suggeriert (Hönigsberger und Osterberg 2013, S. 45).

Gerade die Wahl des Verbots-Kontexts ist ein wirkungsmächtiges Mittel und deutet gar den Vorsatz eines strategischen Framings an: Schließlich war die Vorstellung der Grünen als Verbotspartei bei vielen Menschen in Deutschland bereits als Kontextmodell präsent und wird daher gerade in deren Kontext häufig genutzt, wie in der *BILD*-Schlagzeile vom 17.02.2021: „Grüne wollen neue Einfamilien-Häuser verbieten". Auch wenn diese Schlagzeile wohl ein Framing parallel zum *Veggie-Day* war, sind Flugverbote auf Kurzstrecken oder die Verbotsforderung von Diesel und Benzinmotoren ein Teil der grünen Politik; damit ist auch heute noch der Verbots-Kontext ein realverankerter Kontext. Einen solchen vorhandenen Eindruck als Anknüpfungspunkt zu verwenden, ist ein weiterer Resonanzfaktor für Frames, weil diese Voreinstellungen in der Interpretation leitend sind. Zudem ist ein Verbots-Framing generell effektiv, indem es einen Verlust der Selbstbestimmung über die eigene Lebensführung transportiert. Damit tangiert es die persönliche Freiheit der Bürgerinnen und Bürger – ein meist hochgeschätzter Wert.

Der *Veggie-Day* ist darüber hinaus ein Verlust-Frame. Die starke Wirkung der Verlust-Aversion wurde bereits in Abschn. 2.2.3 erklärt: Sie besteht, selbst wenn es sich nur um die Furcht vor dem Verlust des Fleischverzehrs an einem Tag, oder sogar nur um eine einzige Mahlzeit in der Woche handelt. Die Darstellung, dass die freie Wahl der Ernährungsweise scheinbar durch ein Verbot eingeschränkt werden sollte, gereichte der Partei zum Schaden und war für die Medien ein wirksamer Skandal.

Der *Veggie-Day*-Frame zeigt nicht nur, wie das *Agenda-Setting* einer einflussreichen Tageszeitung die Themen anderer Publikationen bestimmen kann, sondern auch, wie das jeweilige Framing übernommen wird. Weitere Berichte in ähnlicher Aufmachung um das vermeintliche Fleisch-Verbot erschienen wie folgt: DIE WELT (14 Artikel), Frankfurter Allgemeine Zeitung (14 Artikel), Süddeutsche Zeitung (11 Artikel), Frankfurter Rundschau (FR) (8 Artikel), die taz (die tageszeitung) (12 Artikel), BILD (10 Artikel), FOCUS (1 Artikel), DIE ZEIT (5 Artikel) und DER SPIEGEL (3 Artikel). Der Impuls für die Auseinandersetzung mit dem Thema in der Perspektive der Verbotspartei wurde dabei schon durch die Berichterstattung der *BILD* gesetzt. Sie schuf eine Grundlage für die weitere Verwendung der Thematik, wovon wiederum nicht nur die Presse im Allgemeinen, sondern auch die Konkurrenzparteien Gebrauch machten (Hönigsberger und

Osterberg 2013, S. 23).[4] Diese Akteure sendeten und verstärkten dadurch das ursprüngliche Framing der *BILD*-Zeitung. Eine solche Dynamik ist nicht verwunderlich: Die *BILD* liegt in der Regel in jeder Redaktion morgens auf dem Tisch, da aufgrund der hohen Reichweite der Publikation und ihrer *Agenda-Setting*-Macht die Redakteure erfahren, was in vielen Teilen Deutschlands an jenem Tag diskutiert wird. Damit orientieren sich Journalisten in der Themenwahl auch daran, was die *BILD* als relevant erachtet.

Der *Veggie-Day-Frame* verdeutlicht, wie die oben beschriebenen Konzepte des medialen Framings ihre Wirkung entfalten können. Die *BILD* hat das Thema entsprechend kontextualisiert *(Frame-Building)* und ihre *Frame-Setting*-Macht als einflussreiche Tageszeitung bestimmte in der Folge die Themen anderer Publikationen. Diese übernehmen und sendeten dadurch teils den Frame der BILD *(Frame-Sending)*. Dass der Frame zumindest auf Teile der Öffentlichkeit transferiert werden konnte, zeigt sich auch heute, da das Thema immer noch entsprechend präsent ist – knapp zehn Jahre später.

Das Framing um den *Veggie-Day* ist interessant, denn genauso hätte man die Partei auch zu jener machen können, die ein Tempolimit auf Autobahnen durchsetzen will. Hier findet sich mit dem Programm ‚*Vision Zero*' tatsächlich ein Verbot, nämlich ein generelles Tempolimit von 120 km/h auf Autobahnen und 80 km/h auf zweispurigen Landstraßen. Zusätzlich sollten Kommunen zur Verkehrssicherheit und für den Lärmschutz innerorts überall Tempo 30 anweisen können (Bundestagswahlprogramm 2013, S. 175). Im Gegensatz zum *Veggie-Day* war dies sogar ein konkreter Programmpunkt, der auch im Inhaltsverzeichnis des Wahlprogramms geführt wurde.

Zuletzt taten sich die Grünen auch selbst nichts Gutes mit ihrer Reaktion. Aus der Sicht des strategischen Framings war diese in Hinblick auf die Berichterstattung höchst inadäquat – ihre Sprecher erkannten im Grunde den ‚Fehler' des *Veggie-Day*-Vorstoßes an und verstärkten damit den von den Medien gesetzten Frame. In strategischer Hinsicht wäre es erfolgversprechender gewesen, der Verbots-Perspektive aktiv entgegenzutreten. Dies kann geschehen, indem der Frame durch ein *Counter-Framing* neutralisiert wird. Wenn alternative Frames verfügbar sind, zeigen sich Individuen weniger empfänglich für den ursprünglichen Frame. So kann seine Wirkung begrenzt werden (Jou et al. 1996, S. 8). Die Partei hätte leicht gegenlenken und den Frame auflösen können. Schließlich

---

[4] Diese Feststellung soll nicht zur Aussage haben, *Bündnis90/Die Grünen* hätten allein aufgrund dieser Berichterstattung in der Wahl schlecht abgeschnitten. Hierzu trug noch mindestens ein weiteres kontroverses Thema sowie eine schlechte Konterreaktion der Hauptkommunikatoren bei (im Wahlkampf wurde eine Pädophilen-Debatte in und um die Partei losgetreten, was sie schon in eine große öffentliche Ungunst fallen ließ).

hätte der gesamte Kontext des Halbsatzes bereits den gesamten Sachverhalt aufgeklärt und gezeigt, dass zumindest aus dem Wahlprogramm keine Ambition für ein Verbot erkennbar ist.

Eine etwas mutigere strategische Option wäre es gewesen, wenn sich die Partei das Thema bedeutend zu Eigen gemacht hätte. Die notwendige Öffentlichkeitsrelevanz war bereits generiert und im Lichte des Verbots-Frames hätte man selbst mit einer ‚mutigen Variante' nur gewinnen können. Ein entsprechender Impuls in eine andere Richtung wäre beispielsweise über eine Kontextverschiebung in die ökologische Perspektive möglich gewesen. So hätte eine Reduktion des Fleischkonsums im Kontext des Umweltschutzes als notwendige Maßnahme Resonanz erfahren können. Dabei hätten als Gründe die Waldrodung für Futteranbau, der CO_2-Ausstoß von Nutztieren bis hin zum Trinkwasserverbrauch thematisiert werden können. Dies sind alles relevante Themen für eine ökologische Partei. Durch diese Erweiterung des Framings hätte das Thema potenziell sogar bei mehr Menschen Resonanz erzeugen können. Und so hätte die breite Medienrelevanz, die der *Veggie-Day* erfahren hat, auch die von Umweltschützern identifizierten Hintergründe in das Rampenlicht gerückt. Die Erweiterung des Frames hätte weiterhin über den gesundheitlichen Aspekt des Fleischverzichts, den Tierschutz oder gar einen Schulterschluss mit der (religiösen) Tradition des fleischfreien Tages dazu dienen können, die Medienaufmerksamkeit für die eigenen Ziele zu nutzen und eventuell sogar die Debatte wieder unter Kontrolle zu bekommen. Die geringe Reaktion bzw. das Schuldeingeständnis der Partei konnten unter dem Verbots-Frame der Medien sowie der Verstärkung des Frames durch andere Parteien jedoch nur negative Resonanz erfahren. *Bündnis90/Die Grünen* haben generell oft damit zu kämpfen, die richtige Strategie in der Krisenkommunikation zu wählen. Dies wurde bei der Reaktion auf die Plagiatsvorwürfe von Annalena Baerbock erneut deutlich.

Bei der Berichterstattung über die Plagiatsaffäre oder den geschönten Lebenslauf der Kanzlerkandidatin zeigte einmal mehr, dass im Wahlkampf zunehmend Medien-Frames auftreten, in welchen die Politik als strategisches Spiel abgebildet wird; schließlich gab es kaum Berichte, in denen nun nicht auf die vermutlich geschmälerten Wahlerfolgschancen verwiesen wurde und wie andere Parteien nun von der Thematik profitieren würden. Diese Gattung von Berichten hat in den letzten Jahren über alle Medienorganisationen hinweg zugenommen – nicht nur in Wahlkampfzeiten. Im ‚Spiel-Rahmen' wird die Legitimität eines politischen Akteurs über Faktoren wie seine Leistung, seine Erfolge oder seinen repräsentativen Charakter bewertet (Entman 2004). Der *Game-Frame* wird in der Berichterstattung meist selbst als strategisches Mittel verwendet.

4.2 Game-Framed Nachrichten

Im Journalismus tauchen häufig prozedurale Frames auf, die einen relativ suggestiven Charakter haben (Entman 2009, S. 6). Darunter fällt auch die Darstellung von Politik als strategisches Spiel. Diese Art von Journalismus wurde in der Vergangenheit vor allem in Zeiten eines Wahlkampfs eingesetzt. Mittlerweile sind derlei Darstellungen jedoch häufig auch in der allgemeinen Berichterstattung vorzufinden, was die Relevanz des Konzeptes für die Forschung erhöht.

Das *Game-Framing* ist eine Form von politischer Berichterstattung, in der Journalisten spekulieren, wem aufgrund welcher Strategien, welcher Voraussetzungen oder welches Vorgehens, die besten Chancen für einen politischen Sieg zugeschrieben werden können. Dabei werden Kandidaten ähnlich Teilnehmern eines Spiels oder gar eines Krieges dargestellt (Jamieson 1992, S. 165 ff.). Zumindest wird das sowohl durch die verwendete Sprache als auch durch die Fokussierung auf die ‚Gewinner' oder ‚Verlierer' suggeriert. In dieser Perspektive werden außer den Einschätzungen von Sieg und Niederlage auch die Leistungen von Politikern oder Parteien sowie Kampagnenstrategien und -taktiken diskutiert (Aalberg et al. 2012, S. 167). Konkret formulierten die Urheber dieses Konzepts, Cappella und Jamieson, die folgenden fünf Merkmale für einen *Game-Frame:*

1. Die Fragen um Sieg oder Niederlage sind ein zentrales Element.
2. Der Schwerpunkt liegt auf der Reproduktion von Strategien und Taktiken (es werden also Strategien oder Taktiken interpretiert und nachgezeichnet, beispielsweise von Parteien oder Kandidaten).
3. Die Berichterstattung erfolgt in einer Sprache von Kriegen, Spielen oder einem Wettbewerb.
4. Die Eigenschaften von Kandidaten werden auf Basis ihrer Leistung, ihrem Stil und der Wahrnehmung über sie diskutiert.
5. Ein starkes Abwägen von Umfragen und der Chancen der jeweiligen Kandidaten (Cappella und Jamieson 1997).

Aalberg et al. differenzieren das Konzept des *Game-Framings* in zwei Kategorien, nämlich die des *Game-Frames* und die des Strategie-Frames. Der *Game-Frame* bezieht sich auf Nachrichten, in denen Politik als Spiel dargestellt wird und in denen über die Frage spekuliert wird, wer in den folgenden Rivalitäten vermutlich als Gewinner oder Verlierer hervorgehen werde:

- bei Wahlen;
- im Kampf um die öffentliche Meinung;

- in Legislativdebatten;
- in der Politik im Allgemeinen;
- bei Meinungsumfragen oder ähnlichem;
- bei der Zustimmung oder Ablehnung von Interessengruppen oder bestimmten Wahlkreisen oder Bürgern.

In derlei Artikeln finden sich weiterhin Einschätzungen über die möglichen Ergebnisse von Wahlen oder dem politischen Prozess als auch über mögliche Koalitionen (Aalberg et al. 2012, S. 166).

Ein Vorläufer des *Game-Frames* ist die Gattung des ‚Pferderennen-Journalismus' *(Horse-Race-Journalism)*. Durch die Kontextualisierung der Politik als ‚Pferderennen' wird die Berichterstattung bekrittelt, denn mit diesem Framing werden politische Prozesse als ein stetiges Rennen zwischen Kandidaten oder Parteien interpretiert (Aalberg et al. 2012, S. 166). Der *Horse-Race*-Journalismus ging schließlich im *Game-Frame* auf und spielt nur noch innerhalb dieser Debatte eine Rolle. Die unablässige Demoskopie vor Wahlkämpfen, gepaart mit Einschätzungen, welcher Fauxpas nun den Kandidaten wieder einen Nachteil erbracht hat, sind ein Paradebeispiel für diese Art von Framing. Außerhalb von Wahlkampfzeiten werden *Game-Frames* in der Berichterstattung hauptsächlich im kompetitiven Online-Umfeld, bei meinungsgeladenen Artikeln und bei Themen mit Fokus auf das Funktionieren der Demokratie genutzt (Schmuck et al. 2017, S. 937 f.).

Während der *Game-Frame* die ursprüngliche *Horse-Race*-Definition mit umfasst, also den Fokus auf Meinungsumfragen, ‚Gewinner' und ‚Verlierer', die Sprache von Sport und Krieg etc., dreht sich der Strategie-Frame um den interpretatorischen Charakter des Journalismus. Der Strategie-Frame ist entsprechend bei jener Art von Nachrichten vorhanden, welche

- Beweggründe der Kandidaten oder politischen Parteien für politisches Handeln interpretieren.
- Kampagnenstrategien, oder allgemein Strategien und Taktiken zur Erreichung von politischen Zielen erklären.
- die Beschaffenheit von Kampagnen analysieren.
- Motive und instrumentelles Handeln beschreiben.
- Persönlichkeit und Stil thematisieren.
- Entscheidungen auf Führung und Integrität, einschließlich persönlicher Merkmale, zurückführen.
- verschiedene Arten von Medienstrategien beschreiben, einschließlich der Berichterstattung über das Presseverhalten (Meta-Berichterstattung) (Aalberg et al. 2012, S. 167).

Der Strategie-Frame kann dazu beitragen, politische Prozesse zu verstehen und eine problembezogene Berichterstattung fördern. Er kann aber auch zur Delegitimierung von Kandidaten dienen. Obwohl Elemente eines Strategie-Frames häufig spekulativ sind, ist er dennoch nicht grundlegend als positiv oder negativ zu bewerten. Das *Game-Framing* wird hingegen – wie schon der *Horse-Race*-Journalismus – häufig kritisiert, da es die problembezogene Berichterstattung verdrängt, bei der inhaltliche Fragen im Vordergrund stehen. Somit geht auch der Fokus auf die politische Substanz und der Bezug auf tatsächlich relevante Themen verloren (Aalberg et al. 2012, S. 163). Weiterhin existieren Anhaltspunkte dafür, dass *game-framed* Nachrichten das Vertrauen der Bürgerinnen und Bürger in politische Institutionen sowie ihr politisches Interesse schwinden lassen. Sie steigern das Misstrauen gegenüber dem politischen Prozess und stimulieren eine zynische Einstellung. Daher kann geschlussfolgert werden, dass insbesondere vom *Game-Framing* negative Auswirkung auf die Demokratie ausgehen (Cappella und Jamieson 1997; Jackson 2011; De Vreese und Semetko 2002; De Vreese 2005a, b; De Vreese und Elenbaas 2008; Patterson 1993; Shehata 2013, S. 157, 172).

Wechselwirkungen, wie ein schwindendes Vertrauen in die politischen Institutionen, existieren zuhauf in der Rückkopplungsschleife zwischen Medien-Frames, der Bevölkerung, der Politik und dem politischen System.

4.3 Wechselwirkungen zwischen Medien-Frames und der Politik

Medien-Framings beeinflussen die Politik oftmals direkt. Zunächst wird zwar nur die öffentliche Meinung von den Frames in der Medienberichterstattung geprägt; da die Berichterstattung selbst jedoch zugleich als Repräsentation der öffentlichen Meinung gesehen wird, tangiert sie schließlich auch die Politik (Dekker und Scholten 2017, S. 217; Walgrave und Van Aelst 2006). Medien-Frames können entsprechend auch stark genug sein, um einen Einfluss auf Abgeordnete oder die Regierung zu entfalten. Werden Medien-Frames von Eliten übernommen, können diese sogar Änderungen in der Organisationsstruktur der Regierung herbeiführen (Pelizza und Hoppe 2015, S. 120 f.). Donald Trump übernahm in seiner Zeit als Präsident in sein Kommunikations- und Handlungsrepertoire immer wieder Frames des Fernsehsenders *FOX-NEWS*. Die Symbiose zwischen *FOX* und Trump ist zwar ein spezielles Phänomen, trotzdem demonstriert das Beispiel, wie die Form der Berichterstattung eine Wirkung auf das Regierungshandeln in einem Staat haben kann, denn Amtsträger reagieren in der Regel auf ein Medien-Framing von Belang.

Der stärkste Einfluss auf die politische Agenda entsteht unter einer ausgeprägten Medien-Konsonanz, wenn also die Thematisierung und Interpretation von Sachverhalten bei verschiedenen Medienorganisationen miteinander übereinstimmen. Frame-Konstellationen nehmen in der Medienberichterstattung unterschiedliche Erscheinungsformen an. Diese reichen von der Dominanz eines Frames (Frame-Konsonanz) bis hin zur Verbreitung einer ganzen Spanne verschiedener Deutungen (die Koexistenz mehrerer Frames, die Frame-Dissonanz). Bei einer Dissonanz stehen sich in der Medienberichterstattung etwa gleichwertig repräsentierte Frames und *Counter-Frames* kompetitiv gegenüber (Dekker und Scholten 2017, S. 205; Entman 2003, S. 418; Kroon et al. 2017, S. 333). Besonders bei frisch aufkommenden Themen framen Medien je nach Ausrichtung heterogen. Im Laufe der Zeit oder mit zunehmender Regierungstätigkeit homogenisieren sich die Frames jedoch oft allmählich (Guenduez et al. 2016, S. 595). Dies liegt unter anderem an den verschiedenen Interpretationen der Autoren, gerade wenn noch wenig Hintergrundinformation vorliegt. Bei einigen Themen gleichen sich diese jedoch beispielsweise durch immer neu bekanntwerdende Fakten an.

Genauso, wie sich Interpretationen eines Sachverhalts vom Exklusiv-Report bis hin zum Bericht über eine abgeschlossene Untersuchung wandeln, verändern sich Medien-Frames über die Zeit und den Raum hinweg. Das *News*-Framing ist daher nicht nur dynamisch, sondern auch akkumulativ (Gaines et al. 2007; Lawlor und Gravelle 2018, S. 16). Beispielsweise brachte eine Untersuchung des Framings über die Erdölleitung *Keystone XL* zutage, dass hierbei Unterschiede je nach Zeitpunkt und Ort auszumachen sind: Kanadische Zeitungen setzten in der Diskussion um *Keystone XL* im Zeitraum zwischen 2010–2012 auf einen Frame, der auf Sicherheitsaspekte abstellt. Ab 2013 war jedoch ein Wandel hin zu Umwelt-Frames zu verzeichnen. Bei Zeitungen aus den USA traten hingegen zeitunabhängige Differenzen auf: Jene Publikationen mit nationaler Reichweite nutzten eher Umwelt-Frames, während lokale Zeitungen der Sicherheitsperspektive größere Relevanz einräumten. Ähnlich korrespondierten die jeweiligen Unterschiede in der Berichterstattung mit der geografischen Nähe zur Pipeline (Lawlor und Gravelle 2018, S. 16). Die Frame-Setzung im Journalismus hängt also auch mit Nachrichtenwerten wie ‚Nähe' und Identifikation zusammen. Bei dem Beispiel Umwelt-Frames und Sicherheitsperspektive kann auch die ideologische Kongruenz mit der Zielpublika ausschlaggeben für die jeweilige Kontextsetzung sein: Lokale Zeitung sind in den USA eher konservativ ausgerichtet, während Publikationen mit nationaler Reichweite meist liberalsozial angehaucht sind. Folglich sind auch die für die Leserschaft relevanteren *Issues*

4.3 Wechselwirkungen zwischen Medien-Frames und der Politik

fokussiert. Nachrichtenwerte können in jedem Fall die strategischen Entscheidungen der Medienproduzenten und damit letztlich auch den weiteren politischen Prozess beeinflussen.

Der Einfluss der Medien auf die Politik ist besonders hoch, wenn die thematische Ausrichtung sowie das Framing in allen relevanten Publikationen ähnlich ausgestaltet sind und diese Medien-Konsonanz von fortdauernder Präsenz geprägt ist. Wenn beispielsweise eine relativ konsonante Medienberichterstattung eine vorherrschende Policy-Ausrichtung in Frage stellt, erzwingt dies geradezu eine Handlung von Seiten der Politik. Dabei kann das Medien-Framing im Falle von Policy-Kontroversen spezifische Dynamiken auslösen und letztlich zu einem Policy-Wandel beitragen (Dekker und Scholten 2017, S. 202, 217). In anderen Fällen stellen sich Reaktionen bezüglich eines Medien-Framings meist nur ein, wenn jenes im Sinne der jeweiligen Politiker oder einer Partei ist. Dann ist es wahrscheinlich, dass vorgeschlagene Lösungen als angemessen angepriesen werden (van der Pas 2014, S. 55).

Das Framing in den Medien ist bis zu einem gewissen Grad abhängig von der politischen Richtung der Regierung und dem jeweiligen Policy-Kontext (Kroon et al. 2017, S. 350). Auch hierbei kann eine Konsonanz auftreten. So spiegelte beispielsweise das Framing von Meinungsartikeln in der *New York Times* und der *Washington Post* zur US-Außenpolitik während des Arabischen Frühlings, der im Jahr 2010/2011 begann, in weiten Teilen die Sichtweise der politischen Eliten wider (Ha 2017, S. 294 f.). Während in der Obama-Ära häufig Übereinstimmungen zwischen der Presse und der Regierung zu finden waren, konnte in der Trump-Ära beobachtet werden, dass das Framing der traditionell-etablierten Medien generell gegensätzlich zu dem des Präsidenten ausgerichtet war (Patterson 2017). Allerdings ist es auch nicht ungewöhnlich, dass signifikante Unterschiede zwischen dem Framing der Medien und dem der Regierung bestehen. Dies ist insbesondere bei Themen wie Sozialleistungen fast schon regelmäßig der Fall (Esmark und Schoop 2017, S. 426–428). Trotzdem können Medien mit einer solchen Intervention in Form von Frame-Dissonanzen unter anderem Konflikte schüren.

Mit gegenläufigen Framings zwischen den Medien und der Politik können spezifische Dynamiken entstehen. Journalisten tragen beispielsweise aktiv zum Aufkommen von Konflikt-Frames bei, indem sie eine überspitzte Sprache einsetzen und die möglichen Konsequenzen eines Konflikts vergrößern (Bartholomé et al. 2015, S. 438). Bei Konflikt-Frames ist der Fokus einer Berichterstattung vor allem auf Konflikte zwischen Gruppen, Institutionen etc. gelegt und dieser Aspekt wird diskutiert, anstatt beispielsweise der politischen Probleme, die hinter dem Sachverhalt stehen. Dies tritt in jüngster Zeit häufig bei identitätspolitisch aufgeladenen Berichten auf, in denen der Fokus auf Geschlechterkämpfe, ethnische Differenzen oder generell Identitätsunterschiede gelegt wird. Über die Politik selbst wird auch häufig in Form von Konflikt-Frames berichtet oder entsprechende Framings von Vertretern der einzelnen Parteien gesendet. Derlei Konflikt-Frames steigern den *Agenda-Setting*-Effekt von Medien auf das Parlament, indem sie die perzipierte Relevanz der Nachrichten für Politiker erhöhen (Sevenans und Vliegenthart 2016, S. 187). Journalisten treiben Konflikte über Frames insbesondere an, wenn Politiker oder Parteien mit politischer Macht involviert sind. Bestimmte Medienroutinen und Rollenkonzeptionen tragen zu diesem Prozess bei (Bartholomé et al. 2015, S. 438). Hierbei entstehen Pfadabhängigkeiten, durch welche etwaige Allianzen oder gar Deadlocks vorgegeben werden (Pelizza undHoppe 2015, S. 120 f.). In Wahlkämpfen haben Konflikt-Framings in der Berichterstattung allerdings auch den Effekt, die Wählerschaft zu mobilisieren. Dieser Zusammenhang konnte in Bezug auf die Bewertung von Policy-Maßnahmen der EU festgestellt werden. In der entsprechenden Studie steigerten Konflikt-Frames die Wahrnehmung einer Wahl als relevant und der Wahlmöglichkeit zwischen unterschiedlichen Alternativen (Schuck et al. 2016, S. 177, 189 f.).

Eine besondere Konflikthaftigkeit kann auftreten, wenn Medien-Frames eine ‚David versus Goliath'-Logik beschreiben und von dieser Kontextsetzung eine entsprechende Dynamik ausgelöst wird. Eine ‚David versus Goliath'-Logik geht oft aus moralisch aufgeladenen *Human-Interest-Stories* hervor. Mit diesen ‚Geschichten aus dem Leben' werden abstrakte Policys durch konkrete und dramatische Ereignisse personifiziert. Diese sind zwar häufig nicht repräsentativ; da hierbei jedoch die Wirkung einer Policy an einem konkreten Einzelfall veranschaulicht wird, können sie erhebliche Dissonanzen mit einem etablierten Policy-Frame auslösen – insbesondere aufgrund ihres starken moralischen oder normativen Charakters. Die ‚David versus Goliath'-Logik verstärkt sich zudem wechselseitig, wenn mehrere Akteure sie aufgreifen (Dekker und Scholten 2017, S. 217).

Eine besondere Dynamik, die sich aus einem weitläufig konstanten Medien-Tenor entwickelte, liegt im verstärkten Aufkommen von Kritikern des medialen *Mainstreams* – sei es von Regierungen oder alternativen Kanälen. In Deutschland ist dies vor allem seit dem Jahr 2015 der Fall, als die Massenmedien die Idee der Willkommenskultur über ihr Framing verstärkten und damit der Bevölkerung die Haltung der Regierung mit Angela Merkels ‚Wir schaffen das' Perspektive anboten. Bisweilen suggerierten jedoch Frames und Bilder eine andere Realität, als sie tatsächlich vorzufinden war. Auch ließen viele Journalisten ihre Aufgabe als ‚vierte Gewalt' – also als Kontrollinstanz der Regierung – außer Acht. Kaum welche der traditionell-etablierten Medien kontextualisierten beispielsweise, dass die als unkontrolliert perzipierte Einwanderung eine politische Dynamik auslösen könne, die rechte Parteien und Bewegungen stärkt. Zu großen Teilen wurden auch andere Probleme der unkontrollierten Zuwanderung außen vorgelassen. Aus diesem Moment heraus konnte schließlich der ‚Lügenpresse'-Vorwurf auf breite Resonanz stoßen.

Auch in dieser Hinsicht sind strategische Framing-Ratgeber wie jener von Wehling problematisch: Das Bekanntwerden des ‚Framing Manuals' stärkte die Kritiker etablierter Medien, die sich nun umso mehr bestätigt sehen, dass die Öffentlich-Rechtlichen tatsächlich eine Art ‚gelenkter Staatsfunk' seien. Obwohl dies nicht uneingeschränkt gelten kann, hat der *Bias* der öffentlich-rechtlichen als auch einiger etablierter Medien doch erkennbar zugenommen. Dies ist bedauerlich, denn ideologisierte Medien jedweder Couleur können einen weitaus größeren Schaden im gesellschaftlichen Gefüge anrichten, als dies zunächst scheint.

4.4 Ideologisierte Medien

Das strategische Medien-Framing ideologisierter Medien steht in Abhängigkeit zur gesellschaftlichen Makroebene. Zwar werden die Frames immer noch von den Journalisten selbst gesetzt, sie gehen dabei jedoch eine Wechselwirkung mit Befindlichkeiten in der Gesellschaft ein. Diese kann aus einem nationalen Konsens, einer Polarisierung oder einem erwarteten Feedback der Öffentlichkeit hervorgehen (Brüggemann 2014, S. 71–73). Um der gesellschaftlichen Struktur Rechnung zu tragen, liefern daher spezifische Nachrichtenorganisationen ein entsprechendes Framing. Dies kann einerseits der Versuch von Medien sein, so ausgeglichen zu berichten, dass sie die meisten Segmente der Gesellschaft erreichen. Daneben etablieren sich jedoch zunehmend Organisationen, die Nachrichten anbieten, die nur mehr mit dem jeweils anvisierten Segment resonieren. Dies kann auch die Form einer ideologisch verzerrten Berichterstattung annehmen. Zwei Gründe sind besonders vorherrschend, warum Medien-Kanäle ideologisch geprägte Nachrichten anbieten. Sie nutzen dies als Verkaufstaktik oder als Strategie, um Meinungen zu prägen. Beides scheint von Erfolg gekrönt zu sein: Als Geschäftsmodelle haben sich solche Organisationen bewährt und der Einfluss solcher Medien auf die Gesellschaft scheint immens hoch zu sein, wie sich in den USA abzeichnet. Das Modell der USA scheint auch zu belegen, dass sich über ideologisierte Medien auch die politischen Fronten verhärten können.

Bei den ideologisch geleiteten Organisationen sind die verzerrendsten Medien-Frames zu finden. Ein konstant, einseitiger Medienbias innerhalb einer Redaktion hat das Ziel, die Unterstützung ihrer Rezipienten systematisch hervorzurufen oder zu bestätigen. Damit entsagen sie den Normen des traditionellen Journalismus. Diese Normen begrenzten in der Vergangenheit sowohl die Macht der Medien als auch jene der politischen Eliten, da sie gegen ein starkes Framing balancierend wirkten. Sie dienten dazu, demokratische Ideale aufrechtzuerhalten, vor allem aber kreierten sie eine gemeinsame Öffentlichkeit. Bei ideologisch geleiteten Medien wird hingegen kaum Wert auf Objektivität gelegt. Sie folgen eher einem relativ starren Dogmatismus und delegitimieren mittels langfristig angelegter Kampagnen die traditionellen Medien. Damit untergraben sie die Ökonomie institutionalisierter, normenbeschränkter Nachrichten (Entman und Usher 2018, S. 302, 307). Dies hat nicht nur einen Einfluss auf den Vertrauensverlust in die traditionellen Medien, sondern verstärkt auch die Anti-Establishment-Haltung gegen die politischen Eliten (Entman und Usher 2018, S. 302, 307). Und anstatt einer gemeinsamen Öffentlichkeit werden hierbei Teilöffentlichkeiten kreiert oder zumindest oberflächlich verstärkt. Allerdings ist die Ideologisierung der Medien keine Einbahnstraße: Dass sich etablierte Medien mitunter selbst Dogmen unterworfen haben und manche Journalisten sich eher als politische Aktivisten sehen, darf hierbei nicht außer Acht gelassen werden. Das Vertrauen geht hier schließlich auch nicht ohne Grund verloren.

Ideologisch geleitete Nachrichtenorganisationen sind bei Menschen mit konvergierenden Einstellungen beliebt, weil diese in der Regel bevorzugt Informationen konsumieren, welche ihre eigenen Ansichten bestätigen. Aufgrund dieser Veranlagung ist das Lesen von Artikeln angenehmer, wenn sie bereits in einer ideologisch konformen Weise ausgerichtet sind (vgl. hierzu Abschn. 2.1). Diese ideologisch auf den Rezipienten zugeschnittenen Nachrichten schaffen letztlich die *Filter Bubbles* oder ‚Echo-Kammern', denen eine entsprechend verengende Wirkung in Bezug auf die politische Einstellung zugeschrieben wird.[5] Es kann also eine strategische Entscheidung sein, die bei der Klientel erwarteten *Beliefs* und Moralvorstellungen mit der Berichterstattung zu erfüllen. Deshalb bereiten Nachrichtenorganisationen bisweilen ihre Berichte entsprechend der jeweiligen Orientierung des anvisierten Gesellschaftssegments auf (Bowe und Hoewe 2016, S. 981). Eine solche Ausrichtung ist der einfachste Weg, um Zuspruch für die eigene Darstellung zu erhalten (vgl. hierzu Abschn. 2.1).

---

[5] Die Existenz und Wirkung dieser Filterblasen sollte kritisch beäugt werden, denn in den meisten Fällen konsumieren Menschen auch Nachrichten der etablierten Medien, auch wenn die Interpretationen oder Framings dann meist abgelehnt werden.

4.4 Ideologisierte Medien

Insbesondere mit den Kommunikationsmöglichkeiten des Internets entstand ein erweitertes Angebot an Nachrichtenportalen, welche im Grunde jedwede politische Präferenzen bedienen (Iyengar und Hahn 2009, S. 20). Stark verzerrte Darstellungen sind im deutschsprachigen Raum bislang vor allem in der individuellen und eher randständigen strategischen Kommunikation zu finden, was jedoch nicht bedeutet, dass die deutsche Medienlandschaft vor der Entstehung eines ideologischen Medienimperiums gefeit wäre.

Ein einseitiger Medienkonsum ist aufgrund des konstanten Framings problematisch: Wenn Individuen ausschließlich ideologisierte Medien nutzen, trägt dies zur Segmentierung und Polarisierung der Öffentlichkeit bei (Entman und Usher 2018, S. 302). Beispielsweise führt zwar der Konsum von harsch formulierten Blogs zu einer höheren Partizipationsbereitschaft, aber auch zur Verfestigung von eigenen Ansichten. Dies ist ein Faktor, der zu einem geschlossenen Denken und zur Kompromisslosigkeit führt. Bei Menschen mit bereits gefestigten ideologischen Ansichten sind die Effekte von entsprechenden Frames geringer. Sie treten vor allem bei Menschen ein, die weder ideologisiert noch an eine Partei gebunden sind.[6] Der Effekt ist insbesondere bei Werte-Frames signifikant (Borah 2014, S. 822; Robison und Mullinix 2016, S. 275). Dabei ist das Phänomen der Desinformation außen vor gelassen, ein verzerrendes Framing liefert bereits eine einseitige Wirkung (Andrews et al. 2017, S. 275).

Weiterhin endet der Einfluss auf die Meinungsbildung nicht bei den ideologisierten Medien. Im Zuge der Digitalisierung wurde der *Two-Step-Flow*-Hypothese (Modell des Zweistufenflusses der Kommunikation) nach Lazarsfeld wieder neue Relevanz zuteil.[7] Über Meinungsführer oder Gruppendiskussionen werden Medien-Frames an andere Personen weitervermittelt. Dabei kann sich die indirekte Wirkung der Medienpräsenz sogar stärker entfalten als der direkte Medieneffekt (Druckman et al. 2018, S. 9, 110). Dies liegt an Faktoren wie Vertrauen, Identifikation und Nähe zu den Kommunikatoren.

Obwohl in den Kommentarsektionen der Medien explizit nach Meinungen verlangt wird, ist auch hier eine einseitig ideologisierte Ausrichtung schon

---

[6] Davon müssen zur Ideologie konträre Frames abgegrenzt werden. Menschen mit bereits gefestigten ideologischen Ansichten lehnen diese um so vehementer ab. Die Framing-Effekte sind aber geringer.

[7] Im Zweistufenmodell wird die Annahme aufgestellt, dass Medien häufig indirekt auf die Masse der Rezipienten wirken. Stattdessen suggerieren die Erkenntnisse in Lazarsfelds Studie, dass die Information von den Medien zu Meinungsführern hin zu den weniger aktiven Menschen in sozialen Gruppen verläuft. Zudem ist der Einfluss der Meinungsführer aufgrund der Nähe und der direkten Wirkung größer (Lazarsfeld et al. 1944).

problematisch. Schließlich dienen Kommentare vor allem dazu, die eigene Differenziertheit stetig zu trainieren. Deshalb hat das Lesen von Tageszeitungen gegenüber einem selektiven Online-Medien-Konsum den Vorteil, dass es die eigene Meinung herausfordert. Ein neuer, unvertrauter Frame – also mitunter eine gänzlich neue Perspektive – kann effektiver auf Einstellungen wirken als bekannte Botschaften, indem er die Empfänger dazu anregt, das Thema von einem anderen Standpunkt aus zu durchdenken (Andrews et al. 2017, S. 275). Wenn Kommentare jedoch lediglich aus demselben ideologischen Guss bestehen wie die Vorprägung der Leser, dann findet hierbei nur eine Bestätigung der eigenen Meinung statt. Die Meinungsspalten haben dann ihren Zweck verfehlt und die Zeitung verkommt zu einer Echo-Kammer. Daher ist es kritisch zu betrachten, dass der *New York Times* Meinungs-Redakteur, James Bennet, im Jahr 2020 zum Rücktritt gezwungen wurde, nachdem er eine Gastkolumne des Republikaners Tom Cotton abdrucken ließ. Die Idee Cottons, das Militär für Unruhen im Lande einzusetzen, mag kritikwürdig sein und ist sicherlich ein provokativer Vorschlag für viele; allerdings ist der Repräsentant des Staates Arkansas als Senator ein ranghoher Politiker und eine von den Lesern mitunter abweichende Perspektive auf Probleme sollte eben durch eine solche Kolumne gefördert werden. Gerade in einem solch politisch gespaltenen Land wie den USA wäre es zu begrüßen, wenn zumindest der Versuch gewagt wird, die ‚Gegenseite' zu verstehen. Der Wunsch nach dem Einsatz des Militärs könnte zudem in einer Replik mit einem entsprechenden *Counter-Framing* leicht diskreditiert werden, vor allem da gewichtige Master-Frames damit verwoben werden können.

Auf der anderen Seite ist es ebenfalls fragwürdig, ob die Aufhebung des Vertrages zwischen der *New York Times* und Lauren Wolfe nur wenige Monate später aufgrund des Drucks von konservativen Medien-Vertretern gerechtfertigt war. Wolfe twitterte, dass sie ‚Gänsehaut bei der Landung eines Flugzeugs von Joe Biden hatte' und sich darüber aufregte, dass die Trump-Regierung dem gewählten, aber noch nicht eingeführten Präsidenten wohl keine Militär-Maschine bereitstellte. Dies stellte sich jedoch als Unwahrheit heraus. Um den Vorwurf des politischen *Bias* zu entkräften, trennte sich die *New York Times* von der Journalistin. Der Hintergrund mag ehrenhaft sein, die Reaktion auf die Tweets erweckt jedoch den Eindruck, dass manche Medien-Häuser mittlerweile bei dem geringsten Verdacht von Parteilichkeit über die Ziellinie hinausschießen.

Generell ist der Gedanke, *Bias* zu vermeiden, korrekt: Das strategische Medien-Framing kann gerade bei kontroversen Themen Gift für die Gesellschaft sein. Die möglichen Auswirkungen derart ideologisch ausgerichteter Medien-organisationen sind für die politische Kommunikationsforschung von zentraler Bedeutung, insbesondere da die Annahme besteht, dass sie zur Spaltung ganzer

4.4 Ideologisierte Medien

Gesellschaften beitragen können (Baum und Groeling 2008; Gellner und Oswald 2015; Tewksbury 2005). Da zunehmend die Reichweite der etablierten Medien auf gewisse Teile der Gesellschaft sinkt, sehen diese sich auch nach alternativen Angeboten um. Dies kann einer Polarisierung Vorschub leisten.

Der Aufstieg der ideologisierten Medien in den USA fußt auf einer groß angelegten *Reframing*-Strategie: Die etablierten Medien wurden von ihren konservativen Counterparts schon seit den 1950er Jahren mit dem Label *Liberal-Media* diskreditiert. Konservative Strategen begannen auf diesem Wege, die Medien-Agenda zu definieren, indem sie sprachlich konstruierten, was die *Mainstream-Medien* in Wirklichkeit seien: ein verlängerter Arm der liberalen Elite (Guardino und Snyder 2012, S. 542). Daher wurden von William Buckley Jr. (konservativer Autor/Journalist) bis hin zu Rush Limbaugh (konservativer Radio- und Fernsehmoderator) die konservativen Medien als notwendiges Korrektiv zu den etablierten Medien verstanden. Andere erfolgreiche Moderatoren wie Tucker Carlson führen diese Tradition fort.

Die Entwicklung der konservativen Gegensphäre fasste vor allem während der Bürgerrechtsbewegung Fuß, da sich konservative Kritiker von den sozialen Unruhen und der Aufhebung des Status quo marginalisiert fühlten (Major 2012, S. 456, 459). Mit einer Powell-Memo (1971)[8], einem folgenden *Business-Roundtable* und später auch den Bemühungen von William Simon (1978)[9], der vor allem konservative Unternehmensführer dazu brachte, seine Idee einer *Counterintelligentsia* zu finanzieren, war auch die notwendige finanzielle Basis geschaffen, um die perzipierte Befangenheit in den Medien zu bekämpfen. Die rechtliche Grundlage dafür lieferte schließlich die *Federal Communications Commission* (FCC) selbst, denn jene verzerrte Form von Berichterstattung wurde institutionell durch eine veränderte Regelsetzung möglich: Fast vierzig Jahre lang verlief der Rundfunk-Betrieb auf Basis der *Fairness-Doktrin* der *FCC*. Unter ihr waren TV- und Radiosendern eine ausgleichende Positionierung bei kontroversen Themen oder während Wahlkämpfen und politischen Debatten auferlegt. So mussten stets alle Facetten einer öffentlichen Kontroverse diskutiert werden und ein Teil der Sendezeit

---

[8] Lewis F. Powell verfasste im August 1971 das Memorandum an den Vorsitzenden des Bildungsausschusses der amerikanischen Handelskammer. Powell war derzeit im Vorstand bei Philip Morris und ein in der Industrie gefragter Anwalt. Powell legt in dem Memo eine Strategie dar, wie die von ihm perzipierte Feindlichkeit gegenüber Geschäftsinteressen in der Gesellschaft verringert werden könnte. Das Powell-Memo führte zur besseren Finanzierung von konservativen Think Tanks und griff die Idee auf, über Medien einen Einfluss auf die Gesellschaft zu nehmen. Es ist damit ein Teil der heute einflussreichen konservativen Think Tank und Medienlandschaft.

[9] Ein Finanzminister der USA unter Richard Nixon und Henry Ford (1974–1977).

musste für die Vorstellung konträrer Meinungen zur Verfügung gestellt werden. Zudem mussten Personen oder Gruppen, die in den Medien persönlich angegriffen wurden, Rechte für Reaktionen oder Gegendarstellungen eingeräumt werden (Aufderheide 1990, S. 47 f.).

Als 1987 die *Fairness-Doktrin* gestrichen wurde, war der Weg geebnet für das konservative *Talk-Radio;* später entwickelte sich vor allem mit *FOX-NEWS* ein ähnliches Format im Fernsehen. Auf vielen konservativen Kanälen wurde das *Liberal-Media-Label* verstärkt. Auf der konservativen Seite ist aufgrund dieser *Reframing*-Strategie das Misstrauen gegenüber den *Mainstream*-Medien auch heute noch nahezu umfassend. Bereits vor über zehn Jahren setzte Rush Limbaugh: „We live in two universes. One universe is a lie. One universe is an entire lie. Everything run, dominated, and controlled by the left here and around the world is a lie. The other universe is where we are, and that's where reality reigns supreme and we deal with it." (Limbaugh 2009). Solche Aussagen werden unter Konservativen kaum hinterfragt. Das liegt unter anderem daran, dass das ideologische Umfeld der *New Yorker* und *Washingtoner* Reporter tatsächlich einen relativ uniformen liberalen Standpunkt formiert und damit freilich auch nicht die Lebens- und Denkweise der oftmals eher ländlich-konservativ geprägten Einwohner widerspiegelt (Dye 2014, S. 67).

Wie eklatant unterschiedlich die Framings der jeweils ideologisch orientierten Sender sind, zeigen Beispiele wie die Berichterstattung um die Ausschreitungen in Baltimore 2015. Auf *FOX-NEWS* erklärte der Moderator Glenn Beck, dass sich die Ausschreitungen um die Führerschaft in der Stadt drehen würden und das Ziel sei, die Stadt zu zerstören. Er sah dabei die *Crips,* die *Bloods* (zwei der berüchtigtsten Gangs der USA), die *Nation Of Islam* und die Gewerkschaft *Service Employees International Union* (SEIU) vereint, um dies zu erreichen: „Union members how do you feel about your union bussing in ‚protesters', funding and printing posters etc.? Is this what you labor for? Riots? How do you feel that your union is standing next to the crips, bloods and The Nation of Islam?" fragt Beck rhetorisch; dabei dreht sich das gesamte Framing seiner Berichterstattung um die Verbreitung von Angst. Der eher sozialliberal ausgerichtete Sender MSNBC fokussierte in seiner Darstellung dagegen stärker die Probleme in Baltimore: Vom Aufzeigen sozialer Missstände, über Frustration bis hin zur Aussage, dass Teile der Stadt mit Blei vergiftetes Leitungswasser nutzten, wurde versucht, Verständnis für die Eskalation zu schaffen.

Ein großer Teil der amerikanischen Gesellschaft entscheidet sich heute dafür, die Erklärungen für Sachverhalte in solchen eindimensionalen Framings geliefert zu bekommen. Bei vielen Menschen genießen diese Medien mehr Vertrauen als die traditionellen Organisationen. Dies liegt zum einen daran, dass Verzerrungen in nicht-parteiischen Medien überproportional hoch eingeschätzt werden, wenn diese nicht mit der eigenen Ideologie in Einklang stehen (Feldman 2011, S. 428). Aber auch durch den Fakt, dass manche ihrer Berichte tatsächlich verzerrt oder mitunter gar falsch waren, wurde ein Aufhänger für den *Fake-News*-Frame geschaffen. Durch die über Jahrzehnte andauernde Verurteilung der *Mainstream*-Medien als linksgerichtet, verloren sie in Teilen der Gesellschaft so viel Vertrauen, dass der Kontext der ständigen Lüge funktionierte. Trump hat also das bestehende *Liberal-Media-Label* gekapert und es mit dem *Fake-News-Label* neu besetzt. So konnte er nicht nur auf einen perzipierten *Bias* der etablierten Medien verweisen, sondern grundsätzlich jedwede missliebige Nachricht als Falschmeldung abtun. Trump hatte bei seiner Kommunikation zudem den Vorteil, dass er durch direkte Kanäle (insbesondere *Twitter* und *Facebook*) die *Gatekeeping*-Funktion der etablierten Medien umgehen konnte – eine Möglichkeit, das im Abschn. 4.5 unter dem Begriff der Disintermediation erläutert wird. Damit gelang es ihm die Medien, seine politischen Gegner, aber auch die Konkurrenz aus der eigenen Partei vor sich herzutreiben.

Insbesondere in Zeiten politischer und sozialer Umbrüche können soziale Medien eine starke Plattform für Framing-Analysen sein – gerade, weil sie so viel Raum für entsprechende Kampagnen bieten. Dies gilt umso mehr, wenn die traditionellen Quellen für Framing-Analysen, wie Eliten und Medien, in Teilen der Gesellschaft an Glaubwürdigkeit eingebüßt haben (Surzhko-Harned und Zahuranec 2017, S. 774).

4.5 Digitale und soziale Medien

Die Rolle des strategischen Framings wurde im Zuge des Digitalen Wandels in der Politischen Kommunikation zunehmend bedeutender. In der Vergangenheit war der direkte Einfluss von Bürgern, Protest- oder Sonderinteressengruppen auf die öffentliche Meinung eng begrenzt. Dies war insbesondere der Fall, da sie auf indirekte Kanäle, wie die Massenmedien, zur Kommunikation ihrer Forderungen angewiesen waren (Taylor und Van Dyke 2004, S. 281). Mittlerweile dürfen *Social Media* allerdings als Konkurrenz zu den herkömmlichen Massenmedien gesehen werden, wenn es um die Frage geht, wie politischer Einfluss generiert werden kann (Qin 2015, S. 178 f.). Zusammen mit anderen Online-Portalen haben sie die traditionellen Medien in vielen Ländern bereits in ihre

Schranken verwiesen. Dabei wird die öffentliche Meinung tiefgreifend von digitalen Medien beeinflusst (vgl. hierzu ausführlich Oswald 2018b; Entman und Usher 2018, S. 307).

Unter solche Plattformen fallen vor allem soziale Medien wie *Twitter, Facebook,* aber auch *Google, Instagram* und Blogging-Portale – *4chan* ist beispielsweise unter jenen Kanälen, aus denen sogar politischer Einfluss hervorging. Die Plattformen verursachten eine der größten Veränderungen in der Politischen Kommunikation, da die Informationsübertragung zwischen Eliten, den Medien und der Öffentlichkeit durch ihr Aufkommen neu strukturiert wurde. Die Disintermediation steht für die Möglichkeit, dass Eliten, Individuen oder Organisationen institutionelle Medien umgehen und sich direkt an die Öffentlichkeit wenden können (Entman und Usher 2018, S. 301). Dies wird (unter anderem) über diese Plattformen ermöglicht. Der relevante Kontext politischer Diskussionen kann über die im Internet verfügbare direkte Ansprache von den individuellen Kommunikatoren selbst unmittelbar gesetzt werden.

Noch vor der Etablierung der Neuen Medien, den *Social-Media*-Kanälen und der Entstehung eines interaktiven Medienverhaltens Einzelner wurde in der Theorie zunächst auf eine basisdemokratische Entwicklung als positive Folge der Digitalisierung spekuliert. Weitverbreitete Vorstellungen einer umfassenden Verfügbarkeit von Informationen brachten die Vision einer aufgeklärten und aktiven Bürgerschaft hervor. Die Neuen Medien fanden daher schnell eine Analogie zur Renaissance der Agora, da sie den freien, individuellen Meinungs- und Ideenaustausch zu fördern versprachen – wie es einst auf dem Marktplatz im antiken Griechenland der Fall war (Gellner und Strohmeier 2002; Poster 1997). Mit dem Aufkommen der Sozialen Medien im 21. Jahrhundert erblühte diese Idee und wurde um die Hoffnung der aktiven *Citoyens* ergänzt, die nunmehr als ‚Prosumenten' (Toffler 1980) nicht nur konsumieren, sondern auch kritische Traktate produzierten (Bruns 2008). So konnte anhand dieser neuen technischen Möglichkeiten schließlich der Fluss von *Frame-Setting* und *Frame-Sending*-Prozessen in der digitalen Welt diversifiziert werden. Die Annahme einer (Basis-)Demokratisierung war auch einleuchtend: Die Kontrolle des Informationsflusses wurde auf ein Minimum beschnitten und die ‚Gatekeeping-Macht' reduzierte sich. Außerdem kann der Framing-Wettbewerb eine kritische Reflexion in der Gesellschaft fördern, indem verschiedene Akteure das Framing der anderen in Frage stellen, umformulieren oder ausweiten. Insbesondere können so die wichtigsten Gräben in der Diskussion offengelegt werden, wodurch sich neue Räume für die Konversation öffnen (Dodge 2015, S. 262).

Heute sind wir auf einem vorläufigen Höchststand an Reichweite, die Individuen mit ihrer Kommunikation erreichen können. So lassen sich beispielsweise nunmehr viel einfacher *Counter-Frames* setzen (Entman und Usher 2018, S. 300, 307). Auch Veränderungsdynamiken, Protest und *Voice* werden zunehmend online kreiert. Weiterhin verringerte sich die Schwelle für eine selektive politische Teilhabe (Hahn und Iyengar 2009, S. 34; Speth 2013, S. 10 f.). Dies kulminierte darin, dass heute viele politische Fragen online diskutiert werden (Hatfield-Edwards und Shen 2005, S. 795).

Allerdings unterscheidet sich das Framing in Diskussionsforen oder den Online und Sozialen Medien signifikant vom Framing der etablierten Medien. Dies zeigt sich schon darin, dass der personalisierte Inhalt nicht an journalistischen Standards ausgerichtet ist, sondern Ereignisse eher in Mikro-Ebenen-Frames interpretiert werden. Weiterhin finden sich statt eines einheitlichen und konsistenten interpretativen Rahmens eher lose verbundene Netzwerke, in denen verschiedene Frames kreiert werden (Qin 2015, S. 178 f.). Daraus entstehen interaktive Framing-Dynamiken, die als diskursive Funktion öffentlicher Deliberation bezeichnet werden können: Durch die Formierung, Verbreitung und den Wettbewerb von Frames werden nicht nur neue Perspektiven vorangebracht, sondern auch die Bedingungen der Debatte festgelegt, indem ein diskursiver Rahmen geschaffen wird, innerhalb dessen das Thema zu verstehen ist (Dodge 2015, S. 261). Mit der Digitalisierung entwickelte sich ein Spielfeld für die individualisierte Politische Kommunikation und eine neue Art von Aktivismus: Die neuen Medienformen erlauben sowohl die Produktion als auch die Verbreitung von individueller Kommunikation (Bennett 2012, S. 37; DeLuca et al. 2012, S. 500; Taylor und Van Dyke 2004, S. 273). Dies ist nicht unbedingt als schlecht zu werten; für das strategische Framing bedeutet es jedoch hinsichtlich der Interaktion mit Zielgruppen, dass in Online-Kampagnen dynamisch Interpretationen geleitet werden können, um die öffentliche Meinung zu beeinflussen (Oswald 2018b).

Die anarchisch-individualistische Struktur des Internets lässt eine Menge Raum für die Verbreitung manipulativer Information. Nach Entman und Usher sind hier fünf neue Mechanismen wichtig, die im Fluss soziopolitischer Informationen und Frames auftauchen: Plattformen, skrupellose Akteure (Hacker, Bots), Algorithmen, Analytik (Datenerhebung zum Online-Verhalten) und ideologische Medien (MSNBC, *FOX-NEWS,* Breitbart, Daily Kos, Palmer Report etc.). Entman et al. überholten daher jüngst das ursprüngliche Kaskadenmodell der Frame-Aktivierung und -Verteilung (siehe Abschn. 4.1.3). Die neue integrierte Kaskade in Abb. 4.1 stellt dar, wie diese fünf Merkmale der Digitalisierung die Beziehungen zwischen Eliten, traditionellen Medien und Individuen beeinflussen (Entman und Usher 2018, S. 299).

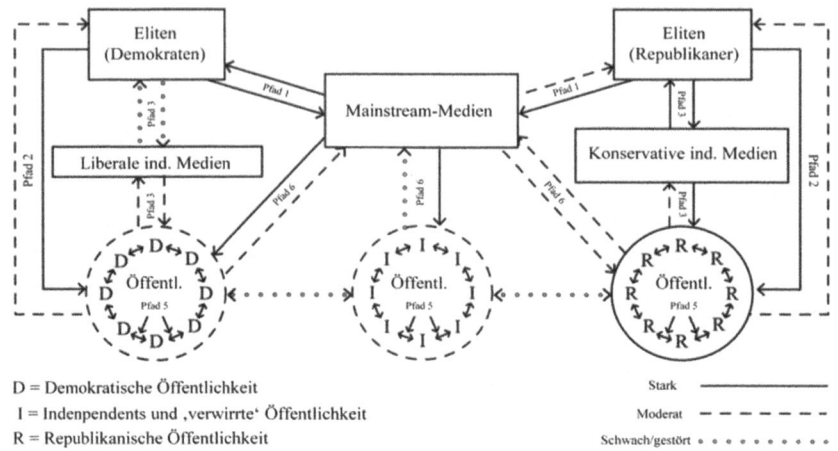

Abb. 4.1 Integrierte Kaskade mit Merkmalen der Digitalisierung. (Quelle: übersetzte Darstellung auf Basis von Entman und Usher 2018, S. 303)

Die neuen Ströme im Kaskadenmodell sind einfach zu zeigen. Beispielsweise hat der Aktivist mit dem Pseudonym ‚Argo Nerd' eine Reaktion des MDR hervorgerufen. Er hatte die Information, dass ein Interview des Hubertus Knabe mit dem MDR um jenen Teil gekürzt wurde, in dem der Historiker den MDR kritisierte. Als Argo Nerd dies über Twitter hinterfragte, veröffentlichte der MDR schließlich das gesamte Interview. Aktivisten und die breite Öffentlichkeit haben also in der digitalisierten Kommunikationsstruktur wesentlich mehr Einfluss auf die Politische Kommunikation, da selbst auf öffentlich-rechtliche Medien mitunter Druck ausgeübt werden kann. Argo Nerd gab entsprechend auch in seiner Selbstbeschreibung preis „Bin kein Journalist, sondern checke nur ihre Privilegien." Die Macht der Kontrolle stieg damit immens, allerdings auch jene des strategischen Framings.

Das strategische Framing findet dabei vor allem auf Plattformen wie *Facebook, Twitter, Reddit, 9gag* aber auch *YouTube* statt. Neue Regulationsmechanismen haben jedoch zu der Entwicklung beigetragen, dass nunmehr selbst Kanäle wie *Telegram*, die ursprünglich vor allem der Individualkommunikation dienten, dafür genutzt werden. Das Framing in der Politischen Kommunikation hat sich hierbei eklatant verändert. Inhaltlich verläuft das Framing auf Online-Plattformen oft diametral zum Framing in den traditionellen Medien: Während auf *Twitter* zum Thema Edward Snowden unterstützende ‚Whistle-blower'-, ‚Überparteilichkeits'-

4.5 Digitale und soziale Medien

und ‚*Personal-Privacy*'-Frames vorherrschten, setzten herkömmliche Medien eher kritische ‚Nationale-Sicherheits'- und ‚Internationale-Beziehungen'-Frames (Qin 2015, S. 178). *Twitter*-Botschaften sind weiterhin auch meist mit emotionaleren Frames angereichert, so dass diese disintermediative Wirkung divergent ist (vgl. Abschn. 3.4.5) (Guggenheim et al. 2015, S. 219 f.). Das jeweilige Framing hängt dabei meist davon ab, welches Narrativ unterstützt wird (Evans 2016, S. 338 f.). Aus dem Umstand, dass die Prosumenten ohne redaktionelle Beeinflussung Inhalte gleichzeitig erstellen und verbreiten können, entwickelte sich jedoch statt des erhofften basisdemokratischen Ideenaustauschs oftmals ein stark verzerrter Ideenwettbewerb.

Die Euphorie um die Renaissance der Agora ist mittlerweile dem Skeptizismus und der Befürchtung gewichen, dass grundlegende Pfeiler der Demokratie untergraben werden würden, da eine neue Form der Manipulation von Bürgern und der Öffentlichkeit sichtbar wird (Oswald 2020b; Bradshaw und Howard 2017; Thieltges und Hegelich 2017). Durch entsprechende Erkenntnisse wurde bereits die *Common-Sense*-Vermutung verworfen, dass sich frei verfügbare Information positiv auf Wissensstände auswirkt. Iyengar und Hahn (2009) stießen bereits vor über 10 Jahren auf die beunruhigenden Hinweise, dass ein intensiver Online-Nachrichten-Konsum politische Horizonte eher verengt als erweitert (Sunstein 2007).

Auch das algorithmische Nachrichtenangebot trägt einen Teil zu diesen negativen Erkenntnissen bei. Diese Algorithmen sind recht rigide und reagieren nur schwerlich auf neue Präferenzen. Somit diktieren sie Inhalte und werden zu Frame-Multiplikatoren (Entman und Usher 2018, S. 301). Dies ist bedenklich, da sich beispielsweise mehr als die Hälfte aller US-Amerikaner oft oder zumindest manchmal auf sozialen Netzwerken über aktuelle Nachrichten informieren (Shearer und Mitchell 2021). Bislang lehnen es Betreiber von Analytics, Algorithmen und Plattformen ab, Verantwortung für die Wirkung der Frames zu tragen, die auf diese Weise verbreitet werden (Entman und Usher 2018, S. 306). Die Löschung vieler Gruppen auf Plattformen oder gar die Sperrung prominenter Personen, allen voran Donald Trump bei *Twitter* und *Facebook,* ist eine neue Art des Gegenlenkens. Allerdings ist eine umfassende Regulation vor allem im Bereich des Framings kaum möglich, und demokratietheoretisch auch kritisch zu betrachten. Anders als bei der Desinformation sind Framings zumindest Wahrheiten, wenn auch nur Teilwahrheiten in einer Kontextverschiebung. Daher ist es durchaus eine diffizile Fragestellung, wer hier die Entscheidungsmacht haben soll, welches Framing noch akzeptabel ist und welches nicht. Den Plattformen dürften diese relativ willkürliche Entscheidungsmacht nicht überlassen werden.

Der Einsatz von Bots ist von dieser Fragestellung entkoppelt (Entman und Usher 2018, S. 303; Oswald 2018b).

Mit dem Aufstieg der Sozialen Medien als Kommunikationsform gehen weiterhin Veränderungen für den etablierten Journalismus einher, die in der Framing-Perspektive beachtet werden müssen (Entman und Usher 2018, S. 299). Hierbei treten viele Wechselwirkungen auf, von Interaktionsmechanismen über eine Beeinflussung beim *Frame-Building* bis hin zu neu entstandenen Wettbewerbsmechanismen bezüglich des jeweiligen Framings.

Politische Eliten bringen ihre Botschaften über Plattformen an die Öffentlichkeit, woraufhin sich Journalisten, die zuvor exklusiv mit diesen arbeiten konnten, um kontextuale Einordnung bemühen müssen. Die Prozesse, wie Informationen verbreitet, verarbeitet und adaptiert werden, änderten sich damit stark. Dabei lösen konventionelle Online-Berichterstattungen und *Tweets* eine wechselseitige Dynamik aus (vgl. hierzu das Modell der Öffentlichkeitsresonanz Abschn. 4.1.1). Sie beeinflussen auf diesem Wege das jeweilige Framing (Guggenheim et al. 2015, S. 219 f.). Schließlich beheimaten auch Plattformen wie *Facebook* oder *Twitter* traditionellere Medieninhalte. Dieser Trend ermögliche eine Symbiose zwischen den Strategien herkömmlicher Medienunternehmen und den neueren Medien. Darüber hinaus setzen Plattformen einen zeitlichen Effekt voraus, der die *Gatekeeping*-Kapazität institutioneller Medien verschlechtert (Entman und Usher 2018, S. 301).

Die neuen Möglichkeiten der digitalen Medien entgrenzen einerseits die Politische Kommunikation und bieten multiple Chancen für die Partizipation Einzelner. Die Realität ist andererseits jedoch ernüchternd, denn die Ausweitung individueller Kommunikations- und Informationsangebote scheint eher ideologische Mauern aufzuziehen als sie einzureißen – vor allem aufgrund des harschen und verzerrenden Framing-Wettbewerbs im Online-Umfeld. Auch der positiv erhoffte Trend des Graswurzel-Journalismus blieb aus, bzw. zeigte sich, dass auch hier eine mitunter starke Ideologisierung Einzug hielt.

Das Beispiel der Medien zeigt, dass Ideologien und Frames in einem sehr engen Wechselverhältnis stehen. Das Verhältnis der beiden Konzepte ist bis heute nicht bis in die letzten Details dargelegt. Da jedoch oft Ideologie und Frame fälschlicherweise als Synonym verwendet werden, ist zumindest eine kurze Abgrenzung sinnvoll.

Frames und Ideologien 5

Bei politischen Sachfragen sind Frames häufig mit Ideologien verwoben – sowohl kognitiv als auch in der Kommunikation. Vor allem bei Problemen, die allgemeinverbindliche politische Lösungen erfordern, mischen sich die Heuristik-Frames mit Ideologien oder gehen direkt aus diesen hervor. Wie die angeführten Beispiele bereits zeigen, sind ideologische Einstellungen häufig leitend für das Denken in Frames. Je stärker eine Weltanschauung in gewisse zusammenhängende Einstellungsmuster (sogenannte *Cluster*) gruppiert ist, desto klarer können die verschiedenen Denk-Frames den *Clustern* einer ‚Denkschule' zugeordnet werden. Umso evidenter wird entsprechend auch die ideologische Prägung.

In der Linguistik werden Heuristik-Frames bisweilen als eine Form von Ideologie betrachtet. Dies ist eine logische Schlussfolgerung, da Ideologien als ein System von Grundeinstellungen und Werten verstanden werden, die eine gewisse Weltanschauung hervorbringen. Für die Politikwissenschaft ist dies jedoch unzureichend, da die Ideologie-Forschung ein komplexes Forschungsgebiet ist, so dass die Antwort, Ideologie konstruiere sich aus einer Ansammlung von Heuristik-Frames, zu kurz greift. Ohne den Anspruch erheben zu wollen, eine vollständige Ausarbeitung des Verhältnisses von Ideologie und Frames zu liefern, soll das Thema hier zumindest angeschnitten werden, da es in der Entwicklung der Framing-Theorie eine Rolle gespielt hat. Die Frage um das Verhältnis von Ideologie und Frames ist allerdings bis heute nicht vollständig beantwortet. Entsprechend folgt auch kein abschließend erarbeitetes Konzept, sondern lediglich die Darstellung verschiedener Positionen.

Benford und Snow verwendeten zu Beginn ihres Theoriebildungsprozesses die Begriffe Ideologie und Frame als nahezu austauschbar. Ein grober Vergleich der beiden Konzepte offenbart auch schnell ihre strukturelle Nähe. Bei einer genaueren Betrachtung zeigt sich jedoch sowohl eine Inkongruenz als auch eine begriffliche Unschärfe (Benford und Snow 2000). Oliver und Johnston kritisierten die beiden Forscher für die Gleichsetzung der Begriffe und forderten eine Trennung der Terminologien – zumindest sollten sie nicht als Synonyme gebraucht werden. Gleichzeitig konstatierten sie, dass Untersuchungen nur korrekt durchgeführt werden können, wenn der verwendetete Analyserahmen beide Konzepte beinhaltet:

> We suggest that the most fruitful way forward is not to continue rehashing the current arguments over the strength of ideological thinking, but to reconsider the framing of the debate. Recent work along these lines suggests two major ideas: (a) that attitudes in the public could be based on political values and principles rather than ideology and (b) that ideology is being incorrectly conceptualized and measured because it is treated as unidimensional rather than multidimensional (Oliver und Johnston 2000, S. 37).

Snow und Benford räumten in Bezug auf Johnston und Olivers Kritik ein, dass auch sie Framing und Ideologie nicht als zwei Begriffe für ein und dasselbe Konzept verstehen. Da es sich um verschiedene, aber teilweise überlappende und verwobene Entitäten handle, befürworten auch sie die Koexistenz der Begriffe in Untersuchungen (Benford und Snow 2005). Snow verfasste gar ein Plädoyer, sowohl der Ideologie als auch den Framing-Prozessen eine ausreichende Beachtung in Untersuchungen zukommen zu lassen. Ideologien in Framing-Studien zu betrachten, könne nur zuträglich für diese sein, da sich beispielsweise soziale Bewegungen häufig in ihrem Lichte formieren (Snow 2005). Trotzdem müsse die Framing-Forschung bei solchen Analysen im Vordergrund stehen – anders sei ihr Charakter nicht greifbar (Benford und Snow 2000). Bislang sind Abgrenzungsversuche für beide Konzepte rudimentär, wenngleich eine vielversprechende Basis besteht.

Snow versteht Ideologien als variable Phänomene aus einem lose gekoppelten Satz von Werten, Überzeugungen und Zielen, der relativ stabil ist (Snow 2005). Dies erinnert an die Definition des *Belief-Systems*. Diese Annahme vertritt auch der Ideologie-Forscher Michael Freeden. Er setzt sein ‚schlankes' Ideologie-Konzept mit jenem des *Belief-Systems* gleich.[1] In dieser Minimaldefinition deklariert er es als ein Set von *Beliefs,* Meinungen und Werten. Ideologien seien demnach wie Glaubenssysteme: pragmatische, konkrete Interpretationsansätze sowohl für politische Prozesse als auch für deren Inhalte. Außerdem bilden sie ein Gedankencluster, das Netze von politischen Ideen bereitstellt (Freeden 1998, 2003).

---

[1] Dies geht zurück auf Philip E. Converse, der Ideologie als eine Art Glaubenssystem verstand, das eine individuelle Anordnung von Ideen oder Einstellungen in einem bestimmten Abhängigkeitsgrad setzt (1964).

5 Frames und Ideologien

Die Gleichsetzung mit dem *Belief System* begründet Freeden dadurch, dass Ideologien seiner Definition folgend in der Regel keine komplett ausformulierten, in sich geschlossenen und kohärenten Grundsatzkonzepte sind (Freeden 1998). Ideologien sind damit – wie auch *Belief-Systeme* – in erster Linie Konglomerate verschiedener ‚Ideen'[2] sowie eine Form von Weltanschauung, die als Grundgerüst für das politische Denken der Individuen fungiert. Analog zu Heuristik-Frames nutzen Menschen sie zur Interpretation und zur Komplexitätsreduktion der Realität. Daher haben Ideologien einen Einfluss auf die Strukturierung von Wahrnehmungen und Gedanken (Van Dijk 2006; Freeden 1998, 2003). Bei strategischen Framings werden entsprechend Rückgriffe auf Identitäten, Praktiken, Überzeugungen und Symbole aus vorherrschenden Ideologien verstärkend eingesetzt. Ideologien gelten daher als Ressourcen für Framings (Benford und Snow 2005; Oliver und Johnston 2000; Taylor und Van Dyke 2004).

Politische Strömungen oder Protestbewegungen sind meist von einem ideologischen Gravitationsfeld umgeben. Mitunter stehen sie sogar in einer tiefen Bindung zu Ideologien (Payerhin und Zirakzadeh 2006; Snow 2005). Dies zu negieren, wäre ein extremer Standpunkt jenseits der mechanistischen Sichtweise; folglich würde mit diesem auch die Komplexität von Glaubenssystemen untergraben (Oliver und Johnston 2000; Snow 2005). Unter der Annahme, die Ideologie sei das einzige leitende Element für eine politische Mobilisation, entstehen jedoch auch Missinterpretationen. So wird einer Protestgruppe eine größere innere ideologische Kohärenz zugeschrieben, als dies in Wirklichkeit der Fall ist. Zudem wird dabei unterschlagen, dass *Frame-Alignments* eine aktive Rolle in der Steuerung einnehmen (Snow 2005). Dabei werden Protestgruppen lediglich oft von Ideen, die *Alignments* entstammen, zusammengehalten und nicht von einer umfassenden Ideologie (Gillan 2008).

Eine Folge dieser Fehleinschätzung ist, dass ein eigentliches Framing um soziale Bewegungen als bloßes ideologisches Unterfangen gesehen wird. Mitunter spielen Ideologien jedoch kaum eine Rolle. Dennoch müssen Ideologien mitunter auch strategisch abgeleitet werden, um Diskurskoalitionen zu erzeugen (Snow

---

[2] Der Begriff der Ideologie wurde bereits seit geraumer Zeit durch vielfältige Verwendungen und Ausarbeitungen getrübt. Die Gleichsetzung mit dem *Belief System* ist dabei keine Neuigkeit. Converse stützte sich in seiner Analyse über Ideologien auf das ‚Glaubenssystem', das er als Konfiguration von Ideen und Einstellungen versteht. Dessen Elemente seien durch eine Form von Zwang oder funktioneller Interdependenz zusammengebunden. Dahinter stünde eine Form von Wissen oder eine spezifische Einstellung. Converse sieht auch keine stringente Glaubensstruktur bei den meisten Menschen – sie verfügten eher über eine Anhäufung von zufälligen Meinungen. Dies könne nicht als klare Ideologie gelten (Converse 1964).

2005). Frames sind daher oft ideologische Derivate und am besten zu identifizieren, wenn die Analyse im Hinblick auf ihre ideologischen Bestandteile erfolgt (Oliver und Johnston 2000). Die Kreation eines Frames auf Basis von ideologischen Fragmenten ist der zu bevorzugende Mechanismus für Mesomobilisierer. Ideologische Bezüge stellen keine beliebige Art von sozial geteilten Überzeugungen dar. Da sie eher axiomatisch sind, leiten, kanalisieren und organisieren sie andere geteilte *Beliefs* der Gesellschaft (Van Dijk 2006). Dazu müssen allerdings die meinungsbildenden Gruppen innerhalb der Bewegung als Produzenten ideologischer Elemente anerkannt sein (Snow 2004).

Frames können in diesem Fall als Vermittlungsmedium für Inhalte von Ideologien gesehen werden (Oliver und Johnston 2000). Aber nicht nur das; Frames sind häufig gezielt so konstruiert, dass sie zu einer bestimmten ideologischen Strömung passen. Politische Ideologien fußen auf spezifischen moralischen Grundlagen, daher achten Kommunikatoren darauf, dass die moralische Begründung im Framing ihrer Argumente mit der politisch-ideologischen Orientierung ihrer Zielgruppe harmoniert. Allerdings dienen diese Frames mitunter als Vehikel zur Mobilisierung und nicht als direkte Übersetzung der Ideologie – meist sind sie verkürzt, verändert oder anderweitig abgeleitet (Bowe und Hoewe 2016; Benford und Snow 2005). Daher stufen Gerhards und Rucht (Heuristik)-Frames als eine Art verzerrte Ideologien ein (Gerhards und Rucht 1992). Frames knüpfen also mit Dogmatiken oder Verzerrungen an spezifische Ideologien an, sind zumeist jedoch nur Fragmente, die zuweilen auch mit anderen Weltanschauungen kompatibel sind. Entsprechende Auszüge werden gern in Kommunikations-Frames verwendet, wenn sie leicht mit Heuristik-Frames resonieren.

Durch die Wirkungskette zwischen Frames und Ideologien lässt sich eine gewisse Differenzierung zwischen den Begriffen herauslesen – damit ist jedoch noch keine tiefgreifende konzeptionelle Abgrenzung gewonnen. Eine grobe Trennung vollziehen Oliver und Johnston: Sie verstehen Frames als eine eher oberflächliche Darstellung von politischen Ideen, wohingegen Ideologien vielschichtiger sind und tiefere Gedankenprozesse beinhalten (Oliver und Johnston 2000). Der Umfang in der Konzeption von Ideologien bzw. Frames ist generell das meistgenutzte Abgrenzungsprinzip. Ideologien sind nicht nur breiter angelegt, sondern potenziell konsistenter; dies ist vor allem der höheren Beständigkeit ihrer Bedeutungen geschuldet (Gillan 2008). Ideologien sind entsprechend akzentuierter, präziser und beständiger. Gerhards und Rucht haben einen Ansatz formuliert, der das Verhältnis etwas detaillierter beschreibt:

> We suggest the term ‚frame' for the belief systems of collective actors. Both cognitive schemes (individual belief systems) and frames (collective belief systems) may

involve different degrees of conceptualization [...]. If cognitive schemes are conceptually elaborated, we refer to them as ideological schemes; if frames are conceptually elaborated, we call these ideologies (Gerhards und Rucht 1992, S. 575).

Während bei der Darlegung von Oliver und Johnston die Qualität eines ideologischen Konzepts im Mittelpunkt steht, zielen Gerhards und Rucht eher auf quantitative Merkmale ab: Ein Frame sei damit ‚dünner' als eine Ideologie. Die Forscher beziehen sich hierbei jedoch vor allem auf Protestgruppenframes, was für eine allgemeine Erklärung daher zu kurz greift. So sind auch *Collective-Action-Frames* weder mit Ideologien isomorph noch von ihnen prädeterminiert (Benford und Snow 2005). Die Einteilung von Gerhards und Rucht eröffnet zwar ein rudimentäres Verständnis für den Umfang der Begriffe, eine operationalisierbare Unterscheidung, ab welcher ‚Breite' von einer Ideologie zu sprechen ist, bietet jedoch keiner der Ansätze. Gerhards und Rucht machen Frames vor allem an ihrer mobilisierenden Wirkung fest (Gerhards und Rucht 1992). Dies ist nachvollziehbar, denn bei den kreierten Deutungsschemata stehen häufig konkrete Handlungsperspektiven im Mittelpunkt (Haunss 2004). Um die Handlungsmuster von Protestbewegungen zu untersuchen, ist der Ansatz der *Collective-Action-Frames* als Analysegrundlage besser geeignet als ein Untersuchungsraster, das auf ideologische Muster abzielt: Die gesellschaftlichen oder strukturellen Implikationen sind eher mit diesen verwoben, da sie explizit für die vorliegende Situation kreiert werden. Zudem fungieren bei Diskurskoalitionen meist Frames als bindendes Glied, da sie lediglich ein themenspezifisches Schema verbindet (Benford und Snow 2005). Eine vollständige Kongruenz wäre hierbei auch kontraproduktiv: Der Frame suggeriert zwar ideologische Gleichheit, dient de facto jedoch überwiegend zur Mobilisierung. Würde eine gesamte Ideologie über eine Protestbewegung gespannt, wäre es schwerer, eine kritische Masse zu erreichen. Die gesamte ideologische Ausprägung – wenn ein solches Abbild denn möglich ist – spräche nämlich nur ein kleineres Segment der Gesellschaft an.

Zald liefert noch einen weiteren Abgrenzungsversuch, der auch eine vielversprechende Diskussionsbasis für das Verhältnis von Frames und Ideologie liefert:

> Culture is the shared beliefs and understandings, mediated by and constituted by symbols and language, of a group or society; ideology is the set of beliefs that are used to justify or challenge a given social-political order and are used to interpret the political world; frames are the specific metaphors, symbolic representations and cognitive cues used to render or cast behavior and events in an evaluative mode and to suggest alternative modes of action (Zald 1996, S. 262)

Allerdings kann die Akzentuierung eines Frames weitläufige Veränderungen für seine Funktionalität und die dahinterstehende Ideologie mit sich bringen. Mit den eher interpretativen Strukturen setzen Frames einen Rückkopplungsprozess in Gang: Da in ihnen nur ideologische Fragmente oder spezifische Interessen vertreten werden, wirken sie auf die ursprünglichen Ideologien zurück (Oliver und Johnston 2000). Sie beeinflussen damit nicht nur ihre Anhänger – sie werden auf diese projiziert und auch von ihnen konsumiert. Das Verhältnis zwischen Ideologien und Frames ist daher reziprok.[3] De facto tangieren bereits Anhänger einer sozialen Bewegung die ihnen nahestehende Ideologie, indem sie gewisse Diskurse bestätigen, aufrechterhalten oder negieren. Somit werden durch Framing-Aktivitäten alte Bedeutungen reproduziert und neue induziert (Van Dijk 2006; Oliver und Johnston 2000). Wenn dies keine Beachtung erführe, würde unterschlagen, dass in sozialen Bewegungen politische Gedanken ersonnen und verbreitet werden (Gerhards und Rucht 1992; Oliver und Johnston 2000). Im Umkehrschluss fließen diese wieder als Realität in die politische Arena zurück (Snow 2004). Frames stehen daher mit Ideologien in einer ständigen Wechselbeziehung.

Framer können allerdings auch an ideologische Grundüberzeugungen anknüpfen und die Perzeption von Individuen beeinflussen, ohne deren Ideologie einem Wandel unterziehen zu wollen (Snow et al. 1986). Dies geschieht ohnehin nur in Ausnahmefällen, denn hauptsächlich werden Frames so konstruiert, dass sie gewissen ideologischen Vorstrukturierungen entsprechen (Oliver und Johnston 2000). Auch kann der Sachverhalt so dargestellt werden, dass er die ideologische Position der Rezipienten konterkariert und gerade dadurch mobilisierend wirkt (Snow et al. 1986).

Aufgrund der mannigfaltigen übergreifenden Deutungs- und Motivierungsfunktionen von Ideologien haben einige Wissenschaftler vorgeschlagen, dass soziale Bewegungen am besten als ‚ideologisch strukturierte Aktion' beschrieben werden können (Snow 2004). In Abhandlungen der Framing-Theorie wird häufig auf das Moment der Ideologien verwiesen, während dieses jedoch kaum ausgearbeitet wird. Daher ist eine Erörterung der Beschaffenheit von Weltanschauungen unvermeidlich, um die Konstruktion von Framing-Prozessen analysieren zu können. Abschließend ist zu erwähnen, dass die Frage um das Verhältnis von Ideologie und Frames trotz den in diesem Kapitel aufgeführten Konzepten,

---

[3] Dies setzt Van Dijk in Anschluss an Karl Mannheim (Van Dijk 2006).

Erkenntnissen und Ansatzpunkten bis heute nicht vollständig beantwortet wurde. Insbesondere besteht nach wie vor die Schwierigkeit, Frames von Ideologien zu trennen, da beide Konzepte eng aneinander liegen und mitunter auch in der Realität überlappen. Allerdings sind Ideologien und Frames eben nicht deckungsgleich.

Methoden der Frame-Analyse 6

Das Konzept von Frames und Framing ist relativ intuitiv und einfach verständlich. Insbesondere bei frühen Qualifikationsschriften liegt die Hürde meist darin, mit dem Ansatz empirisch zu arbeiten. Zunächst stellt es die Studierenden vor die Herausforderung, dieses Konzept für den Untersuchungsgegenstand aufzubereiten, damit empirische Erkenntnisse mit ihm gewonnen werden können – die Operationalisierung. Der Begriff Operationalisierung bedeutet ‚messbar machen' und bezieht sich darauf, die Forschungsfrage greifbar und die Inhalte in messbare Variablen umzuwandeln. In diesem abschließenden Kapitel wird ein kurzer Einblick in methodische Ansätze gegeben. Dies ist jedoch keine Anwendungsanleitung, denn jede Framing-Untersuchung braucht ein passendes Forschungsdesign; die methodischen Beispiele sollen lediglich dazu dienen, zu zeigen, wie eine solche Methodik aufgebaut sein kann, um empirische Ergebnisse zu liefern.

Ein Methodenteil besteht in einer wissenschaftlichen Arbeit, um Daten zu erheben und auszuwerten. Neben dieser Systematik in der Arbeit werden damit weiterhin Transparenz, Nachvollziehbarkeit und Reproduzierbarkeit gewährleistet.

6.1 Die Inhaltsanalyse bei Framing-Untersuchungen

In wissenschaftlichen Untersuchungen sind Forschungsmethoden an verwendete Theorien zurückgebunden. Framing-Analysen erfordern häufig einen Ansatz, mit welchem die Kommunikationsinhalte untersucht und enthaltene Frames entdeckt werden können. Diese können in sämtlichen Quellen gefunden werden, die unter den Überbegriff der fixierten Kommunikation subsumiert werden können: Texten, Reden, Slogans, Memes, Tweets, Grundsatzpapiere von Parteien und sozialen

Protestbewegungen oder Pamphleten. Sie können dabei in verschiedensten Formen auftreten: als Text, audiovisuelle Kommunikationselemente oder diskursive Einheiten. Die Schwierigkeit bei einer Analyse zur Frame-Identifizierung ist, dass ihre Bedeutungsstrukturen nur latent bestehen und sie daher im Grunde nur durch einen Interpretationsprozess empirisch gezeigt werden können.

Für die Untersuchung von Framing-Prozessen in der fixieren Kommunikation empfiehlt sich häufig die Inhaltsanalyse. Diese Methode eignet sich zur Untersuchung verschiedenster Formen der Kommunikation (Entman 2007; Mayring 2010). Insbesondere aber gilt für eine Framing-Analyse, dass mit der qualitativen Auswertung von Textinhalten entsprechende Konstruktionen abgebildet und dabei auch die Maßgaben von Reliabilität, Reproduzierbarkeit als auch der Validität erfüllt werden können.

Nach Matthes und Kohring existieren vier Arten der inhaltlichen Frame-Analyse:

1. die textwissenschaftliche Methode, in der eine rein qualitative Erfassung durch hermeneutisch-interpretative Verfahren Frames hervorgehoben werden.
2. die interpretativ-quantitative Methode, bei der aus einem Datensatz Frames deskriptiv rekonstruiert werden.
3. die computergestützte Cluster-Analyse, bei der Frames mit Hilfe von Software auf eine Clusterbildung untersucht werden können.
4. ein deduktives Vorgehen, bei welcher anhand eines Kategorienschemas Frames gewissen Sprachmustern zugeordnet werden (Matthes und Kohring 2004).

Grundsätzlich ist der qualitativen Forschung ein ‚Verstehen-Prozess' immanent, der einen offenen, beschreibenden und interpretativen Diskurs als Basis der Analyse zulässt (Mayring 2010). Die Inhaltsanalyse ist dabei eine Methode, mit der auch der Kontext des Inhaltes für die Untersuchung berücksichtigt werden kann. So können Frames korrekt identifiziert und beschrieben, deren Salienz eingeordnet sowie deren Interaktion mit den heuristischen Schemata der Zielgruppe verstanden werden. Entman ordnet Inhaltsanalysen einer strategischen Kommunikation ohne das Framing-Paradigma sogar als Fehler in der Datenauswertung ein (Entman 1993).

Generell ist für eine Interpretation von Frames die philologisch-historische Hermeneutik als allgemeine Textauslegung prädestiniert (Mayring 2010). Der Vorzug bei dieser Methodik in Bezug auf die Analyse von Frames ist, dass Texte nur entsprechend decodiert werden können, wenn der Kontext einbezogen ist, in dem sie verfasst wurden (Entman 1993). Für jene Analyseform gelten jedoch

6.1 Die Inhaltsanalyse bei Framing-Untersuchungen

strenge Kriterien. Philipp Mayring bietet einen systematischen sowie regel- und theoriegeleiteten Leitfaden für ihre Anwendung.

Die von Mayring verlangte Systematik bezieht sich sowohl auf qualitative als auch auf quantitative Verfahren. Ihm zufolge sind qualitative Verfahren nützlich, allerdings müssen sie stets anhand bestimmter Regeln vollzogen werden (Mayring 2010). Dabei sind zunächst folgende Voraussetzungen zu erfüllen:

1. Eine qualitative Inhaltsanalyse darf die Vorzüge quantitativer Techniken, wie sie im Bereich der Kommunikationswissenschaften entwickelt wurden, nämlich deren systematisches Vorgehen, nicht aufgeben. Sonst muss sie sich Vorwürfe des Impressionistischen, des Beliebigen gefallen lassen.
2. Eine qualitative Inhaltsanalyse darf ihr Material nicht isoliert, sondern als Teil einer Kommunikationskette verstehen. Sie muss es in ein Kommunikationsmodell einordnen.
3. Viele Grundbegriffe quantitativer Inhaltsanalyse lassen sich auch in einer qualitativen Inhaltsanalyse beibehalten. So vor allem die Konstruktion und Anwendung eines Systems von Kategorien als Zentrum der Analyse.
4. Eine qualitative Inhaltsanalyse muss sich wie jede wissenschaftliche Methode an Gütekriterien überprüfen lassen. (Mayring 2010, S. 29)

Die qualitative Inhaltsanalyse folgt einer Systematik, mit der der Text schrittweise und theoriegeleitet anhand von am Material entwickelten Kategoriensystemen analysiert wird (Mayring 2010). Dafür empfiehlt Mayring für die Analyse von Kommunikationsstrategien ein kategorienbildendes Vorgehen, damit die Bedeutung der untersuchten Inhalte korrekt identifiziert werden kann. In dieser Hinsicht entwickelten verschiedene Disziplinen, in denen die Framing-Analyse verwendet wird, sowohl ihre jeweiligen spezifischen Ansätze der Theorie als auch eine zugehörige Operationalisierung.

Zunächst steht bei einer inhaltlichen Framing-Analyse zumeist die Entwicklung eines Kategoriensystems auf Basis der theoretischen und methodischen Vorschriften. Dabei existieren zwei Möglichkeiten der Kategorienbildung: die deduktive und die induktive Vorgehensweise. In diesem Fall schließen sich deduktive und induktive Verfahren nicht aus, wie häufig beim generellen Forschungsdesign einer Arbeit gewarnt wird. Dennoch muss jedoch eine kombinierte Vorgehensweise einer kontrollierten und regelgeleiteten Arbeitsweise folgen. Der grobe Unterschied zwischen den beiden Arbeitsweisen ist: Bei induktivem Vorgehen werden die Kategorien aus dem vorliegenden Material herausgebildet. Bei der deduktiven Kategorienbildung hingegen werden sie noch vor der Analyse der Daten aufgestellt und definiert. Hierbei ist auch die Theorieanbindung wichtig, da deduktive Kategorien nicht einfach ‚erfunden' werden können. Die deduktive

Vorgehensweise bietet sich daher an, wenn ein Inhalt auf bestimmte Frames überprüft wird oder sie aus theoretischen Annahmen bzw. der einschlägigen Literatur abgeleitet werden können.

Bei der Anwendung der qualitativen Inhaltsanalyse zur Kategorienbildung gelten verschiedene Vorschriften, die befolgt werden müssen:

1. Am Anfang einer qualitativen Inhaltsanalyse muss eine genaue Quellenkunde stehen. Das Material muss auf seine Entstehungsbedingungen hin untersucht werden.
2. Das Material kann nie vorbehaltlos analysiert werden. Der Inhaltsanalytiker muss sein Vorverständnis explizit darlegen. Fragestellungen, theoretische Hintergründe und implizite Vorannahmen müssen ausformuliert werden.
3. Qualitative Inhaltsanalyse ist immer ein Verstehensprozess von vielschichtigen Sinnstrukturen im Material. Die Analyse darf nicht bei dem manifesten Oberflächeninhalt stehen bleiben, sie muss auch auf latente Sinngehalte abzielen. (Mayring 2010, S. 32)

In Verbund mit der Framing-Theorie wird das Forschungsdesign einer Arbeit den erhobenen Vorschriften der Gütekriterien entsprechend ausgerichtet. Dabei verhelfen die Annahmen der Theorie auch zur Entwicklung einer qualitativen Inhaltsanalyse:

1. Die wissenschaftliche Orientierung am Alltag, an alltäglichen, unter natürlichen Bedingungen ablaufenden Prozessen des Denkens, Fühlens und Handelns bezieht sich auch auf das methodische Vorgehen: qualitative [sic!] Inhaltsanalyse muss anknüpfen an alltäglichen Prozessen des Verstehens und Interpretierens sprachlichen Materials.
2. Ein Ansatz der Analyse muss die Übernahme der Perspektive des anderen, also des Textproduzenten sein, um eine »Verdoppelung« des eigenen Vorverständnisses zu verhindern.
3. Eine Interpretation sprachlichen Materials auch durch qualitative Inhaltsanalyse ist immer prinzipiell unabgeschlossen. Sie birgt immer die Möglichkeit der Re-Interpretation. (Mayring 2010, S. 38)

Die Framing-Perspektive kann auch diese Voraussetzungen vollständig erfüllen.

Die Techniken der qualitativen Inhaltsanalyse unterscheiden sich je nach Untersuchungsgegenstand und Fragestellung (Mayring 2010). Dennoch sind zentrale Analyseschritte als essenzielle Bestandteile festgelegt. Zwar zählt insbesondere bei quantitativen Inhaltsanalysen ein Kategoriensystem zu diesen, allerdings erachtet Mayring das Bilden von Kategorien auch bei einer qualitativen Analyse als sinnvoll. Ein solches Vorgehen empfiehlt sich vor allem in Hinblick auf die intersubjektive Überprüfbarkeit. Daher sollten qualitative Inhaltsanalysen über eine synthetische Kategorienkonstruktion vonstattengehen (Mayring 2010).

6.1 Die Inhaltsanalyse bei Framing-Untersuchungen

Bei der Untersuchung einer Framing-Strategie wird die Methode der Inhaltsanalyse insbesondere auf die Identifizierung sprachlicher Kommunikationsmuster ausgerichtet. Bevor das Ausgangsmaterial dahingehend untersucht werden kann, muss dieses bestimmt und seine Entstehungssituation in der Analyse beachtet werden (Mayring 2010). Vor allem ist die Frage relevant, wer es zu welchem Zweck produziert hat. Dabei sind vor allem die folgenden Punkte relevant:

- der Verfasser bzw. die an der Entstehung des Materials beteiligten Interagenten.
- der emotionale, kognitive und Handlungshintergrund des/der Verfasser/innen.
- die Zielgruppe, in deren Richtung das Material verfasst wurde.
- die konkrete Entstehungssituation.
- der soziokulturelle Hintergrund. (Mayring 2010, S. 53)

Spezifisch bei der Analyse von Frames betrachten Wissenschaftler auch den breiteren Kommunikationszusammenhang und den Bezug zum Gesamtkontext. In dieser Ausrichtung erfolgt der von Mayring gesetzte methodische Bezug auf die jeweilige Fragestellung, auf welche die Interpretation ausgerichtet ist. Relevant ist dabei vor allem die theoriegeleitete Differenzierung, da mit ihr sowohl die Regeln als auch der theoretische Interpretationsrahmen der Untersuchung festgelegt sind. Dazu muss die These präzise begründet werden und auf eine spezifische Analyserichtung abgestimmt sein (Mayring 2010).

Um Frames identifizieren zu können, wird in der induktiven Phase empfohlen, sie in einer Matrix zu rekonstruieren. Dazu wird meist ein auf Basis nachvollziehbaren Grundlagen ausgewählter Satz von Texten voranalysiert, um zu erkennen, welche Elemente und Vorschläge als Kriterien sinnvoll sind. Mit den Ergebnissen aus einer solchen ‚ersten Annäherung' können logische Framing-Ketten identifiziert werden (Van Gorp 2007). Auf Basis dieser Vorarbeit wird ein Codierleitfaden erstellt, der zum einen für die Auswertung selbst dient, zum anderen aber auch für die Kriterien der Nachvollziehbarkeit verfügbar sein sollte. Häufig werden im Codierleitfaden nicht nur die jeweiligen Kategorien definiert, sondern auch Ankerbeispiele und Codierregeln festgehalten. Die Kategorien und Ausprägungen sind dabei in der Regel relativ abstrakt, da ein Interpretationsspielraum notwendig ist – ansonsten entstünden auch zu viele Kategorien.

Für wissenschaftliche Framing-Analysen werden in der Regel geschulte Codierer eingesetzt. Bei studentischen Arbeiten wird es jedoch meist akzeptiert, dass das Material in eigener Regie codiert wird. Dazu zählen auch die induktive Kategorien-Entwicklung und die Frame-Identifizierung.

Die Identifizierung von Frames ist interpretativ, doch eine willkürliche Bestimmung kann durch eine ausreichend vielschichte Codierung und mit Hilfe einer

Quantifizierung umgangen werden. Die Analyse erfolgt zwar deduktiv, das Vorgehen verbleibt zunächst jedoch induktiv, da eine andere Bestimmung der Frames sonst unmöglich ist. Da Inhaltsanalysen stets an die Forschungsfrage angepasst werden müssen, steht auch das deduktive Erschließen im Mittelpunkt der Untersuchung (Mayring 2010).

Nicht verwechselt werden darf das Kategorien-System nicht mit jenen Kategorien aus Framing-Ansätzen, auf deren meist die Operationalisierung des Datenmaterials geleitet wird. Diese Kategorien sind beispielsweise jene von Entman, mit denen zunächst gezeigt werden muss, dass überhaupt ein Frame besteht, also die Identifizierung einer Problemdefinition etc. Diese sind von den inhaltlichen Kategorien abzugrenzen, was konkret bedeutet, dass spezifische Frames im Kategoriensystem klassifiziert werden – z. B. ein Freiheitsframe – und die einzelnen Frame-Kategorien dazu genutzt werden, einen substantiellen Frame darzustellen. Das Framing um die ‚soziale Hängematte' würde beispielsweise eine Problemdefinition beinhalten, dass die Zahlung von Sozialleistungen das Problem der Arbeitslosigkeit verstärke. Die Ursache oder kausale Interpretation wäre in diesem Fall, dass sich Sozialhilfeempfänger durch die Zahlungen des Wohlfahrtsstaates auf die faule Haut legen können und man damit das Problem der Arbeitslosigkeit eben verstärkt, da sie sich nicht um einen Arbeitsplatz bemühen müssten. Die moralische Bewertung kann hier implizit mitschwingen, kann aber auch mitgeliefert werden, beispielsweise in Form des Zusatzes, dass dies eine unsägliche Situation für Steuerzahler und hart arbeitende Menschen ist. Eine Lösungsmöglichkeit oder Handlungsanweisung kann sein, dass Arbeitslosenhilfe auf einen strikten Zeitraum begrenzt werden müsse. Der Kontext in diesem Framing ist also die Ausbeutung der Sozialsysteme, lässt aber außen vor, dass Arbeitslosigkeit selbstverständlich unverschuldet eintreten kann und die meisten Menschen in dieser Situation lieber zurück in das Arbeitsleben würden als auf ein Arbeitslosengeld angewiesen zu sein. Es liegt also ein substantielles Framing vor, da der Teil, dass es eine Ausbeutung von Sozialhilfe gibt, zu einem Hauptthema gemacht wurde und sämtliche anderen Faktoren außen vorgelassen werden. Zum Nachweis des Frames dienen zudem die einzelnen erfüllten Frame-Kategorien. Die Frame-Kategorien dienen also zur Operationalisierung und zum Nachweis, dass ein Frame besteht.

Inhaltlich würde dieses Framing beispielsweise in eine Kategorie fallen, die als ‚Anti-Sozialhilfe-Frame' bezeichnet wird. Diese Bezeichnung wird somit ein Teil des Kategoriensystems, mit welchem das restliche Datenmaterial bei der finalen Codierung durchgearbeitet wird.

6.2 Quantitative Verfahrung bei der Frame-Analyse

In der Framing-Forschung kommen bei der Datenerhebung und -auswertung neben qualitativen auch quantitative Methoden zum Einsatz. In der Regel wird der methodischen Forschungsrichtung ausgehend das Studiendesign in seiner Vorgehensrichtung angepasst. Eine quantitative Analyse wird in der Regel deduktiv konstruiert, also hypothesentestend. In der qualitativen Forschung werden zumeist auf induktivem Wege konkrete Fragen beantwortet.

Die quantitative Inhaltsanalyse eignet sich in bestimmten Fällen für die Analyse von Textmaterial. Gerade die Framing-Forschung ist jedoch ein interpretatives Verfahren, was die qualitative Datenauswertung zumeist prädestiniert. Bei hohen Textmengen beispielsweise oder Material, das quantitativ adäquat erfasst werden kann, sind entsprechende Methoden allerdings sinnvoll. Quantitative Forschungsansätze sind beispielsweise zielführend, wenn dadurch eine Komplexitätsreduktion des Untersuchungsmaterials erreicht wird oder Texte mit statistischen Verfahren vergleichbar gemacht werden können (vgl. Rössler 2017, S. 18). Im Gegensatz zur qualitativen Analyse kann als Vorteil im quantitativen Verfahren gelten, dass in der Datenauswertung tendenziell mehr Objektivität in die Analyse einfließt, da der Untersuchungsgegenstand nicht durch eine individuelle Interpretation ausgewertet wird, die darüber hinaus ohne belastbare Zahlen auskommen müsste. Einschränkend muss jedoch gelten, dass in einem rein auf quantitativer Methode basierten Verfahren die Kontextsetzungen zumeist nur unzureichend rekonstruiert werden können. Dies ist gerade bei Untersuchungen kritisch zu betrachten, bei denen rein die Verwendung von Wörtern gezählt wird. Daher wird häufig konstatiert, dass die Nuancen und Differenzierungen bei Framing-Prozessen nur durch ein qualitatives Untersuchungsdesign adäquat erfasst werden können (u. a. Gerhards et al. 2011, S. 69).

Allerdings kann bei quantitativen Verfahren anhand der analytischen Variablen auch die Ausprägung des Inhalts festgestellt werden, wenn Coder entscheiden können, ob eine entsprechende Kontextsetzung vorliegt. Hierbei ist natürlich auch wie im qualitativen Forschungsdesign eine gewisse Subjektivität der Codierenden vorhanden, allerdings ist der interpretative Anteil zumeist eingeschränkt. Beispielsweise wird hierbei die Bewertung von Aussagen gemessen und in Form einer Variablenbelegung ausgegeben. Dies kann numerisch geschehen wie „1 = ablehnender Bias", „2 = befürwortender Bias", „3 = keine klare Tendenz erkennbar/ausgewogen". Mithilfe eines regelgeleiteten Vorgehens werden auf einer solchen Basis die Inhalte ausgewertet. Das Kategoriensystem bildet in der Regel das Herzstück eines Codebuchs und fungiert auch bei quantitativen Verfahren als Instrument zur Datenerhebung. Die gewählten Analyseeinheiten werden auf Basis von codierfähigen und auswertbaren Variablen oder Kategorien gewählt (Rössler 2017, S. 96–98).

Um die Reliabilität und Validität auf ein möglichst hohes Maß zu bringen, führt der Faktor der Frame-Identifizierung und seine Kombination aus quantitativen Validierungen und qualitativen Deutungen häufig zur Methode der Triangulation.

6.3 Die Methode der Triangulation

Eine Kombination von qualitativen und quantitativen Forschungsmethoden verspricht in den sozialwissenschaftlichen Framing-Analysen oft die überzeugendsten Ergebnisse zu liefern, da die Frequenz verschiedener Elemente die Ähnlichkeit der Textsorten – und damit eines Gesamtframes – zeigen kann. Bereits mit wenigen quantitativen Verfahren kann so ein Frame-Muster erkannt werden. Die dahinterstehenden Konstruktionen sind dahingegen durch hermeneutische Schlussfolgerungen und qualitative Interpretationen zu erklären. Zum einen wird somit eine möglichst korrekte Rekonstruktion sichergestellt, zum anderen erhöht das Wechselspiel der Ansätze die Wertigkeit der Reliabilität und der Repräsentativität. Aufgrund dieser höheren Genauigkeit empfehlen auch verschiedene Wissenschaftler, einen *Mixed-Methods*-Ansatz in der Forschung zu verwenden (Kuckartz 2014; Flick et al. 2013).

Die methodische Triangulation wurde zunächst für die Validität einer Untersuchung entwickelt. Diese *Between-Method* erhöht diese im Vergleich zu einzelnen Verfahren. Udo Kuckartz stuft die Triangulation entsprechend als Methode der Validierung und weniger als ein Konzept für ausgefeilte, differenzierte Designs der Forschungspraxis ein. Er sieht sie auch nicht mit einer bestimmten wissenschaftstheoretischen Position verknüpft (Kuckartz 2014). Mittlerweile werden derlei kombinierte Verfahren als vollwertige Methode verstanden und nicht eines davon als eine Art Vorstufe oder Illustration. Ihre einzelnen Bestandteile werden in der Triangulation zunächst getrennt eingesetzt und damit ein Satz an Beobachtungsdaten produziert. Beide Ergebnisse werden im Anschluss ausgewertet und in Beziehung zueinander gesetzt (Flick et al. 2013).

Gerade in konstruktivistisch inspirierten Perspektiven kann die Triangulation als naiver Realismus kritisiert werden. Allerdings wird mit ihrer Anwendung auch nicht behauptet, dass objektive Positionen unabhängig „von Methoden und Beobachtenden sozialen Phänomenen zugemessen werden könnten" (Kuckartz 2014, S. 48). Kuckartz konstatiert, dass trotz der epistemologischen Kritik auch konstruktivistische Forschungsdesigns durch das Hinzuziehen einer weiteren Perspektive bereichert würden (Kuckartz 2014).

6.4 Die Codierung des Materials

Für eine Codierung wird Ordnung innerhalb des Datenmaterials hergestellt, um eine strukturierte Beschreibung über jenes erstellen zu können. Dabei können die Klassifizierungen entweder die Basis quantitativer Untersuchungen oder sie selbst das Ziel einer Analyse sein. Auch hierbei sind spezifische, empirisch und theoretisch substantiierte Einheiten aufzustellen (Mayring 2010).

Schließlich analysieren die Codierer die Texte nach induktiv erhobenen Kriterien und selektieren markante Textstellen. Ein Codierleitfaden oder ein Codebuch gibt für deren Auswertung typische Ausprägungen vor (Extreme, theoretisches Interesse und empirische Häufigkeit) (Mayring 2010). Ein Codebuch besteht in der Regel aus einer kurzen Einleitung, in der das Studiendesign umrissen ist, also die wichtigsten Punkte des Forschungsprojektes (Untersuchungsziel, Forschungsfrage, Hypothesen und geplante Vorgehensweise). Des Weiteren finden sich dort die Definitionen der für die Forschung wichtigen Begriffe, der Auswahleinheiten, Analyseeinheiten und Kontexteinheiten (Rössler 2010, S. 97–98). Dabei werden einzelne Aussagen o. ä. in Hinblick auf wiederkehrende Frames überprüft. Wenn im Text ein Kriterium oder ein Frame-Bestand erfüllt ist, wird jenes als Begriff oder Bedeutungseinheit codiert. In typisierenden Strukturierungen filtern Codierer auf der Basis bestimmter Ordnungskriterien Aspekte so aus dem Material. Typisierungsdimensionen sind zumeist darauf ausgerichtet, einzelne markante Ausprägungen zu identifizieren und zu beschreiben (Mayring 2010). Jene Kategorien müssen zuvor definiert werden, um das Material interpretieren zu können. Mayring veranschlagt dafür drei Kriterien:

- Besonders extreme Ausprägungen sollen beschrieben werden.
- Ausprägungen von besonderem theoretischem [sic!] Interesse sollen beschrieben werden.
- Ausprägungen, die im Material besonders häufig vorkommen, sollen beschrieben werden. (Mayring 2010, S. 98)

Für die Untersuchung einer Framing-Strategie ergibt sich damit ein Vorgehen, demzufolge zunächst mit einer quantitativen Inhaltsanalyse empirische Nachweise überprüft und diese daraufhin codiert werden. Anhand jener Erkenntnisse werden interpretativ Frames im Text bestimmt. Erst wenn eine Anzahl an nachweisbaren Ausprägungen vorhanden ist, werden hermeneutische Schlüsse auf

Basis der qualitativen Analyse gezogen. Rein quantitative Inhaltsanalysen sind jedoch auch möglich.

Bei beiden ‚Verfahrensrichtungen' sollten Codierregeln definiert werden und – wenn es sich nicht um studentische Arbeiten handelt – mehrere unabhängige Menschen das Material codieren. Die Codierregeln werden in der Regel auch im Anhang einer Arbeit angegeben. Wenn mehrere Leute codieren, sollten vor allem bei qualitativen Verfahren zudem Inter-Coder-Reliability-Scores berechnet werden. Inter-Coder-Reliability-Scores sagen etwas über den Übereinstimmungsgrad zwischen unabhängigen Codierern aus, damit gewährleistet ist, dass die Codierregeln entsprechend funktionieren und die Codierer nicht willkürlich Frames rekonstruieren. Deshalb sollte das Erhebungsinstrument möglichst genau definiert und mit geringem Interpretationsspielraum ausgestaltet sein. Um die Inter-Coder-Reliability-Scores bestimmen zu können, sollten Autor(en) zufällig 10–15 % der Analyseeinheiten auswählen und codieren lassen. Sie können dann die Übereinstimmung zwischen den Codierern berechnen (Krippendorffs Alpha, Cohens Kappa, siehe z. B. Brennan und Prediger 1981). Je höher schließlich die Überschneidung und Übereinstimmung, desto höher ist auch die Güte der Aussagen in der Untersuchung.

Literatur

Aalberg, Toril/Strömbäck, Jesper/de Vreese, Claes H. (2012): The framing of politics as strategy and game: A review of concepts, operationalizations and key findings. *Journalism*, 13(2), S. 162–178.

Van Aelst, Peter/Walgrave, Stefaan (2016): Information and Arena: The Dual Function of the News Media for Political Elites: Information and Arena. *Journal of Communication*, 66. https://doi.org/10.1111/jcom.12229.

Anderson, Benedict (1983): *Imagined Communities: Reflections on the Origin and Spread of Nationalism*. Verso.

Andits, Petra (2016): From historical injustice to local conflict: Mobilization – countermobilization dynamics surrounding the 2005 Melbourne 'Trianon Protest'. *Social Movement Studies*, 15:3, S. 322–334.

Andrews, Amelia C./Clawson, Rosalee A./Gramig, Benjamin M./Raymond, Leigh (2017): Finding the Right Value: Framing Effects on Domain Experts. *Political Psychology* 38, (2), S. 261–278.

Arendt, Florian/Matthes, Jörg (2014): Cognitive effects of political mass media. *Political Communication*, Jan. 2014.

Arnold, Markus (2012): Erzählen. Die ethisch-politische Funktion narrativer Diskurse. In Arnold, Markus/Dressel, Gert/Viehöver, Willy (Hrsg.): *Erzählungen im Öffentlichen. Über die Wirkung narrativer Diskurse*. Wiesbaden: Springer VS.

Arzheimer, Kai (2009): Ideologien. In: Kaina, Viktoria (Hrsg.): *Politische Soziologie. Ein Studienbuch*. Wiesbaden: Springer VS, S. 83–108.

Aufderheide, Patricia (1990): After the Fairness Doctrine: Controversial Broadcast Programming and the Public Interest. In: *Journal of Communication*, 40 (3), S. 47–72.

Bargh, John A./Chen, Mark/Burrows, Lara. (1996): Automaticity of social behavior: Direct effects of trait construct and stereotype activation on action. *Journal of Personality and Social Psychology*, 71(2), S. 230–244.

Barsalou, Lawrence W. (1992): Frames, Concepts and Conceptual Fields. In: Lehrer, Adrienne/Kittay, Eva Feder (Hrsg.): *Frames, Fields and Contrasts. New Essays in Semantics and Lexical Organisation*. New Jersey: Erlbaum Associates Publishers Hillsdale, S. 21–74.

Bartholomé, Guus/Lecheler, Sophie/de Vreese, Claes (2015): Manufacturing Conflict? How Journalists Intervene in the Conflict Frame Building Process. *The International Journal of Press/Politics* 20 (4), S. 438–457.

Bateson, Gregory (1972): A theory of play and fantasy. In: Bateson, Gregory: *Steps to an Ecology of Mind*. New York: Ballantine Books, S. 177–193.

Baum, Matthew A./Groeling, Tim (2008): New media and the polarization of American political discourse. *Political Communication*, 25, S. 345–365.

Baumer, Eric P. S./Polletta, Francesca/Piersk, Nicole/Gay, Geri K. (2017): A Simple Intervention to Reduce Framing Effects in Perceptions of Global Climate Change, Environmental Communication, 11, 3, S. 289–310.

Baumgartner, Frank R./Jones, Bryan D. (1993): *Agendas and Instability in American Politics*. Chicago, IL: University of Chicago Press.

Baumgartner, Frank R. (2007): EU Lobbying: A view from the US. *Journal of European Public Policy*, 14 (3), S. 482–488.

Béland, Daniel (2009): Ideas, institutions, and policy change. *Journal of European Public Policy*, 16:5, S. 701–718.

Benford, Robert D. (1993): Frame Disputes within the Nuclear Disarmament Movement. *Social Forces*, 71 (3), S. 677–701.

Benford, Robert D. (1997): An Insider's Critique of the Social Movement Framing Perspective. *Sociological Inquiry*, 67 (4), S. 409–430.

Benford, Robert D. (2013): Master Frame. In: Snow, David A./Della Porta, Donatella/Klandermans, Bert (Hrsg.): *The Wiley-Blackwell Encyclopedia of Social and Political Movements*. Oxford: Blackwell Publishing Ltd. S. 1–2.

Benford, Robert D./Snow, David A. (1992): Master Frames and Cycles of Protest. In: Morris, Aldon D./Mueller, Carol McClurg (Hrsg.): *Frontiers in social movement theory*. New Haven [u. a.]: Yale University Press, S. 133–155.

Benford, Robert D./Snow, David A. (2000): Framing Processes and Social Movements: An Overview and Assessment. *Annual Review of Sociology*, 26, S. 611–639.

Benford, Robert D./Snow, David A. (2005): Clarifying the Relationship between Framing and Ideology. In: Johnston, Hank/Noakes, John A. (Hrsg.): *Frames of Protest. Social Movements and the Framing Perspective*. Lanham: Rowman & Littlefield, S. 205–212.

Benjamin, Daniel/Por, Han-Hui/Budescu, David (2017): Climate Change Versus Global Warming: Who Is Susceptible to the Framing of Climate Change? *Environment and Behavior*, 49(7), S. 745–770.

Bennett, W. Lance (2012): The Personalization of Politics: Political Identity, Social Media, and Changing Patterns of Participation. *The ANNALS of the American Academy of Political and Social Science* 644 (1), S. 20–39.

Berlet, Chip (2012): Reframing Populist Resentments in the Tea Party Movement. In: Trost, Christine/Rosenthal, Lawrence (Hrsg.): *Steep: The precipitous rise of the Tea Party*. Berkeley: University of California Press, S. 47–66.

Bertolotti, Mauro; Catellani, Patrizia (2015): Agreement with climate change policies: Framing the future and national versus supranational identity. *European Journal of Social Psychology*, 45 (7), S. 847–857.

Bilandzic, Helena/Kalch, Anja/Jens Soentgen (2017): Effects of Goal Framing and Emotions on Perceived Threat and Willingness to Sacrifice for Climate Change. *Science Communication*, Vol 39, Issue 4, S. 466–491.

Bless, Herbert/Burger, Axel M. (2016): Assimilation and contrast in social priming. *Current Opinion in Psychology*, 12, S. 26–31.
Boesman, Jan/Berbers, Anna/D'haenens, Leen/van Gorp, Baldwin (2017): The news is in the frame: A journalist-centered approach to the frame-building process of the Belgian Syria fighters. *Journalism*, 18 (3), S. 298–316.
Borah, Porismita (2011): Conceptual issues in framing theory: A systematic examination of a Decade's literature. *Journal of Communication*, 61(2), S. 246–263.
Borah, Porismita (2014): Does It Matter Where You Read the News Story? Interaction of Incivility and News Frames in the Political Blogosphere. *Communication Research*, 41 (6), S. 809–827.
Boscarino, Jessica E. (2016): Setting the Record Straight: Frame Contestation as an Advocacy Tactic. *Policy Studies Journal*, 44 (3), S. 280–308.
Boukes, Mark (2021): Episodic and Thematic Framing Effects on the Attribution of Responsibility: The Effects of Personalized and Contextualized News on Perceptions of Individual and Political Responsibility for Causing the Economic Crisis. *The International Journal of Press/Politics*. OnlineFirst.
Bourdieu, Pierre/Eagleton, Terry (1992): Doxa and common life. *New Left Review*, 199, S. 111–121.
Bowe, Brian J./Hoewe, Jennifer (2016): Night and Day: An Illustration of Framing and Moral Foundations in the Oklahoma Shariah Amendment Campaign. *Journalism & Mass Communication Quarterly*, 93 (4), S. 967–985.
Bradshaw, Samantha/Howard, Philip J. (2017): Troops, trolls and troublemakers: A global inventory of organized social media manipulation. In: Woolley, Samuel/Howard, Philip N. (Hrsg.): Working Paper 2017.12. Oxford, UK: Project on Computational Propaganda. comprop.oii.ox.ac.uk<http://comprop.oii.ox.ac.uk/>. 37 pp.
Brewer, Paul R. (2001): Value words and lizard brains: Do citizens deliberate about appeals to their core values? *Political Psychology*, 22(1), S. 45–64.
Brewer, Paul R. (2002): Framing, Value Words, and Citizens' Explanations of Their Issue Opinions. *Article in Political Communication*, 19(3), S. 303–316.
Brewer, Paul R. (2003): Values, political knowledge, and public opinion about gay rights: A framingbased account. *Public Opinion Quarterly*, 67(2), S. 173–201.
Brône, Geert/Feyaerts, Kurt/Veale, Tony (2015): *Cognitive Linguistics and Humor Research. Applications of Cognitive Linguistics (ACL)*. Berlin: Mouton de Gruyter.
Brüggemann, Michael (2014): Between Frame Setting and Frame Sending: How Journalists Contribute to News Frames. *Communication Theory*, 24 (1), S. 61–82.
Brugman, Britta C./Burgers, Christian (2018): Political framing across disciplines: Evidence from 21st-century experiments. *Research and Politics*, April-June 2018; S. 1–7. https://doi.org/10.1177/2053168018783370.
Bruns, Axel. (2008): *Blogs, Wikipedia, Second Life, and Beyond: From Production to Produsage*. Peter Lang Publishing Inc. New York.
Bundestagswahlprogramm Bündnis90/DieGrünen 2013, Herausgeberin: Bündnis90/DieGrünen, KOMPAKTMEDIEN.
Burack, Cynthia/Wilson, Angelia R. (2012): 'Where Liberty Reigns and God is Supreme': The Christian Right and the Tea Party Movement. *New Political Science*, 34 (2), S. 172–190.

Burgers, Christian/Konijn, Elly A./Steen, Gerard J. (2016): Figurative Framing: Shaping Public Discourse Through Metaphor, Hyperbole, and Irony. *Communication Theory*, 26 (4), S. 410–430.

Burlone, Nathalie/Richmond, Rebecca G. (2018): Between Morality and Rationality: Framing End-Of-Life Care Policy Through Narratives. *Policy Sciences*, September 2018, Vol. 5, I. 3, S. 313–334.

Cacciatore, Michael A./Scheufele, Dietram A./Iyengar, Shanto (2016): The End of Framing as we Know it … and the Future of Media Effects. *Mass Communication and Society*, 19:1, S. 7–23.

Cairney, Paul (2015): Paul A. Sabatier, An Advocacy Coalition Framework of Policy Change and the Role of Policy-Oriented Learning Therein. In: Balla, Steven J./Lodge, Martin/Page, Edward C. *The Oxford Handbook of Classics in Public Policy and Administration*. Oxford: Oxford University Press, S. 484–497.

Cappella, Joseph N./Hall Jamie, Kathleen (1997): *Spiral of Cynicism: The Press And The Public Good.* Oxford: Oxford University Press.

Chong, Dennis/Druckman, James N. (2010): Dynamic Public Opinion: Communication Effects over Time. *American Political Science Review*, 104(4), S. 663–680.

Chong, Dennis/Druckman, James N. (2013): Counterframing Effects. *The Journal of Politics*, 75(1), S. 1–16.

Chong, Dennis/Druckman, James N. (2007a): A Theory Of Framing And Opinion Formation In Competitive Elite Environments. *Journal of Communication*, 57(1), S. 99–118.

Chong, Dennis/Druckman, James N. (2007b): Framing Public Opinion In Competitive Democracies. *American Political Science Review*, 101(4), S. 637–655.

Chong, Dennis/Druckman, James N. (2007c). Framing theory. *Annual Review of Political Science*, 10, S. 103–126.

Colombini, Manuela/Mayhew, Susannah H./Hawkins, Ben/Bista, Meera/Joshi, Sunil Kumar/Schei, Berit/Watts, Charlotte (2016): Agenda Setting And Framing Of Gender-Based Violence In Nepal: How It Became A Health Issue. *Health Policy and Planning*, 31 (4), S. 493–503.

Conley, Hazel/Heery, Edmund (2007): Frame Extension in a Mature Social Movement: British Trade Unions and Part-time Work, 1967–2002. *Journal of Industrial Relations*, 49 (1), S. 5–29.

Converse, Philip E. (1964): The Nature of Belief Systems in Mass Publics. *Critical Review: A Journal of Politics and Society*, 18 (1–3), S. 1–74.

Coombs, W. Timothy (2006): Crisis management: A communicative approach. In: Botan, Carl H./Hazleton, Vincent (Hrsg.): *Public Relations Theory II*. Mahwah, NJ: Lawrence Erlbaum Associates S. 171–197.

Cox, Daniel/Jones, Robert P. (2011): Plurality of Americans Believe Capitalism at Odds with Christian Values. Public Religion. Online verfügbar unter: http://publicreligion.org/research/2011/04/plurality-of-americans-believe-capitalism-at-odds-with-christian-values/ (zuletzt geprüft am 13.12.2018).

Crow, Deserai A./Lawlor, Andrea (2016): Media in the Policy Process: Using Framing and Narratives to Understand Policy Influences. *Review of Policy Research*, 33 (5): S. 472–491.

D'Haenens, Leen/de Lange, Mariëlle (2001): Framing of Asylum Seekers in Dutch Regional Newspapers. *Media, Culture & Society*, 23, S. 847–60.

Dalton, Russell J. (2008): The Quantity and the Quality of Party Systems. Party System Polarization, Its Measurement, and Its Consequences. *Comparative Political Studies*, 41, S. 899–920.
De Vreese, Claes H. (2005a): The spiral of cynicism reconsidered. *European Journal of Communication*, 20(3): S. 283–301. https://doi.org/10.1177/0267323105055259.
De Vreese, Claes H. (2005b): News Framing Theory and Typology. *Information Design Journal + Document Design*, 13, S. 48–59.
De Vreese, Claes H./Elenbaas, Matthijs (2008): Media In The Game Of Politics: Effects Of Strategic Metacoverage On Political Cynicism. *The International Journal of Press/Politics*, 13(3), S. 285–309. https://doi.org/10.1177/1940161208319650.
De Vreese, Claes H./Semetko, Holly (2002): Cynical and engaged: Strategic campaign coverage, public opinion, and mobilization in a referendum. *Communication Research*, 29(6), S. 615–641. https://doi.org/10.1177/009365002237829.
De Vries, Gerdien (2017): How Positive Framing May Fuel Opposition to Low-Carbon Technologies. The Boomerang Model. *Journal of Language and Social Psychology*, 36 (1), S. 28–44.
Dekker, Rianne/Scholten, Peter (2017): Framing the Immigration Policy Agenda. A Qualitative Comparative Analysis of Media Effects on Dutch Immigration Policies. *The International Journal of Press/Politics*, 22 (2), S. 202–222.
DeLuca, Kevin M./Lawson, Sean/Sun, Ye (2012): Occupy Wall Street on the Public Screens of Social Media: The Many Framings of the Birth of a Protest Movement. *Communication, Culture & Critique*, 5 (4), S. 483–509.
Detenber, Benjamin H./Ho, Shirley S./Ong, Adeline H./Lim, Nigel W. B. (2018): Complementary Versus Competitive Framing Effects in the Context of Pro-Environmental Attitudes and Behaviors. *Science Communication*, 40 (2), S. 173–198. https://doi.org/10.1177/1075547018758075.
Diehl, David/McFarland, David A. (2010): Towards a historical sociology of situations. *American Journal of Sociology*, 115(6), 1713–1752.
Dodge, Jennifer/Lee, Jeongyoon (2017): Framing Dynamics and Political Gridlock: The Curious Case of Hydraulic Fracturing in New York. *Journal of Environmental Policy & Planning*, 19:1, S. 14–34.
Dodge, Jennifer (2015): The deliberative potential of civil society organizations: Framing hydraulic fracturing in New York. *Policy Studies*, 36 (3), S. 249–266.
Douglas, Mary (1991): *Wie Institutionen denken*. Frankfurt am Main: Suhrkamp.
Douglas, Mary (1996): *Natural symbols. Explorations in Cosmology With a New Introduction*. London: Routledge.
Druckman, James N. (2004): Political Preference Formation: Competition, Deliberation, and the (Ir)relevance of Framing Effects. *American Political Science Review*, 98(4), S. 671–686. https://doi.org/10.1017/S0003055404041413.
Druckman, James N. (2011): What's It All About? Framing in Political Science. In: Gideon, Keren (Hrsg.): *Perspectives on Framing*. New York: Psychology Press/Taylor & Francis, S. 279–300.
Druckman, James N./Fein, Jordan/Leeper, Thomas J. (2012): A source of bias in public opinion stability. *American Political Science Review*, 106(2), S. 430–454.
Druckman, James N. (2001): The Implications of Framing Effects for Citizen Competence. *Political Behavior*, 23 (März), S. 225–56.

Druckman, James N. (2001a): On the Limits of Framing Effects: Who Can Frame? *Journal of Politics*, 63 (4), S. 1041–1066.

Druckman, James N./Chong, Dennis (2007): Framing Theory. *Annual Review of Political Science*, 10, S. 103–126.

Druckman, James N./Levendusky, Matthews S./McLain, Audrey (2018): No Need to Watch: How the Effects of Partisan Media Can Spread via Interpersonal Discussions. *American Journal of Political Science*, Vol. 62, No. 1, S. 99–112.

Druckman, James N./Lupia, Arthur (2016): Preference Change in Competitive Political Environments. *Annual Review of Political Science*, 19:1, S. 13–31.

Druckman, James N./Nelson, Kjersten R. (2003): Framing and Deliberation: How Citizens´conversations limit elite influence. *American Journal of Political Science*, Vol. 47, No. 4, S. 729–745.

Druckman, James N./Arthur Lupia. (2000): Preference Formation. *Annual Review of Political Science*, 3 (Juni), S. 1–24.

Druckman, James N./Fein, Jordan/Leeper, Thomas J. (2012): A Source of Bias in Public Opinion Stability. *American Political Science Review* 106 (02), S. 430–454.

Druckman, James N./Lupia, Arthur (2016): Preference Change in Competitive Political Environments. *Annual Review of Political Science* 19, S. 13–31.

Dye, Thomas R. (2014): *Who's Running America?* Boulder: Pluto Press.

Eising, Rainer/Rasch, Daniel/Rozbicka, Patrycia (2015): Institutions, policies, and arguments: Context and strategy in EU policy framing. *Journal of European Public Policy*, 22:4, S. 516–533.

Entman, Robert M. (1993): Framing: Toward Clarification of a Fractured Paradigm. *Journal of Communication* 43 (4), S. 51–58.

Entman, Robert M. (2007): Framing Bias: Media in the Distribution of Power. *Journal of Communication* 57 (1), S. 163–173.

Entman, Robert M./Usher, Nikki (2018): Framing in a Fractured Democracy: Impacts of Digital Technology on Ideology, Power and Cascading Network Activation, *Journal of Communication* 68, S. 298–308.

Entman, Robert M. (2009): *Projections of power. Framing news, public opinion, and U.S. foreign policy*. Chicago: University of Chicago Press.

Entman, Robert M. (2009): Doomed to Repeat. Iraq News, 2002–2007. *American Behavioral Scientist* 52: 5, 689–708.

Entman, Robert. M./Matthes, Jörg/Lynn Pellicano (2009): Nature, Sources and Effects of News Framing. In: Wahl-Jorgensen, Karin/Hanitzsch, Thomas (Hrsg.): *Handbook of Journalism Studies*. Mahwah: Lawrence Erlbaum Associates, S. 175–190.

Eschert, Silke/Diehl, Michael/Ziegler, René (2017): Gaining Economic Profit or Losing Cultural Security: Framing Persuasive. Arguments for Two Types of Conservatives. *Journal of Social and Political Psychology* 2017, Vol. 5(1), S. 8–28.

Esmark, Anders/Schoop, Sarah R. (2017): Deserving social benefits? Political framing and media framing of 'deservingness' in two welfare reforms in Denmark. *Journal of European Social Policy*, 23: S. 287–299.

Evans, Matt (2016): Information dissemination in new media: YouTube and the Israeli–Palestinian conflict. *Media, War & Conflict* 9 (3), S. 325–343.

Farber, David R. (2010): *The rise and fall of modern American conservatism*. Princeton: Princeton University Press.

Feldman, Lauren (2011): Partisan Differences in Opinionated News Perceptions: A Test of the Hostile Media Effect. *Political Behavior* 33 (3), S. 407–432.

Fisher, W. R. (1984): Narration as a Human Communication Paradigm: The Case of Public Argument. *Communication Monographs* 51 (1), S. 1–22. https://doi.org/10.1080/036377 58409390180.

Fisher, W. R. (1985): The Narrative Paradigm: An Elaboration. *Communication Monographs* 52 (4), S. 347–367. https://doi.org/10.1080/03637758509376117.

Fisher, Walter R. (1987): *Human Communication as Narration: Toward a Philosophy of Reason, Value, and Action.* Columbia, SC: University of South Carolina Press.

Fiske, Susan/Taylor, Shelley (2013): *Social Cognition: From Brains To Culture*, Thousand Oaks: Sage.

Flick, Uwe/Kardorff, Ernst Von/Steinke, Ines (Hrsg.) (2013): *Qualitative Forschung. Ein Handbuch*, 10. Auflage. Reinbek bei Hamburg: Rowohlt.

Freeden, Michael (1998): *Ideologies and Political Theory: A Conceptual Approach.* Oxford: Oxford University Press.

Freeden, Michael (2003): *Ideology: A Very Short Introduction.* Oxford: Oxford University Press.

Fuchs, Christian (2013): Die Kunstrasen-Guerilla Wenn Grasroots-Campaining nur vorgetäuscht ist. In: Speth, Rudolf (Hrsg.): *Grassroots-Campaigning.* Wiesbaden: Springer VS, S. 273–280.

Fürst, Silke (2013): Öffentlichkeitsresonanz als Nachrichtenfaktor – Zum Wandel der Nachrichtenselektion. *Medien Journal*, 37, S. 4–15.

Fürst, Silke/Oehmer, Franziska (2018): „Twitter-Armies", „Earned Media" und „Big Crowds" im US-Wahlkampf 2016: Zur wachsenden Bedeutung des Nachrichtenfaktors Öffentlichkeitsresonanz. In: Oswald, Michael/Johann, Michael: *Strategische Politische Kommunikation im digitalen Wandel. Interdisziplinäre Perspektiven auf ein dynamisches Forschungsfeld*, Wiesbaden: Springer VS, S. 35–61.

Gabriel, Oscar W. (2009): Politische Kultur. In: Kaina, Viktoria/Römmele, Andrea (Hrsg.), *Politische Soziologie. Ein Studienbuch.* Wiesbaden: Springer VS, S. 17–51.

Gahan, Peter/Pekarek, Andreas (2013): Social Movement Theory. Collective Action Frames and Union Theory: A Critique and Extension. *British Journal of Industrial Relations* 51 (4), S. 754–776.

Gamson, William A. (2004): Bystanders, Public Opinion, and the Media. In: Snow, David A./Soule, Sarah A./Kriesi, Hanspeter (Hrsg.): *The Blackwell Companion to Social Movements.* Oxord: Blackwell, S. 242–261.

Gamson, William A. (2002): *Talking Politics.* New York: Cambridge University Press.

Gellner, Winand/Oswald, Michael (2015): IPolitics: Parteien, Medien und Wähler in den USA. In: Jun, Uwe/Jäckel, Michael (Hrsg.): *Wandel und Kontinuität der politischen Kommunikation*, Band 2, Leverkusen: Budrich, S. 191–204.

Gellner, Winand/Strohmeier, Gerd (2002): Cyber-Kampagnen. In: Dörner, Andreas/Vogt, Ludgera (Hrsg): *Wahl-Kämpfe.* Edition Suhrkamp, Bd. 2264. Frankfurt am Main: Suhrkamp, S. 164–186.

Gerhards, Jürgen/Rucht, Dieter (1992): Mesomobilization: Organizing and Framing in Two Protest Campaigns in West Germany. *American Journal of Sociology* 98 (3), S. 555–596.

Gerhards, Jürgen/Schäfer, Mike S./Al-Jabiri, Ishtar/Seifert, Juliane 2011: Terrorismus im Fernsehen. Formate, Inhalte und Emotionen in westlichen und arabischen Sendern, Wiesbaden: Springer VS.

Gillan, Kevin (2008): Understanding Meaning in Movements: A Hermeneutic Approach to Frames and Ideologies. *Social Movement Studies* 7 (3), S. 247–263.

Gitlin, T (1980) *The Whole World Is Watching: Mass Media in the Making and Unmaking of the New Left.* Berkley: University of California Press.

Goffman, Erving (1974): *Frame analysis.* Reprint. Boston: Northeastern University Press.

Gollust, Sarah E./Lantz, Paula M./Ubel, Peter A. (2009): *The polarizing effect of news media messages about the social determinants of health.* American Journal Of Public Health 99 (12), S. 2160–2167. https://doi.org/10.2105/AJPH.2009.161414.

Gross, Kimberly (2008): Framing persuasive appeals: episodic and thematic framing, emotional response, and policy opinion. *Political Psychology* 29, S. 169–192. https://doi.org/10.1111/j.1467-9221.2008.00622.x.

Guardino, Matt/Snyder, Dean (2012): The Tea Party and the Crisis of Neoliberalism: Mainstreaming New Right Populism in the Corporate News Media. *New Political Science* 34 (4), S. 527–548.

Guenduez, Ali Asker/Schedler, Kuno/Ciocan, Dumitru (2016): Generic frames and tonality: Mapping a polarizing issue in a multifaceted context. *European Journal of Communication* 31 (5), S. 584–599.

Guggenheim, Lauren/Jang, S. Mo/Bae, Soo Young/Neuman, W. Russell (2015): The Dynamics of Issue Frame Competition in Traditional and Social Media. *The Annals of the American Academy of Political and Social Science* 659 (1), S. 207–224.

Gutterman, Ellen (2017): Poverty, corruption, trade, or terrorism? Strategic framing in the politics of UK anti-bribery compliance. *The British Journal of Politics and International Relations* 19 (1), S. 152–171.

Guzmán, Sebastián G. (2015): Should I trust the bank or the social movement? Motivated reasoning and debtors' work to accept misinformation. In: Sociological Forum, Vol. 30, No. 4, S. 900–924.

Ha, Jae Sik (2017): Tailoring the Arab Spring to American values and interests: A framing analysis of U.S. elite newspapers' opinion pieces. *International Communication Gazette* 79 (3), S. 276–297.

Hajer, Maarten (1993): Discourse Coalitions and the Institutionalisation of Practice. The Case of Acid Rain in Great Britain. In: Fischer, Frank/Forester, John (Hrsg.): *The argumentative turn in policy analysis and planning.* Durham/London: Duke University Press, S. 43–67.

Hall, Cheryl (2013): What will it mean to be green? Envisioning positive possibilities without dismissing loss. Ethics, *Policy & Environment* 16, S. 125–141.

Hanson, Gary L./Haridakis, Paul M./Sharma, Rekha (2011): Differing Uses of YouTube During the 2008 U.S. Presidential Primary Election. *Electronic News* 5 (1), S. 1–19. https://doi.org/10.1177/1931243111398213.

Hart, P. Sol/Nisbet, Erik C. (2011): Boomerang Effects in Science Communication. *Communication Research* 39 (6), S. 701–723. https://doi.org/10.1177/0093650211416646.

Hart, Philip Solomon (2011): One or Many? The Influence of Episodic and Thematic Climate Change Frames on Policy Preferences and Individual Behavior Change. *Science Communication* 33 (1), S. 28–51. https://doi.org/10.1177/1075547010366400.

Hatfield-Edwards, Heidi/Shen, Fuyuan (2005): Economic Individualism, Humanitarianism, and Welfare Reform: A Value-Based Account of Framing Effects. *Journal of Communication* 55 (4), S. 795–809.

Haunss, Sebastian (2004): *Identität in Bewegung. Prozesse kollektiver Identität bei den Autonomen und in der Schwulenbewegung.* Wiesbaden: Springer VS.

Hoewe, Jennifer/Bowe, Brian J. (2018): Magic words or talking point? The framing of 'radical Islam' in news coverage and its effects. *Journalism*, S. 1–19.

Hönigsberger Herbert/Osterberg, Sven (2013): *Kurzstudie zum Wahlkampf 2013. Medien im Wahlkampf.* Nautilus Politikberatung.

Ihlen, Øyvind/Figenschou, Tine Ustad/Larsen, Anna Grøndahl (2015): Behind the Framing Scenes: Challenges and Opportunities for NGOs and Authorities Framing Irregular Immigration. In: American Behavioral Scientist 59 (7), S. 822–838.

Ihlen, Øyvind/Thorbjørnsrud, Kjersti (2014): Making news and influencing decisions: Three threshold cases concerning forced return of immigrants. *European Journal of Communication* 29 (2), S. 139–152.

Irmisch, Anna (2013): Graswurzelkommunikation im Kontext politischer Interessenvertretung. In: Speth, Rudolf (Hrsg.): Grassroots-Campaigning. Wiesbaden: Springer VS, S. 201–212.

Iyengar, Shanto/Hahn, Kyu S. (2009): Red Media, Blue Media: Evidence of Ideological Selectivity in Media Use. *Journal of Communication* 59 (1), S. 19–39.

Iyengar, Shanto (1991): Is anyone responsible? How television frames political issues. University of Chicago Press.

Jackson, Crystal A. (2016): Framing Sex Worker Rights. How U.S. Sex Worker Rights Activists Perceive and Respond to Mainstream Anti–Sex Trafficking Advocacy. *Sociological Perspectives* 59 (1), S. 27–45.

Jackson, Dan (2011): Strategic Media, Cynical Public? Examining The Contingent Effects Of Strategic News Frames On Political Cynicism In The United Kingdom. *The International Journal of Press/Politics* 16(1), S. 75–101.

Jacobs, Lawrence R./Mettler, Suzanne (2011): Why Public Opinion Changes: The Implications for Health and Health Policy. *Journal of Health Politics, Policy and Law* 36, no. 6, S. 917–933.

James, William (1998 (1890)): *The principles of psychology, Vol I*. New York, NY, US: Henry Holt and Co.

Jamieson, Kathleen Hall (1992): *Dirty Politics*. New York: Oxford University Press.

Jamieson, Kathleen Hall/Capella, Joseph N. (2010): *Echo Chamber: Rush Limbaugh and the Conservative Media Establishment.* Oxford [u. a.]: Oxford University Press.

Jaschke, Hans-Gerd (2006): *Politischer Extremismus.* Wiesbaden: Springer VS.

Jenkins-Smith, Hank/Silva, Carol L./Gupta, Kuhika/Ripberger, Joseph T. (2014): Belief System Continuity and Change in Policy Advocacy Coalitions: Using Cultural Theory to Specify Belief Systems, Coalitions, and Sources of Change. *Policy Studies Journal* 42 (4), S. 484–508.

Johnston, Ron/Pattie, Charles (2006): *Putting Voters in Their Place. Geography and Elections in Great Britain.* Oxford: University Press.

Jou, Jerwen/Shanteau, James/Harri, Richard Jackson. 1996. An Information Processing View of Framing Effects. *Memory & Cognition* 24 (Januar), S. 1–15.

Kangas, Olli E./Niemelä, Mikko/Varjonen, Sampo (2014): When and why do ideas matter? The influence of framing on opinion formation and policy change. *European Political Science Review* 6 (1), S. 73–92.

Khan, M. Laeeq (2017): Social media engagement: What motivates user participation and consumption on YouTube? *Computers in Human Behavior* 66, S. 236–247. https://doi.org/10.1016/j.chb.2016.09.024.

Kim, Sei-Hill/Scheufele, Dietram A./Shanahan, James (2002): Think About It This Way: Attribute Agenda-Setting Function Of The Press And The Public's Evaluation Of A Local Issue. *Journalism and Mass Communication Quarterly* 79 (1), S. 7–25.

Kim, Yonghwan (2015): Does Disagreement Mitigate Polarization? How Selective Exposure and Disagreement Affect Political Polarization. *Journalism & Mass Communication Quarterly* 92 (4), S. 915–937. https://doi.org/10.1177/1077699015596328.

Kinder, Donald R./Sanders, Lynn M. (1996): *Divided by color. Racial politics and democratic ideals.* Chicago: University of Chicago Press.

Klandermans, Bert (1984): Mobilization and Participation: Social-Psychological Expansions of Resource Mobilization Theory. *American Sociological Review* 49, S. 583–600.

Klandermans, Bert (2008): Why Social Movements Come into Being and Why People Join Them. In: Blau, Judith R. (Hrsg.): *The Blackwell Companion to Sociology.* Blackwell Publishing Ltd, S. 268–281.

Klüver, Heike/Mahoney, Christine/Opper, Marc (2015): Framing in context: how interest groups employ framing to lobby the European Commission. *Journal of European Public Policy* 22:4, S. 481–498.

Krippendorff, Klaus (1980): *Content analysis. An Introduction to its Methodology.* Beverly Hills: Sage.

Kroon, Anne C./Vliegenthart, Rens/Van Selm, Martine (2017): Between Accommodating and Activating: Framing Policy Reforms in Response to Workforce Aging across Europe. *The International Journal of Press/Politics* 22 (3), S. 333–356.

Kubal, Timothy J. (1998): The Presentation of Political Self: Cultural Resonance and the Construction of Collective Action Frames. *The Sociological Quarterly* 39 (4), S. 539–554.

Kuckartz, Udo (2014): *Mixed Methods. Methodologie, Forschungsdesigns und Analyseverfahren.* Wiesbaden: Springer VS.

Kuehnhanss, Colin R./Heyndels, Bruno/Hilken, Katharina (2015): Choice in politics: Equivalency framing in economic policy decisions and the influence of expertise. *European Journal of Political Economy* Vol. 40, Issue PB, S. 360–374.

Kuhn, Thomas S. (1979): *Die Struktur wissenschaftlicher Revolutionen.* Frankfurt am Main.

Kühne, Rinaldo (2013): Emotionale Framing-Effekte auf Einstellungen: Ein integratives Modell. *Medien & Kommunikationswissenschaft* 61: 1, S. 5–20.

Kühne, Rinaldo/Schemer, Christian (2015): The Emotional Effects of News Frames on Information Processing and Opinion Formation. *Communication Research* 42 (3), S. 387–407.

Kühne, Rinaldo/Weber, Patrick/Sommer, Katharina (2015): Beyond Cognitive Framing Processes: Anger Mediates the Effects of Responsibility Framing on the Preference for Punitive Measures. *Journal of Communication* Volume 65, 2, S. 259–279.

Lakoff, George (2006): *Thinking points. Communicating our American Values and Vision: A Progressive's Handbook.* New York: Farrar, Straus and Giroux.

Lakoff, George (2004): *Don't think of an elephant! Know your values and frame the debate: the essential guide for progressives.* White River Junction: Chelsea Green Pub. Co.

Lakoff, George/Ferguson, Sam (2006): *Crucial Issues Not Addressed in the Immigration Debate: Why Deep Framing Matters.* Rockridge Institute. Online verfügbar unter: http://www.rockridgeinstitute.org/research/rockridge/immigration/ (zuletzt geprüft am 15.12.2018).

Landau, Mark J./Keefer, Lucas A./Rothschild, Zachary K. (2014): Epistemic motives moderate the effect of metaphoric framing on attitudes. *Journal of Experimental Social Psychology* 53 (0), S. 125–138.

Langman, Lauren (2012): Cycles of Contention: The Rise and Fall of the Tea Party. Critical Sociology 38 (4), S. 469–494.

Lawlor Andrea/Gravelle, Timothy B. (2018): Framing Trans-Border Energy Transportation: The Case of Keystone XL. *Environmental Politics* 27:4, S. 666–685. https://doi.org/10.1080/09644016.2018.1425106.

Lazarsfeld, Paul F./Berelson, Bernard/Gaudet, Hazel (1944): *The People's Choice. How the Voter Makes up his Mind in a Presidential Campaign.* New York, London.

Lecheler, Sophie/Bos, Linda/Vliegenthart, Rens (2015): The Mediating Role of Emotions. News Framing Effects on Opinions About Immigration. *Journalism & Mass Communication Quarterly* 92 (4), S. 812–838.

Lecheler, Sophie/de Vreese, Claes H. (2013): What a Difference a Day Makes? The Effects of Repetitive and Competitive News Framing Over Time. *Communication Research* 40 (2), S. 147–175. https://doi.org/10.1177/0093650212470688.

Lempiälä, Tea/Apajalahti, Eeva-Lotta/Haukkala, Teresa/Lovio, Raimo (2019). Socio-cultural framing during the emergence of a technological field: Creating cultural resonance for solar technology. Research Policy, 48(9), [103830]. https://doi.org/10.1016/j.respol.2019.103830.

Levendusky, Matthew (2013): Partisan Media Exposure and Attitudes Toward the Opposition. *Political Communication* 30 (4), S 565–581.

Limbaugh, Rush (2009): *Climate Gate Hoax: The Universe of Lies Versus the Universe of Reality.* Online verfügbar unter: http://www.rushlimbaugh.com/daily/2009/11/24/climategate_hoax_the_universe_of_lies_versus_the_universe_of_reality (zuletzt geprüft am 02.12.2018).

Lippmann, Walter (1990(1964)): *Die öffentliche Meinung.* München: Rütten + Loening.

Lipset, Seymour/Rokkan, Stein (1967): Cleavage Structures, Party Systems and Voter Alignments. In: Lipset, Seymour/Rokkan, Stein (Hrsg.): *Party Systems and Voter Alignments,* New York: The Free Press, S. 1–64.

Luttig, Matthew D./Lavine, Howard (2016): Issue Frames, Personality, and Political Persuasion. *American Politics Research* 44 (3), S. 448–470.

Major, Mark (2012): Objective but Not Impartial: Human Events, Barry Goldwater, and the Development of the 'Liberal Media' in the Conservative Counter-Sphere. *New Political Science* 34 (4), S. 455–468.

Marshall, Gordon/Scott, John (2009): A dictionary of sociology. 3. Auflage. Oxford: Oxford University Press.

Marx, Paul/Schumacher, Gijs (2016): The effect of economic change and elite framing on support for welfare state retrenchment: A survey experiment. *Journal of European Social Policy* 26 (1), S. 20–31.

Maßlo, Jens (2010): *Jugendliche in der Politik. Chancen und Probleme einer institutionalisierten Jugendbeteiligung.* Wiesbaden: Springer VS. https://doi.org/10.1007/978-3-531-92525-7.

Matthes, Jörg (2007): *Framing-Effekte: zum Einfluss der Politikberichterstattung auf die Einstellungen der Rezipienten.* Frankfurt am Main: R. G. Fischer Verlag.

Maynard, Jonathan Leader (2013): A Map Of The Field Of Ideological Analysis. *Journal of Political Ideologies* 18 (3), S. 299–327.

Mayring, Philipp (2015): *Qualitative Inhaltsanalyse. Grundlagen und Techniken.* Weinheim: Beltz.

McAdam, Doug (2005): Conceptual origins, current problems, future directions. In: McAdam, Doug/McCarthy, John D./Zald, Mayer N.: *Comparative perspectives on social movements. Political opportunities, mobilizing structures, and cultural framings.* Cambridge, New York: Cambridge University Press, S. 23–40.

McAdam, Doug/Mccarthy, John D./Zald, Mayer N. (2005): Introduction: opportunities mobilizing structures and framing processes – toward a synthetic, comparative perspective on social movements. In: McAdam, Doug/McCarthy, John D./Zald, Mayer N.: *Comparative perspectives on social movements. Political opportunities, mobilizing structures, and cultural framings.* Cambridge, New York: Cambridge University Press, S. 1–22.

McClure, Kevin R. (2009): Resurrecting the Narrative Paradigm: Identification and the Case of Young Earth Creationism. *Rhetoric Society Quarterly* 39 (2), S. 189–211. https://doi.org/10.1080/02773940902766771.

McCombs, Maxwell/Llamas, Juan Pablo/López-Escobar, Esteban/Rey, Federico (1997): Candidate images in Spanish elections: second level agenda-setting effects. *Journalism and Mass Communication Quarterly* 74 (4), S. 703–717.

McGirr, Lisa (2001): *Suburban warriors. The origins of the new American Right.* Princeton: Princeton University Press.

McLaren, Lauren/Boomgaarden, Hajo G./Vliegenthart, Rens (2018). News coverage and public concern about immigration in Britain. *International Journal of Public Opinion Research*, 30(2), S. 173–193.

Melucci, Alberto (1996): *Challenging codes. Collective action in the information age.* Cambridge, New York: Cambridge University Press.

Menz, Georg (2015): Framing the matter differently: The political dynamics of European Union labour migration policy making. *Cambridge Review of International Affairs* 28:4, S. 554–570.

Munro, William/Schurman, Rachel (2006): Ideas, Thinkers, And Social Networks: The Process Of Grievance Construction In The Anti-Genetic Engineering Movement. *Theory And Society* 35 (1), S. 1–38.

Nelson, Thomas E./Kinder, Donald R. (1996): Issue frames and group-centrism in American public opinion. *The Journal of Politics* 58 (4), S. 1055–1078.

Nisbet, Matthew C. 2009. Communicating climate change: Why frames matter for public engagement. Environment: *Science and Policy for Sustainable Development* 51(2), S. 12–23.

Noakes, John A./Johnston, Hank (2005): Frames of protest: A road map to a perspective. In: Johnston, Hank/Noakes, John A. (Hrsg.): *Frames of protest: Social movements and the Framing Perspective.* Lanham, MD: Rowman & Littlefield, S. 6–44.

Ojala, Markus/Pantti, Mervi (2017): Naturalising the new cold war: The geopolitics of framing the Ukrainian conflict in four European newspapers. *Global Media and Communication* 13 (1), S. 41–56.

Oliver, Pamela/Johnston, Hank (2000): What a Good Idea! Ideologies and Frames in Social Movement Research. *Mobilization: An International Quarterly* 5 (1), S. 37–54.

Oswald, Michael (2020a): ‚Fake News Media': Der Begriff ‚Fake News' als rhetorisches Mittel in der Politischen Kommunikation. In: Hohlfeld, Ralf/Harnischmacher, Michael/Heinke, Elfi/Sengl, Michael/Lehner, Lea (Hrsg.): *Fake News und Desinformation: Herausforderungen für die vernetzte Gesellschaft und die empirische Forschung.* Nomos 2020, S. 61–82.

Oswald, Michael (2020b): Digitale Disruption: Demokratietheorie im Paradigma der entgrenzten Individualkommunikation. In: Oswald, Michael/Borucki, Isabelle (Hrsg.): *Demokratietheorie im Zeitalter der Frühdigitalisierung.* Springer VS Verlag, Wiesbaden.

Oswald, Michael (2018a): *Die Tea Party als Obamas Widersacher und Trumps Wegbereiter. Strategischer Wandel im Amerikanischen Konservatismus.* Wiesbaden: Springer VS.

Oswald, Michael (2018b): Strategische Politische Kommunikation im digitalen Wandel – ein disruptives Zeitalter. In: Oswald, Michael/Johann, Michael (Hrsg.) Strategische Politische Kommunikation im digitalen Wandel. Interdisziplinäre Perspektiven auf ein dynamisches Forschungsfeld, Wiesbaden: Springer VS Verlag.

Oswald, Michael/Johann, Michael (2016): Im Kampf für eine Gegenkultur: Wie der Islamische Staat den Terrorismus revolutioniert. *Zeitschrift für Friedens- und Konfliktforschung* 5: 2, S. 299–312.

Paletz, David (1998): The media and public policy. In: Graber, Doris A./McQuail, Denis/Norris, Pippa (Hrsg.): *The politics of news. The news of politics.* Washington, DC: Congressional Quarterly Press, S. 218–237.

Pappi, Franz (2005): Cleavage. In: Nohlen, Dieter/Schultze, Rainer-Olaf (Hrsg.): *Lexikon der Politikwissenschaft. Theorien, Methoden, Begriffe.* Band 1. München: Beck, S. 104–106.

Patterson, Thomas E. (1993): *Out of order.* New York: Vintage Books.

Patterson, Thomas E. (2017): *News Coverage of Donald Trump's First 100 Days.* HKS Working Paper No. RWP17-040. Available at SSRN: https://ssrn.com/abstract=3040911 or https://doi.org/10.2139/ssrn.3040911.

Paulsen, Ronelle/Glumm, Karen (1995): Resource mobilization and the importance of bridging beneficiary and conscience constituencies. *National Journal of Sociology* 9 (2), S. 37–62.

Payerhin, Marek/Zirakzadeh, Cyrus Ernesto (2006): On Movement Frames and Negotiated Identities: The Case of Poland's First Solidarity Congress. *Social Movement Studies* 5 (2), S. 91–115.

Pelizza, Annalisa/Hoppe, Rob (2015): Birth of a Failure: Consequences of Framing ICT Projects for the Centralization of Inter-Departmental Relations. *Administration & Society*, S. 101–130.

Perloff, Richard M. (2015): A Three-Decade Retrospective on the Hostile Media Effect, Mass Communication and Society, 18:6, S. 701–729.

Phillips-Fein, Kim (2010): *Invisible hands. The businessmen's crusade against the New Deal.* New York: W. W. Norton.

Polletta, Francesca (1998): Contending Stories: Narrative in Social Movements. *Qualitative Sociology* 21 (4), S. 419–446.

Polletta, Francesca/Jasper, James M. (2001): Collective Identity and Social Movements. *Annual Review of Sociology* 27:1, S. 283–305.

Price, Vincent/Tewksbury, David (1997): News values and public opinion: A theoretical account of media priming and framing. In: Barett, George/Bostner, Franklin J. (Hrsg.): *Progress in Communication Sciences: Advances in Persuasion* Vol. 13, S. 173–212.

Price, Vincent/Nir, Lilach/Cappella, Joseph N. (2005): Framing public discussion of gay civil unions. *Public Opinion Quarterly*, 69 (2), S. 179–212.

Qin, Jie (2015): Hero on Twitter, Traitor on News. *The International Journal of Press/Politics* 20 (2), S. 166–184.

Quattrone, George A./Tversky, Amos (1988): Contrasting Rational and Psychological Analyses of Political Choice. *The American Political Science Review* 82 (3), S. 719–736.

Raschke, Joachim/Tils, Ralf (2007): *Politische Strategie. Eine Grundlegung.* Wiesbaden: Springer VS.

Ripberger, Joseph T./Gupta, Kuhika/Silva, Carol L./Jenkins-Smith, Hank C. (2014): Cultural Theory and the Measurement of Deep Core Beliefs Within the Advocacy Coalition Framework. *Policy Studies Journal* 42 (4), S. 509–527.

Ripberger, Joseph T./Song, Geoboo/Nowlin, Matthew C./Jones, Michael D./Jenkins-Smith, Hank C. (2012): Reconsidering the Relationship Between Cultural Theory, Political Ideology, and Political Knowledge. *Social Science Quarterly* 93 (3), S. 713–731.

Robison, Joshua/Mullinix, Kevin J. (2016): Elite Polarization and Public Opinion: How Polarization Is Communicated and Its Effects. *Political Communication* 33:2, S. 260–282.

Rössler, Patrick (2010): Inhaltsanalyse. Konstanz: UTB.

Sabatier, Paul A. (1998): The advocacy coalition framework: revisions and relevance for Europe. *Journal of European Public Policy* 5 (1), S. 98–130.

Scheufele, Bertram (2011): Effekte von Medien-Framing und Medien-Priming bei Haupt- und Nebenwahlen: Theoretische Ansätze, empirische Befunde und konzeptionelle Überlegungen. In: Jens Tenscher (Hrsg.): *Superwahljahr 2009.* Wiesbaden: Springer VS, S. 269–288.

Scheufele, Bertram 2003: *Frames – Framing – Framing-Effekte.* Wiesbaden: Springer VS.

Scheufele, Bertram T./Scheufele, Dietram A. (2012): Framing and Priming Effects. In: Scharrer, Erica (Hrsg.): *The International Encyclopedia of Media Studies. Volume V of the International companions to media studies.* Malden: Blackwell Ltd., S. 89–107.

Scheufele, Dietram A. (1999): Framing as a Theory of Media Effects. *Journal of Communication.* 49(1), 103–122.

Scheufele, Dietram A./Nisbet, Matthew C. (2008): Framing. In: Kaid, Lynda Lee/Holtz-Bacha, Christina (Hrsg.): *Encyclopedia of Political Communication.* Thousand Oaks, CA.

Scheufele, Dietram A./Tewksbury, David (2007): Framing, Agenda Setting, and Priming: The Evolution of Three Media Effects Models. *Journal of Communication* 57 (1), S. 9–20.

Scheve, Christian von/Zink, Veronika/Ismer, Sven (2016): The Blame Game: Economic Crisis Responsibility, Discourse and Affective Framings. In: *Sociology* 50 (4), S. 635–651.

Schindler, Simon/Pfattheicher, Stefan (2016): The frame of the game: Loss-framing increases dishonest behavior. *Journal of Experimental Social Psychology* 69, S. 172–177.

Schmuck, Desirée/Heiss, Raffael/Matthes, Jörg/Engesser, Sven/Esser, Frank (2017): Antecedents of strategic game framing in political news coverage. A Longitudinal Analysis. *Journalism* 18 (8), S. 937–955.

Schneider, Ingrid (2010): *Das Europäische Patentsystem. Wandel von Governance durch Parlamente und Zivilgesellschaft*. Frankfurt am Main/New York: Campus.

Schön, Donald A./Rein, Martin (1994): *Frame reflection. Toward the resolution of intractable policy controversies*. New York: BasicBooks.

Sevenans, Julie/Vliegenthart, Rens (2016): Political Agenda-Setting in Belgium and the Netherlands. The Moderating Role of Conflict Framing. *Journalism & Mass Communication Quarterly* 93 (1), S. 187–203.

Seyranian, Viviane (2013): Social Identity Framing: A strategy of social influence for social change. In: Riggio, Ron E./Tan, Sherylle J. (Hrsg.): *Leader interpersonal and influence skills: The soft skills of leadership*. New York, NY: Taylor and Francis, S. 207–242.

Seyranian, Viviane (2014): Social Identity Framing communication strategies for mobilizing social change. *The Leadership Quarterly* 25, S. 468–486.

Shearer, Elisa/Mitchell, Amy (2021): News Use Across Social Media Platforms 2020. https://www.pewresearch.org/journalism/2021/01/12/news-use-across-social-media-platforms-in-2020/. Zugegriffen: 03.6.2021.

Shehata, Adam (2013): Game Frames, Issue Frames, and Mobilization: Disentangling the Effects of Frame Exposure and Motivated News Attention on Political Cynicism and Engagement. *International Journal of Public Opinion Research* Vol. 26 No. 2, S. 157–177.

Shen, Francis X./Gromet, Dena M. (2015): Red States, Blue States, and Brain States. Issue Framing, Partisanship, and the Future of Neurolaw in the United States. *The Annals of the American Academy of Political and Social Science* 658, S. 86–101.

Shen, Fuyuan/Ahern, Lee/Baker, Michelle (2014): Stories that Count. Influence of News Narratives on Issue Attitudes. *Journalism & Mass Communication Quarterly* 91 (1), S. 98–117.

Shen, Lijiang/Mercer Kollar, Laura Min (2015): Testing Moderators of Message Framing Effect. A Motivational Approach. *Communication Research* 42 (5), S. 626–648.

Sides, John (2016): Stories or Science? Facts, Frames, and Policy Attitudes. *American Politics Research* 44 (3), S. 387–414.

Simon, William E./Luce, Clare Boothe (1978): *A time for truth*. New York: Reader's Digest Press.

Sniderman, Paul M./Theriault, Sean M. (2004): The Structure of Political Argument and the Logic of Issue Framing. In: Saris, Willem/Sniderman, Paul M. (Hrsg.): *Studies in Public Opinion. Attitudes, Nonattitudes, Measurement Error, and Change*. Princeton: Princeton University Press, S. 133–165.

Snow, David A. (2004): Framing Processes, Ideology, and Discursive Fields. In: Snow, David A./Soule, Sarah A./Kriesi, Hanspeter (Hrsg.): *The Blackwell Companion to Social Movements*. Oxford: Blackwell Publishing Ltd, S. 380–412.

Snow, David A./Benford, Robert D. (1988): Ideology, Frame Resonance, and Participant Mobilization, in: Klandermans, Bert/Kriesi, Hanspeter/Tarrow, Sidney G. (Hrsg.): *From Structure to Action: Social Movement Participation Across Cultures*. Greenwich, S. 197–217.

Snow, David A./Della Porta, Donatella/Klandermans, Bert (2013): *The Wiley-Blackwell Encyclopedia of Social and Political Movements*. Oxford: Blackwell Publishing Ltd.

Snow, David A./Rochford, E./Burke, J.R./Worden, Steven K./Benford, Robert D. (1986): Frame Alignment Processes, Micromobilization, and Movement Participation. *American Sociological Review* 51 (4), S. 464–481.

Soroka, Stuart/Loewen, Peter/Fournier, Patrick/Rubenson, Daniel (2016): The Impact of News Photos on Support for Military Action. *Political Communication* 33 (4), S. 563–582.

Speer, Isaac (2017): Reframing the Iraq War: Official sources, dramatic events, and changes in Media Framing. *Journal of Communication* 67, S. 282–302.

Speth, Rudolf (2013): Grassroots-Campaigning: Mobilisierung von oben und unten – Einleitung. In Speth, Rudolf (Hrsg.): *Grassroots-Campaigning*. Wiesbaden: Springer VS, S. 7–25.

Stone, Deborah A. (1989): Causal stories and the formation of policy agendas. *Political Science Quarterly* 104 (2), 281–300.

Stone, Deborah A. (2012): *Policy paradox. The art of political decision making*. New York, NY: W.W. Norton & Company.

Sunstein, Cass R. (2007): *Republic.com 2.0*. Princeton: University Press.

Sunstein, Cass R./Hastie, Reid (2015): *Wiser: Getting Beyond Groupthink To Make Groups Smarter*. Boston, Massachusetts: Harvard Business Review Press.

Surzhko-Harned, Lena/Zahuranec, Andrew J. (2017): Framing the revolution: the role of social media in Ukraine´s Euromaidan movement. *Nationalities Papers* 45:5, S. 758–779.

Swidler, Ann (1995): Cultural Power and Social Movements. In: Johnston, Hank/Klandermans, Bert (Hrsg.): *Social Movements and Culture*. Minneapolis: University of Minnesota Press, S. 25–40.

Tajfel, Henri (1982): Social psychology of intergroup relations. *Annual Review of Psychology* 33, S. 1–39.

Tang, Min/Huhe, Narisong (2014): Alternative framing: The effect of the Internet on political support in authoritarian China. *International Political Science Review* 35 (5), S. 559–576.

Tarrow, Sidney G. (1998): *Power in movement. Social movements and contentious politics*. Cambridge, New York: Cambridge University Press.

Taylor, Verta/Van Dyke, Nella (2004): 'Get up, Stand up': Tactical Repertoires of Social Movements. In: Snow, David A./Soule, Sarah A./Kriesi, Hanspeter (Hrsg.): *The Blackwell Companion to Social Movements*. Oxford, UK: Blackwell Publishing Ltd, S. 262–293.

Teigen, Karl Halvor (2011): When frames meet realities: On the perceived correctness of inaccurate estimates. In. Gideon, Keren (Hrsg.): *Perspectives on Framing*. New York: Psychology Press/Taylor & Francis, S. 197–217.

Tewksbury, David (2005): The seeds of audience fragmentation: Specialization in the use of online news sites. *Journal of Broadcasting & Electronic Media* 49, S. 332–348.

Thibodeau, Paul/Hendricks, Rose/Boroditsky, Lera. (2017): How Linguistic Metaphor Scaffolds Reasoning. *Trends in Cognitive Sciences*. 21. https://doi.org/10.1016/j.tics.2017.07.001.

Thibodeau, Paul H./Boroditsky, Lera (2011): *Metaphors We Think With: The Role of Metaphor in Reasoning PLOS*. Published: February 23, 2011 https://doi.org/10.1371/journal.pone.0016782.

Thibodeau, Paul H./Flusberg, Stephen J. (2017): Metaphorical Accounting: How Framing the Federal Budget Like a Household's Affects Voting Intentions. In: *Cognitive Science* 41 (S5), S. 1168–1182.

Thieltges, Andree/Hegelich, Simon (2017): Manipulation in sozialen Netzwerken. *ZfP Zeitschrift für Politik* 64 (4), S. 493–512. https://doi.org/10.5771/0044-3360-2017-4-493.

Thompson, Michael J. (2012): Suburban Origins of the Tea Party: Spatial Dimensions of the New Conservative Personality. *Critical Sociology* 38 (4), S. 511–528.

Toffler, Alvin. (1980): *The Third Wave.* New York, NY: William Morrow & Company.

Trump, Donald J. (2016a): Rally in Minneapolis, MN. 11/6/2016. Remarks as prepared. Available online at https://www.donaldjtrump.com/press-releases/in-minnesota-trump-offers-voters-chance-to-take-government-back-from-the-co, checked on 12/13/2016.

Trump, Donald J. (2016b): Rally in Manheim, PA. 10/1/2016. Transcript. Available online at https://www.c-span.org/video/?416260-1/donald-trump-campaigns-manheim-pennsylvania, checked on 3/18/2018.

Tversky, Amos/Kahneman, Daniel (1981): *The Framing of Decisions and the Psychology of Choice.* Science, New Series 211 (4481), S. 453–458.

Tversky, Amos/Kahneman Daniel (1987): Rational Choice and the Framing of Decisions. In: Hogarth, Robin M./Reder, Melvin W. (Hrsg): *Rational Choice.* Chicago: University of Chicago Press.

Ufkes, Elze G.; Calcagno, Justine; Glasford, Demis E.; Dovidio, John F. (2016): Understanding how common ingroup identity undermines collective action among disadvantaged-group members. *Journal of Experimental Social Psychology* 63, S. 26–35.

Usher, Nikki/Holcomb, Jesse/Littman, Justin (2018): Twitter Makes It Worse: Political Journalists, Gendered Echo Chambers, and the Amplification of Gender Bias. *The International Journal of Press/Politics* 23(3), 324–344. https://doi.org/10.1177/1940161218781254.

Van der Meer, Toni/Verhoeven, Piet (2013): Public framing organizational crisis situations: Social media versus news media. *Public Relations Review* 39, S. 229–231.

Van der Pas, Daphne (2014): Making Hay While the Sun Shines. Do Parties Only Respond to Media Attention When the Framing Is Right? *The International Journal of Press/Politics* 19 (1), S. 42–65.

Van Dijk, Teun A. (2006): Ideology and discourse analysis. *Journal of Political Ideologies* 11 (2), S. 115–140.

Van Gorp, Baldwin (2006): *Framing Asiel: Indringers en Slachtoffers in de Pers. [Framing Asylum: intruders and victims in the press.]* Leuven: Acco.

Van Gorp, Baldwin (2007): The Constructionist Approach to Framing: Bringing Culture Back In. *Journal of Communication* 57 (1), S. 60–78.

Van Hulst, Merlijn J./Yanow, Dvora (2016): From Policy "Frames" to "Framing": Theorizing a More Dynamic, Political Approach. *American Review of Public Administration* 46 (1), S. 92–112.

Van Kleef, Gerben/De Dreu, Carsten/Manstead, Antony (2010): An Interpersonal Approach to Emotion in Social Decision Making: The Emotions as Social Information Model. *Advances in Experimental Social Psychology* 42, S. 45–96.

Van Spanje, Joost/De Vreese, Claes (2014): Europhile Media and Eurosceptic Voting: Effects of News Media Coverage on Eurosceptic Voting in the 2009 European Parliamentary

Elections. *Political Communication* 31:2, S. 325–354, https://doi.org/10.1080/10584609. 2013.828137.

Vliegenthart, Rens (2012): Framing in Mass Communication Research – An Overview and Assessment. *Sociology Compass* 6 (12), S. 937–948.

Voss, Kathrin (2013): Grassroots-Campaigning im Internet. In: Speth, Rudolf (Hrsg.): *Grassroots-Campaigning*. Wiesbaden: Springer VS, S. 183–199.

Walgrave, Stefaan/Van Aelst, Peter (2006): The Contingency of the Mass Media's Political Agenda Setting Power: Toward a Preliminary Theory. *Journal of Communication* 56 (1): 88–109.

Weaver, David H. (2007): Thoughts on Agenda Setting, Framing, and Priming, Journal of Communication, Volume 57, Issue 1, March 2007: 142–147, https://doi.org/10.1111/j. 1460-2466.2006.00333.x.

Werner, Mirjam D./Cornelissen, Joep P. (2014): Framing the Change: Switching and Blending Frames and their Role in Instigating Institutional Change. *Organization Studies* 35 (10), S. 1449–1472.

Wildavsky, Aaron (1987): Choosing Preferences by Constructing Institutions: A Cultural Theory of Preference Formation. *American Political Science Review* 81 (1), S. 4–21.

Wildavsky, Aaron (1993): Democracy as a coalition of cultures. *Society* 31 (1), S. 80–83.

Williams, Rhys H. (2004): The Cultural Contexts of Collective Action: Constraints, Opportunities, and the Symbolic Life of Social Movements. In: Snow, David A./Soule, Sarah A./Kriesi, Hanspeter (Hrsg.): The Blackwell Companion to Social Movements. Oxord: Blackwell, S. 91–115.

Williams, Rhys H., Kubal, Timothy J., (1999): Movement frames and the cultural environment—resonance, failure, and the boundaries of the legitimate research in social movements. Conflicts Change 21, S. 225–248.

Williams, Rhys H. (2004): The Cultural Contexts of Collective Action: Constraints, Opportunities, and the Symbolic Life of Social Movements. In: Snow, David A./Soule, Sarah A./Kriesi, Hanspeter (Hrsg.): The Blackwell Companion to Social Movements. Oxford: Blackwell Publishing Ltd, S. 91–115.

Williams, Rhys H. (1995): Constructing the public good—social movements and cultural resources. *Social Problems* 42, S. 124–144.

Wolf, Eva E.A./Van Dooren, Wouter (2017): How policies become contested: A spiral of imagination and evidence in a large infrastructure project. *Policy Sciences* 50 (3), S. 449–468.

Wozniak, Antal/Lück, Julia/Wessler, Hartmut (2014): Frames, Stories, and Images: The Advantages in Comparative Media Content Research on Climate Change. *Environmental Communication* 9:4, S. 469–490.

Ytterstad, Andreas (2015): Framing Global Warning: Is that really the question? – a realist, Gramscian critique of the Framing Paradigm in media and communication research. *Environmental Communication*, 9:1, S. 1–15.

Zald, Mayer N. (1996): Culture, ideology, and strategic framing. In: McAdam, Doug/McCarthy, John D./Zald, Mayer N. (Hrsg.): *Comparative Perspectives on Social Movements: Political Opportunities, Mobilizing Structures, and Cultural Framings* (Cambridge Studies in Comparative Politics). Cambridge: Cambridge University Press, S. 261–274. https://doi.org/10.1017/CBO9780511803987.013.

Zaller, John R. (1992): *The nature and origins of mass opinion.* New York: Cambridge University Press.
Zaller, John/Feldman, Stanley (1992): A simple theory of the survey response: Answering questions versus revealing preferences. *American Journal of Political Science* 36(3), S. 579–616.
Zellner, Jonathan C. (2010): Artificial Grassroots Advocacy and the Constitutionality of Legislative Identification and Control Measures. *Connecticut Law Review* Volume 43, S. 357–400.
Zepeda-Millán, Chris (2014): Perceptions of Threat, Demographic Diversity, and the Framing of Illegality: Explaining (Non)Participation in New Yorks 2006 Immigrant Protests. *Political Research Quarterly* 67 (4), S. 880–888.
Zhou, Jack (2016): Boomerangs versus Javelins: How Polarization Constrains Communication on Climate Change. *Environmental Politics* 25 (5), S. 788–811.

The manufacturer's authorised representative in the EU is Springer Nature Customer Service Centre GmbH, Europaplatz 3, 69115 Heidelberg, Germany. If you have any concerns regarding our products, please contact ProductSafety@springernature.com

Printed and bound by CPI Group (UK) Ltd, Croydon, CR0 4YY
26/03/2026
02078853-0005